Joseph Mitchell
New York Reporter

Joseph Mitchell
New York Reporter

Aus der größten Stadt der Welt

Aus dem amerikanischen Englisch von
Sven Koch und Andrea Stumpf

diaphanes

Titel der englischen Ausgabe:
My Ears are Bent

1. Auflage

www.diaphanes.net

ISBN 978-3-0358-0413-3

Umschlag: Bonbon, Zürich
Satz: 2edit, Zürich
Druck: Steinmeier, Deiningen

ICH BIN GANZ OHR

Bis auf eine kurze Zeit im Jahr 1931, als ich des ganzen Betriebs überdrüssig wurde und auf einem Frachter anheuerte, der Baumaschinen nach Leningrad beförderte und sowjetisches Papierholz zurückbrachte, war ich während der vergangenen acht Jahre Zeitungsreporter in New York City. In dem Sommer nach meinem Abschluss an der University of North Carolina wurde ich am Blinddarm operiert, und während ich genas, las ich James Bryce'* Buch *Amerika als Staat und Gesellschaft*, das in mir den Wunsch weckte, politischer Reporter zu werden. Mit diesem Vorsatz ging ich nach New York City. Soweit ich weiß, war meine erste eigene Geschichte ein Bericht über einen Jack-the-Ripper-Mord in einem Apartmenthaus in Brooklyn; eine alte Frau war in ihrem Schlafzimmer, dessen Wände fast ganz mit großen unzüchtigen Fotografien bedeckt waren, mit einem Seidenstrumpf erdrosselt und erstochen worden.

Ich war als Nachtreporter bei der *Herald Tribune* für einen Distrikt zuständig. Stundenlang saß ich in einem alten Mietshaus gegenüber dem Polizeipräsidium von Brooklyn in einem verlausten Sessel und wartete darauf, dass etwas Schlimmes passierte. Alle Zeitungen hatten ihre Vertretungen in diesem Haus. Sobald etwas geschah, gab uns der Mann am Empfang des Präsidiums Bescheid, und wir alle verließen das Mietshaus und eilten zum Schauplatz des Mordes oder des Überfalls oder des Unfalls oder der Schlägerei oder des Feuers oder des Was-auch-immer. Dann übermittelten wir die Nachricht telefonisch an einen Tischredakteur. Vier Monate lang arbeitete ich in verschiedenen Distrikten.

* Der Asteriskus verweist auf Erläuterungen im angehängten Glossar.

Ich berichtete aus Brooklyn, aus der West Side von Manhattan und Harlem. Harlem mochte ich am liebsten.

In Harlem hatten die Reporter ihre Bude – so nannten wir in den Distrikten unsere Büros – im Erdgeschoss des größten Harlemer Hotels, des Hotel Theresa, und davor saßen wir immer in Drehstühlen auf dem Gang und beobachteten die Leute, die auf der Seventh Avenue, Harlems Hauptstraße, vorbeigingen. Es gab vier Nachtreporter in Harlem, drei von den Morgenzeitungen und einen von der City News Association. Meine Kollegen waren alte Hasen. Was sie an einem Reporter am meisten verabscheuten, war Begeisterung, und ich war stets mit Feuereifer bei der Sache. Jedes Mal wenn ich meiner Redaktion am Telefon einen Bericht durchgab – in der Telefonzelle versuchte ich immer, den Hörer wie sie nur auf der linken Schulter zu balancieren, aber das klappte nie –, standen sie vor der Telefonzelle, tippten sich an die Stirn und machten mit dem Zeigefinger kleine Kreise in der Luft, um mir zu bedeuten, ich sei plemplem. Abwechselnd klapperten wir die Polizeiwachen ab. Dabei besuchten wir auch gern mal eine Flüsterkneipe, ein Nachtlokal oder eine Spielhölle und versuchten, eine Story daraus zu stricken. So lernte ich ein paar Gestalten aus der Unterwelt kennen, denen ich damals gerne zuhörte.

Eine war Gilligan Holton, ein Neger, der eine Kneipe der »persönlichen« Art führte – sie befand sich in einem Keller – und die Broken Leg and Busted hieß; einen besseren Namen hatte nur das etwas später eröffnete Heat Wave Bar & Grill. Als ich in Harlem arbeitete, betranken sich dort jeden Abend viele wohlhabende Männer und Frauen aus Downtown, und Holton wusste über alle etwas zu berichten, auch manches, wovon einem die Ohren schlackerten. Ich erinnere mich an eine gutbetuchte Frau, die regelmäßig in Holtons Kellerkneipe kam; sie ließ Neger – meist Stepptänzer – immer ärztlich untersuchen, bevor sie ihre Affären mit ihnen begann. Sie hatte auch eine erwachsene Tochter. Jeden Abend sah ich diese feine Dame und ihre Tochter in den Bars von Harlem scharwenzeln. Ehe ich nach New York City kam, hatte ich noch nie in einer Stadt mit mehr als 2.699 Einwohnern gelebt, daher war ich abwechselnd entzückt und entsetzt über das, was ich in Harlem zu Gesicht bekam. Um drei Uhr nachts hatte ich Dienstschluss. Danach spazierte ich durch die Straßen, sah mich um und entdeckte, was die große Wirtschaftskrise und die Geilheit der Weißen einem Volk antaten, das stets zuletzt geheuert und immer zuerst gefeuert wird. Wenn ich genug gesehen hatte, was meist bei Tagesanbruch der Fall war, stieg ich in die Untergrundbahn und fuhr nach Greenwich Village zu meinem möblierten Zimmer für neun Dollar die Woche. Sobald ich am Sheridan Square aus der Bahn ausgestiegen war, besorgte ich mir eine *Herald Tribune*, um nachzusehen, was der Tischredakteur aus den Berichten gemacht hatte, die ich vor Stunden am Telefon durchgegeben hatte. Ich besaß einen Polizeireporterausweis, ich war einundzwanzig Jahre alt und alles war neu für mich. Am Ende meiner Zeit in Harlem war ich so fasziniert von dem allnächtlichen Melodram der Metropole, dass ich mein Ziel, politischer Reporter zu werden, vergaß.

Harlem war mein letzter Distrikt als Reporter. Danach kam ich in die Lokalredaktion und durfte selbst Artikel schreiben. Mein Vorgesetzter war Stanley Walker, ein schmaler, ruhiger, aber unberechenbarer Texaner und zu jener Zeit der berühmteste Lokalchef. Ich war im Ressort Vermischtes und bekam meist Kriminalfälle. Die einzigen Kriminalnachrichten, die ich mochte, waren die über Gangster-Beerdigungen, und in jenem Jahr gab es davon ziemlich viele von der großen Sorte. Berichte über Verbrechen, insbesondere über Mord, waren in der *Herald Tribune* schwierig, da wir angewiesen waren, das Wort »Blut« zu vermeiden. Einer der Besitzer mochte es nicht. In manchen Fällen war diese Form von Takt ein Ding der Unmöglichkeit. Ich erinnere mich zum Beispiel an den Gang in eine Flüsterkneipe in der Elizabeth Street, um darüber zu berichten, dass man einen kleinen Ganoven erstochen hatte. Es war die Art Kneipe, in der sich künstliche Weinreben um Sitznischen rankten. Nachdem man dem Gangster die Kehle durchgeschnitten hatte, war er aus seiner Nische gekrochen und durch das ganze Lokal getaumelt, und mit jedem Schritt hatte er mehr Blut verloren. Der kleine Laden sah aus, als wäre er mit Blut ausgespritzt worden…

Ich wurde es leid, diesen Dutzendmorden hinterherzuhecheln – in jenem Jahr schien die eine Hälfte der Leute im Großraum New York die andere umbringen zu wollen –, und so ging ich eines Morgens nach Downtown und heuerte auf einem heruntergekommenen Hog-Island-Frachter[*], der *City of Fairbury*, als Decksjunge an. Für vierzehn Tage machten wir in Leningrad fest. Ein Kamerad und ich lernten ein paar sommersprossige braunäugige Frauen kennen, die in den Kaianlagen arbeiteten – sogar die Kranführer waren Frauen –, und gingen mit ihnen in einem Kino am Prospekt des 25. Oktober[*] in einen Charlie-Chaplin-Film. Jedes Mal, wenn Chaplin auf die Nase fiel – es war einer der Filme, in denen er Rollschuh lief –, rammte mir die Frau, mit der ich dort war, johlend den Ellbogen in die Seite. Am nächsten Tag besorgten die beiden Frauen Fahrkarten für den Zug nach

Detskoie Selo* und zur ehemaligen Sommerresidenz der Zarenfamilie, die mittlerweile ein Erholungsheim für Arbeiter und ihre Kinder ist. Es liegt südlich von Leningrad, und das flache, sumpfige Land erinnerte mich an North Carolina. Irgendwo auf dem gewaltigen Anwesen sammelten die Frauen wilde Erdbeeren, und am Abend buken sie Törtchen mit einer wilden russischen Erdbeere auf jedem davon. Wir aßen sie und uns wurde schlecht. Ich weiß noch gut, wie stolz sie waren, als sie uns mit einem Lächeln die Törtchen auftischten, und wie sehr wir uns schämten, als uns ungefähr eine Stunde später schlecht wurde. Wir vermuteten, dass das für uns ungewohnte Wasser Schuld war, aber das konnten wir ihnen nicht erklären, da wir kein Russisch sprachen. In Leningrad schwammen wir jeden Tag unter der milden russischen Sonne nackt in der Newa. Eines Nachmittags versammelten sich die Seeleute aller amerikanischen Schiffe im Hafen und wir marschierten gemeinsam mit den Russen bei einer alljährlichen Demonstration gegen den imperialistischen Krieg. Eines Abends lud mich eine junge Frau zu sich nach Hause ein, und ich aß mit ihrer Familie zusammen dicke Kohlsuppe und ein Schwarzbrot, das nach feuchtem Korn roch. Nach dem Essen sang die Familie. Die junge Frau sprach ein wenig Englisch und bat mich, ein amerikanisches Lied zu singen. Ihr zuliebe sang ich das einzige, das mir einfiel und das bei meiner Abfahrt aus New York City sehr beliebt gewesen war, »Body and Soul«*. Es schien sie etwas zu überraschen.

Ich verließ den Frachter, als er im Hafen von Albany festmachte und seine Ladung Papierholz löschte. Von dort nahm ich einen Bus nach New York City und wenige Wochen später trat ich eine Stelle bei *The World-Telegram* an, einer Nachmittagszeitung, für die ich noch immer arbeite. Bislang wurden mir überwiegend Reportagen und Interviews übertragen, und dabei haben mich einige der fabelhaftesten Vielredner der Welt gequält – darunter George Bernard Shaw und der bekannte, überaus redselige Pädagoge Nicholas Murray Butler* –, so dass ich schon vor geraumer Zeit mein Gespür für Wahnsinn verloren habe. Manchmal muss ich für einen Artikel eine psychiatrische Station besuchen und stelle nie einen Unterschied fest. In einer Zeitungsredaktion gleicht kein Tag dem anderen, und der, den ich gleich beschreibe, ist um nichts wirrer als hundert andere.

Als ich eines Morgens um neun Uhr ins Büro kam, erhielt ich den Auftrag, einen italienischen Maurer zu suchen und zu interviewen, der dem Prince of Wales ähnlich sah; jemand hatte angerufen und gesagt, dass man ihm eine Stelle in Hollywood angeboten hatte. Ich fand ihn im Keller einer Matzen-Bäckerei in der East Side, wo er einen Ofen reparierte; ich geriet mit dem Betreiber der Bäckerei in Streit, weil er mich für einen Inspektor des Gesundheitsamtes hielt. Schließlich drang ich zu dem Maurer vor, doch der wollte nicht über sich sprechen und sagte immer nur: »Ich will keine Scherereien.« Ich ging zurück ins Büro und schrieb den Artikel, und dann sollte ich ein Interview mit einer Boxerin führen, die im St. Moritz Hotel logierte. Sie hatte ihre gesamte Boxausrüstung im Hotelzimmer. Das Zimmer roch nach Schweiß und feuchtem Leder und ließ mich an die Umkleideräume in der Trainingshalle von Philadelphia Jack O'Brien* an einem Regentag denken. Sie erzählte mir, dass sie nicht nur ein weiblicher Boxer, sondern auch eine Gräfin war. Dann zog sie die Handschuhe an und führte mir ihre Kampftechnik vor, und wenn ich nicht unter das Bett geflüchtet wäre, hätte sie mich vermutlich niedergeschlagen. »Ich bin ein Wirbelwind«, schrie sie. Ich ging zurück ins Büro und schrieb den Artikel, und dann sollte ich Samuel J. Burger interviewen, der in der Redaktion angerufen und damit angegeben hatte, dass er höheren Herrschaften Rennkakerlaken zu fünfundsiebzig Cent das Paar verkaufte. Mr. Burger ist Theateragent, der Attraktionen wie den Vater von John Dillinger*, Nackttänzerinnen und Mrs. Jack (Legs) Diamond* unter Vertrag hatte. Einmal wollte er sogar sämtliche Geschworenen im Lindbergh-Prozess engagieren. Ich traf ihn in einem Feinkostladen am Broadway, wo er für einige Stripteasetänzerinnen Schinken-Käse-Sandwiches besorgte. Er zog einen auf seinen Namen ausgestellten Scheck hervor, der belegte, dass er an eine Dame der Gesellschaft, die als gute Gastgeberin Schwung in ihre Party bringen wollte, Kakerlaken geliefert und sie bezahlt bekommen hatte. Mr. Burger sagte, er habe ein Unternehmen gegründet, Ballyhoo Associates, das Tiere an Menschen vermietet. »Ich vermiete viele Affen«, erzählte er mir. »Wenn sich jemand einsam fühlt, ruft er mich an, damit ich ihm einen Affen als Gesellschaft schicke. So ein Affe ist schließlich auch ein Säugetier, genau wie wir.« Ich schrieb den Artikel und ging dann nach Hause. Wieder was geschafft.

Glauben Sie aber nur nicht, Vielredner können mich aufregen. Die einzigen Menschen, denen ich nicht gerne zuhöre, sind Damen der besseren Gesellschaft, Wirtschaftskapitäne, berühmte Schriftsteller, Priester, Filmschauspieler (mit Ausnahme von W. C. Fields* und Stepin Fetchit*) und alle Schauspielerinnen unter fünfunddreißig. Die interessantesten Menschen sind für mich, jedenfalls was Gespräche betrifft, Ethnologen, Bauern, Prostituierte, Psychiater und ab und zu ein Barmann. Die besten

Gespräche sind ungekünstelt, Gespräche von Menschen, die sich Mut zusprechen oder einander trösten, von Frauen, die in der Sonne um Kinderwagen herum stehen und sich über ihre Zeit im Krankhaus oder über die steigenden Fleischpreise unterhalten, oder von Männern, die in Kneipen gegen die uns alle befallende Einsamkeit anreden. Die Gespräche für ein Zeitungsinterview sind normalerweise im Voraus abgesprochen und gestellt.

Ab und zu allerdings sagt jemand etwas so Unerwartetes, dass es großartig ist. Einmal arbeitete ich an einer Artikelfolge über Voodoo und Schwarze Magie in New York City. Zusammen mit einem stellvertretenden Bezirksstaatsanwalt führte ich ein langes Gespräch mit einer schwarzen Prostituierten. Aus der etwas rätselhaften Geschichte, die sie dem Beamten von der Sitte, der sie ins Kittchen gesteckt hatte, erzählte, schloss der Bezirksstaatsanwalt, dass sie in einer Schwarzen Messe als Altar gedient hatte. Da sie das Ganze nicht für besonders ungewöhnlich hielt, war sie keine große Hilfe. Mit seinem Latein am Ende, fragte sie der Bezirksstaatsanwalt zuletzt, wie sie überhaupt Prostituierte geworden sei, und sie sagte: »Ich wollte eben entgegenkommend sein.«

Wenn man zu einem Interview geschickt wird, weiß man selten, wonach man fragen soll. In der Redaktion heißt es: »Wir brauchen ein Interview mit dem und dem.« Daraufhin trifft man sich mit der jeweiligen Person und fängt das Gespräch an. Dabei muss es schnell gehen, auch wenn die wenigsten Menschen einfach den Mund aufmachen und etwas von sich geben, das den Abdruck in einer Zeitung lohnt. Die beste Eröffnung eines Interviews mit einer bekannten Persönlichkeit ist für gewöhnlich, sich das Schlimmste ins Gedächtnis zu rufen, das man über sie gehört hat, und dann zu fragen, ob es wahr ist. Man muss sein Gegenüber wütend machen, aber nicht zu wütend. Ich erinnere mich noch gut an das eisige Funkeln, das in die Augen von Aimee Semple McPherson[*] trat, als ich sie fragte, ob es stimmte, dass sie ihren Ehemann, den stämmigen Schlagersänger David L. Hutton, zum Priester geweiht habe, damit er umsonst Eisenbahn fahren konnte. Das ist aber nicht in jedem Fall klug. Immer wenn ich Mrs. Ella A. Boole[*], die Gesamtvorsitzende der Woman's Christian Temperance Union, interviewen soll, versuche ich den Eindruck zu erwecken, ich sei ein noch entschiedenerer Gegner des Alkohols als sie.

Manche Menschen – zum Beispiel Gertrude Stein[*], Emma Goldman[*], Gilda Gray[*], Eleanor Holm[*] und Peter J. McGuinness[*], der Sheriff von Brooklyn – schütteln zu jeder Tages- und Nachtzeit mehr als genug zitatreife Sprüche aus dem Ärmel. (Gilda Gray, die polnische Shimmy-Tänzerin, ist ganz wunderbar. Einmal besuchte ich sie wegen des Gerüchts, sie habe sich mit einem dieser reichen Erben verlobt. Sie spürte, dass sich daraus keine gute Geschichte machen ließ, und erzählte mir stattdessen von einem Besuch in ihrer ehemaligen Klosterschule in Milwaukee. Sie war dort zum Mittagessen mit den Nonnen gewesen, doch ehe sie sich zu Tisch begeben hatte, zeigte sie ihnen ein paar Schritte des Black Bottom, eines Tanzes aus den zwanziger Jahren[*]. »Um der alten Zeiten willen hab ich ein bisschen mit dem Hintern gewackelt«, sagte Miss Gray. »Das hat ihnen ziemlich gut gefallen.«) Die zwei Arten Mensch, deren Sprüche immer unterhaltsam sind, sind enttäuschte, bissige alte Schauspielerinnen, die ihre beste Zeit hinter sich haben, und Menschen mit Phobien, insbesondere Weltuntergangspropheten. (Draußen auf Long Island lebte einmal ein schwermütiger Mann namens Robert Reidt, der mit seiner ganzen Familie immer auf einen Hügel in der Nähe von East Patchogue stieg und dort auf den Untergang wartete. Er sagte zwanghaft das Weltende voraus. Eines trüben Tages rief ich ihn an, um mich zu erkundigen, ob's schon was Neues zum nahen Weltuntergang gäbe, als das Fräulein vom Amt sagte: »Der Anschluss von Herrn Reidt ist stillgelegt.«) Eine Frau, mit der sich die Gespräche überhaupt nicht planen ließen, war die verstorbene Mary Louise Cecilia (Texas) Guinan[*]. Einmal fuhr ich mit ihr nach Flushing, wo sie und ihre »Gang of the Twenty Beautiful Guinan Girls« in einem Vaudeville auftraten. Die Fahrt unternahmen wir in ihrem kugelsicheren Wagen, ein Auto, das früher dem Halsabschneider Larry Fay[*] gehört hatte. Irgendwer wollte ein Stück über das Leben von Aimee Semple McPherson auf die Bühne bringen, und Miss Guinan sollte die Hauptrolle übernehmen. Ich merkte an, dass Mrs. McPherson den Produzenten sicher verklagen würde. »Das«, sagte Miss Guinan, »juckt mich doch nicht die Bohne.«

Ich mag es sehr, wenn ein Interview so anfängt. Ich bewundere die Bildlichkeit vulgärer Sprache. Ich fände es schön, wenn die Zeitungen den Mut hätten, Gespräche öfter so zu drucken, wie sie wirklich ablaufen, einschließlich der Obszönitäten. Zum Beispiel können einige der passendsten Bonmots von Bürgermeister La Guardia[*] in keiner New Yorker Zeitung abgedruckt werden. Lässt ein Reporter etwas ungewöhnlich Saftiges in eine Geschichte einfließen, dann kürzt es irgendein Schlussredakteur heraus. Es gibt dutzende hervorragender Schlussredakteure bei den New Yorker Zeitungen, aber die meisten scheinen so gelangweilt, dass ihnen alles egal ist. Man muss sie gar nicht zensieren;

sie zensieren sich selbst. Offenbar ist ihnen eine scheußliche Wohlanständigkeit lieber als der exakte Wortlaut; sie streichen einem das Wort »Wampe« aus dem Manuskript und ersetzen es durch das Brechreiz erregende »Bäuchlein«. Ich habe selbst gelesen, wie ein Zuhälter als »ein Vertreter des Sündenkartells« bezeichnet wurde. In der Zeitung, für die ich arbeite, schreiben die Reporter »vergewaltigt« und aus der Druckerpresse kommt unweigerlich »schändlich angegriffen« heraus. Schlussredakteure scheinen auch Wortflitter wie »zierlich« zu mögen. In einer Zeitung sah ich, wie Lottie Coll* tagelang als »zierliche Kanonen-Puppe« bezeichnet wurde, obwohl Lottie so groß ist wie Jack Dempsey* und doppelt so abgebrüht. Ein guter Schlussredakteur würde ein Wort wie »zierlich« schon aus Prinzip von jeder Manuskriptseite verbannen. Einmal schrieb ich über eine politische Versammlung, in der ein beschwipster Staatsmann seinen Gegner fünfzehn heftige Minuten lang beschimpfte. Er spuckte so viel Gift und Galle, dass ich befürchtete, er würde sich selbst die Zunge verätzen. Einige der weniger anstößigen Worte habe ich dann in meiner Geschichte verwendet, aber der Schlussredakteur strich sie heraus und fügte stattdessen ein: »Commissioner XY erklärte, sein Gegenüber sei nicht mit der Thematik vertraut.« Kein Zorn gleicht der blinden Wut*, die ein Reporter verspürt, wenn er seinen Namen unter einem Artikel sieht, der von einem Schlussredakteur oder jemandem aus der Chefetage kastriert wurde. Die für ein Zeitungsinterview uninteressantesten Menschen sind diejenigen, die eigentlich am interessantesten sein sollten: Wirtschaftskapitäne, Autofabrikanten, Finanzmogule, Öl- und Stahlbarone und dergleichen. Entweder quatschen sie einem das Ohr voll mit dem Unsinn über ihre bescheidenen

Anfänge (»Als ich hier in diesem Land ankam, hatte ich bloß siebzehn Cent und ein Mohnbrötchen, und jetzt bin ich Generaldirektor«), oder sie sitzen nur rum und gucken griesgrämig. Nach einem drögen Interview mit einem dieser Herrschaften fährt man mit dem Fahrstuhl nach unten und tritt auf die Straße und sieht die hübschen Mädchen, die hübschen Arbeitermädchen, unter deren Kleidern fröhliche Brüste auf und ab wippen, und ein Stein fällt einem vom Herzen; man hat das Gefühl, als wäre man einem Grab entstiegen, in dem sich die Würmer schon an die Arbeit machen wollten; man hat das Gefühl, betrügen, lügen, stehlen, Läden ausrauben oder völlig betrunken im Rinnstein zu liegen wäre besser als wie so ein Wirtschaftsführer mit einem Gesicht wie ein Napf kalten Haferschleims zu enden. Kaum angenehmer sind die Damen der besseren Gesellschaft. Für mich sind Sie so wichtig wie der Stechapfel und der Wurmfortsatz des Blinddarms; ich weiß überhaupt nicht, warum es sie gibt. Außerdem haben sie schlechte Manieren. Im Zuge meiner Arbeit hatte ich mit dutzenden betrunkenen Witwen und dämlichen, lüsternen Debütantinnen zu tun, und ich bin zu der Überzeugung gelangt, dass die Damen der besseren Gesellschaft der Vereinigten Staaten die schlechtesten Manieren aller Frauen weltweit haben; im Vergleich zu ihnen sind Kaffeehausbedienungen die Freundlichkeit in Person.

Politiker machen es einem Reporter in der Regel leicht. Manche sind so unterhaltsam, dass man eigentlich nur mitschreiben muss. (Herbert Hoover* gehört nicht zu ihnen. Er ist eher von der trübseligen Sorte. Ich habe ihn zweimal interviewt und jedes Mal hat mich sein Gesicht an das eines feisten Säuglings mit Blähungen erinnert.) Möglicherweise wirft es ein schlechtes Licht auf die amerikanische Presse, aber in den meisten Zeitungen sollen Interviews nicht informieren, sondern unterhalten. Aus diesem Grund sind Männer wie Huey Long* und Hyman Schorenstein* – ein Bezirksvorsitzender der Demokraten in Brooklyn, dem man nachsagt, nicht lesen und schreiben zu können – wie dafür geschaffen. Ein Interviewer beurteilt öffentliche Personen ziemlich bald nach ihrem Unterhaltungswert, ohne Rücksicht auf ihre tatsächliche Bedeutung. Es ist recht schwer, in einer Redaktion ein Interview mit Professor Franz Boas, dem berühmtesten Ethnologen der Welt, durchzubekommen, dafür wird ein beliebiges Interview mit Oom the Omnipotent* mit einer zweizeiligen Überschrift als großer Aufmacher erscheinen. Auch wird die amerikanische Presse stets den Hanswursten nachlaufen und nur auf den Schwachen und Exzentrischen rumhacken. In Nicholas Murray Butlers Dutzend-Verlautbarungen sind sogar die Strichpunkte bombastisch, aber die Zeitungen bringen sie trotzdem an beinahe jedem Montagmorgen des Jahres auf dem Titel. Wenn Nicholas Murray Butler und Peter J. McGuinness genau dasselbe sagen würden, dann brächten die Zeitungen Mr. Butler allerhöchsten Respekt entgegen, während sie Peter zum Faselhans machten, der besser den Mund hielte. An die Wahrheit kann man sich nur halten, wenn man über Verrückte und Nichtsnutze schreibt. Erst wenn eine öffentliche Person etwas Lächerliches tut, dürfen Reporter wahrheitsgemäß über sie berichten. J. P. Morgan wurde immer mit großer Achtung behandelt, bis er mit einer Liliputanerin Hoppe-Hoppe-Reiter spielte*; danach hatten die Zeitungen keine Angst mehr vor ihm.

Huey Long ist, wie erwähnt, für Interviews wie geschaffen. Selbst ein Reporter, der kaum einen Stift halten kann, könnte einen Roman über ihn schreiben. Als ich ihn das letzte Mal sah, saß er mit einem Brummschädel im Waldorf-Astoria im Bett. Er hatte einen zweiteiligen, hellblauen Schlafanzug an und gähnte und kratzte sich an den Zehen. Drei Reporter waren bei ihm im Zimmer und stellten ihm Fragen. Auf jede antwortete er: »Das ist eine Lüge«, und lachte heiser. Dann setzte er sich auf die Bettkante und erzählte eine lange wirre Geschichte von einem Verwandten, der eine Kneipe betrieb. Der Politiker, der am generösesten wirre Zitate lieferte, war allerdings der frühere Bürgermeister von New York City, John P. O'Brien[*]. Für seine Reden hätte er auch Eintritt verlangen können. Einmal hörte ich ihn vor einer Versammlung von Frauen sprechen und da sagte er: » Unter der Woche lasten gewichtige Aufgaben auf mir. Ich treffe großartige Persönlichkeiten und muss hierhin und dorthin, um den Pflichten nachzukommen, die mit meinem Amt als Bürgermeister einhergehen. Deswegen bin ich, wenn ich hier vor diese große Versammlung trete und die Blüten und Knospen sehe, die Frauen, Mädchen und Witwen, tief bewegt und meine Gefühle schlagen hoch.« Ein anderes Mal erhob er sich und sagte: »Lieber Herr Vorstandsvorsitzender und, wenn Sie erlauben, liebe Brüder! Jedes Mal, wenn ich in einen Raum so voller hervorragender Männer komme, fühle ich mich als einer der ihren.« Einmal sprach er vor der Ohio Society und trug ein Gedicht vor, seufzte und sagte: »Hin und wieder sehne ich mich nach einem guten alten Fluss oder nach irgendeinem Böhmen, wo man der ganzen Hektik entfliehen kann.« Ich habe mehr als einmal erlebt, wie ihn ein verdutztes Publikum anstarrte und sich fragte, worauf er hinauswollte. Eines Abends hörte ich ihn davon erzählen, wie er beinahe von der Ladekante eines Möbelwagens abgerutscht sei, und ich war so fasziniert, wie die Worte aus seinem Mund purzelten, dass ich das Mitschreiben vergaß. Nach der Rede ging ich zu einem Stenographen, den er selbst mitgebracht hatte, und überredete ihn, mir diesen Teil der Rede vorzulesen. Am nächsten Tag brachten wir die Sache in der Zeitung, worauf zwei seiner Wahlkampfleute vorbeikamen und behaupteten, ich hätte mir das alles ausgedacht, und mit einer Klage über 150.000 Dollar drohten.

Kein Reporter kann auf Dauer Interviews machen, ohne ein wenig meschugge zu werden; früher oder später fängt man an, Stimmen zu hören. Ich finde, die Journalistengewerkschaft American Newspaper Guild, deren Mitglied ich bin und an deren Ziele ich glaube, sollte sich, sobald sie ein paar wichtigere Dinge durchbekommen hat, dieses Problems wirklich annehmen. Wenn der verantwortliche Redakteur bemerkt, dass du mit zerfurchter Stirn auf deine Notizen starrst und dem maulfaulen Püppchen, das du gerade interviewt hast, die Pest an den Hals wünschst, ist er manchmal so nett und schickt dich für ein paar Stunden auf die Straße oder in die Schlussredaktion, oder vielleicht kommt auch eine Sensationsnachricht daher und rettet dich vorm drohenden Wahnsinn. Gerade wenn man drauf und dran ist, einer der Berufskrankheiten des Reporters zu erliegen – wozu Verstopfung, Alkoholismus, Zynismus und Nicholas Murray Butler gehören –, platzt für gewöhnlich eine wichtige Nachricht herein, ein Knüller, der einen aus dem Büro treibt.

Mich hat einmal der Lindbergh-Prozess gerettet. Ich hatte kurz nacheinander einen Schlagersänger bei seinem Comeback, einen verletzten Trapezkünstler, den Besitzer einer Heiratsvermittlung, einen Erdbebenforscher, eine Bestatterin, einen Mann, der die Fächer für Fächertänzerinnen herstellt, einen Rekord-Blutspender und Samuel Goldwyn* interviewt und ich fing schon zu winseln an, sobald ich nur in die Nähe einer Schreibmaschine kam. Da wurde ich nach Flemington in New Jersey geschickt, um über das Verfahren gegen Hauptmann*, den mutmaßlichen Entführer des Lindbergh-Babys, zu berichten. Für die meisten dorthin beorderten Reporter war das Verfahren ein Alptraum, und noch ehe es vorüber war, hatte ich selbst angefangen, in Zungen zu reden, aber anfangs war es sehr angenehm, keine Fragen stellen zu müssen, sondern nur still dazusitzen und jenen des Staatsanwalts von New Jersey zuzuhören. Im Vergleich zu vielen anderen Zeitungsarbeiten sind Gerichtsreportagen leicht – das heißt zumindest, wenn es sich um Mordanklagen handelt; ein Verfahren wie das gegen die Bank of United States* ist etwas ganz anderes. Finanzstrafsachen sind eine Tortur. Bei einer Mordanklage sitzt man einfach da und schreibt mit. Hat ein Reporter eine Weile nur Reportagen geschrieben, gibt es nichts Besseres als ein flottes Mordverfahren, um ihn wieder auf Trab zu bringen. Es bringt ihn davon ab, aus jeder kleinen 08/15-Geschichte Literatur machen zu wollen; für Zeitungen gibt es nichts Ärgerlicheres als einen Reporter, der immerzu literarisch schreiben möchte.

In diesen so konfusen Wochen des Verfahrens gegen Hauptmann hatte meine Redaktion wenigstens zehn Reporter nach Flemington entsandt – im Vergleich zu unseren Konkurrenten waren wir unterbesetzt – und unsere Berichterstattung war besser als die jeder anderen Nachmittagszeitung. Das lag daran, dass wir jeden Abend, wenn das Gericht sich vertagte, die fiebrige Atmosphäre Flemingtons, wo sich die Reporter zwangsläufig drängten wie Würmer in einem Anglereimer, verließen und erst am nächsten Morgen, wenn die neue Sitzung begann, wiederkamen.

Während des gesamten Verfahrens lebten wir etwa fünfzehn Kilometer von Flemington entfernt in einem kleinen Hotel in Stockton, New Jersey, dem 1832 gegründeten Stockton, das für seine herzhafte amerikanische Küche mit Gerichten wie Hähnchenbrust mit dicken Scheiben Honigschinken berühmt ist. Wir mieteten das ganze Haus und richteten im Erdgeschoss eine Nachttelegrafenleitung ein. Das Hotel wird von fünf Brüdern und ihrer Mutter betrieben, den Colligans. Einer der Brüder hat eine Tochter, die einmal bei den Irish Sweepstakes* gewonnen hat. Das Hotel ist einen Block vom Delaware River entfernt, und das Treibeis auf dem Fluss ist eines der aufregendsten Schauspiele, die ich je erlebt habe. Das weckt religiöse oder patriotische oder sonstwelche Gefühle in einem. Abends gingen wir immer zum Fluss hinunter und sahen zu, wie sich vor den Brückenpfeilern eisenbahnwaggongroße Eisschollen übereinanderschoben; nachts standen wir auf der Hotelveranda und hörten das Eis auf dem Fluss krachen. An beiden Ufern hatte der Delaware Seitenarme, die vollständig zufroren, und wir gingen mit zwei kleinen Schlitten des Hotels dorthin und schlidderten bäuchlings auf ihnen liegend über das Eis. Am nächsten Morgen aßen wir dann Stapel von Pfannkuchen und Philadelphia Scrapple* und knusprig gebratene Streifen von Mrs. Colligans Schinken. Das Schlittenfahren in Stockton hat mir viel Spaß gemacht; es war meine letzte sportliche Betätigung bis zum nächsten Winter, als das Flugzeug, mit dem ich das überschwemmte Flusstal des Ohio River überflogen hatte, bei Cleveland abstürzte.

Das Hotel lagerte seine Vorräte in einem in eine Hügelflanke geschlagenen Keller. Darin lag auch ein großes Fass mit einhundertachtzig rotbeinigen Wasserschildkröten, die William Colligan, der älteste der Brüder, in einem Gebirgsbach in Sussex County gefangen hatte. Eine Woche lang gab es allabendlich Schildkrötenragout, einen mit Sherry zubereiteten Eintopf. Danach haben wir nur noch mit den Schildkröten gespielt. Jeden Abend brachte einer von uns eine Handvoll von ihnen mit in die Bar. Wir hatten viel Besuch in Stockton. Am Wochenende kamen unsere Frauen. In einer Sturmnacht stieß der Maler Thomas Benton* zu uns. Er war von meiner Zeitung als Gerichtszeichner dorthin geschickt worden. Als er die Eichenscheite in unserem Feuer sah, zog er die Schuhe aus, setzte sich davor und sprach bis Mitternacht von der Schönheit der Vereinigten Staaten.

Jeden Abend nach dem Essen mussten wir die Gäste in der Bar verlassen – im Hotel gab es zwei Bars; eine für die ansässigen Farmer, die andere für die Hotelgäste – und in den ersten Stock hinaufgehen und unsere Nachtartikel schreiben, die nur solange Bestand hatten, bis das Verfahren am nächsten Tag weiterging. Das heißt, sie würden nur in der Morgen- und Mittagsausgabe erscheinen und in der Abendausgabe wieder rausfliegen. Wir alle nutzten ein und dasselbe Zimmer, einen großen Raum mit offenem Kamin, und um zehn Uhr abends war dieser voller fluchender Reporter, die auf Reiseschreibmaschinen Unsinn tippten. Wesley Price, der während des Prozesses so etwas wie ein ambulanter Lokalchef war, ging von Schreibmaschine zu Schreibmaschine und stibitzte sich Teile der Texte. Er sah sich die Sachen an, stöhnte und schickte sie Blatt für Blatt hinunter zu der schläfrigen Telegraphistin, die er im Büro des Hotels postiert hatte.

Aus Trenton und Philadelphia kamen Mädchen für den Abend nach Stockton und standen in der Tür und gingen uns mit der Frage, ob wir Hauptmann für schuldig hielten, auf die Nerven. Einer unserer Photographen schraubte Blitzlichtlampen in die Fassungen der Badezimmerlampen, und wenn so ein Trentoner Trampel hineinging, hörten wir sie, wenn sie das Licht anschaltete und ihr das grelle Licht direkt in die Augen blitzte, schreien. Einer unserer Reporter, Sutherland Denlinger, sang bei der Arbeit gerne Kirchen- und Soldatenlieder. Zuletzt schaffte er es sogar, beim Tippen eines Kommentars zu den Zeugenaussagen vom Vortag »Tiddly Winks God Damn« zu singen.

Manchmal klapperten wir bis drei Uhr nachts auf den Schreibmaschinen und traten in den Pausen auf die Veranda im ersten Stock hinaus, um dem Schnee dabei zuzusehen, wie er sich in der friedlichen verlassenen Dorfstraße anhäufte. Am Morgen waren die Aschenbecher voller Stummel und in den Abfalleimern stapelten sich zerknitterte Blätter und leere Applejack-Flaschen.* Jedes Mal wenn ich eine Flasche Applejack sehe, muss ich an den Lindbergh-Prozess denken. Das Ganze war schrecklich. Ich habe die Hinrichtung von sechs Menschen auf dem elektrischen Stuhl erlebt, und einmal starb eine junge Frau, der in den Hals gestochen worden war, während ich versuchte, sie zum Stillliegen zu bringen, und eines Nachts sah ich, wie ein weißhaariger irischer Polizist mit einem freundlichen Gesicht einen schwarzen Dieb verschärft verhörte, indem er ihm langsam den frischen Verband von einer Wunde am Rücken zog, aber ich glaube, nichts von alldem übertraf das Verfahren gegen Hauptmann an sinnloser Unmenschlichkeit – zum Beispiel Mrs. Lindbergh, die im Zeugenstand den Schlafanzug ihres ermordeten Babys identifizieren musste, oder Mrs. Hauptmann an dem Abend, als die Geschworenen hereinkamen, an dem Abend, als sie erfuhr, dass ihr Mann auf den elektrischen Stuhl kommen würde. Je älter ich werde, desto weniger möchte ich solche Dinge erleben. Ich bin aber abgebrüht genug, mich zu erinnern, dass mir der Lindbergh-Prozess eine Verschnaufpause von der Arbeit in der Stadt und viel frische Landluft und herzhaftes Essen beschert hat. Es war schrecklich, aber ich hatte Spaß, darüber zu berichten, und so Gott will, wird es nie wieder etwas Derartiges geben. Dasselbe empfinde ich bei vielen meiner Geschichten.

TRUNKENBOLDE

BAR AND GRILL

Im Umkreis von wenigen Blocks praktisch jeder größeren amerikanischen Zeitung, außer dem *Christian Science Monitor*, befindet sich eine Kneipe, die von Reportern frequentiert wird und die gleichzeitig als Bank, Sanatorium, Sportstätte und manchmal auch als Zuhause dient. Dick's Bar and Grill ist eine solche Kneipe. Manchmal – besonders an den Abenden, wenn Jim Howard, der Tischredakteur, Schwierigkeiten hat, mit einem Wurf etwas anderes als fünf Einsen zu werfen, oder wenn der Lokalredakteur der größten Abendzeitung der Vereinigten Staaten einen Baumfrosch nachmacht, oder wenn Louie, der Barmann mit einer Vorliebe für chinesisches Essen, seine letzte anständige Mahlzeit im Tingyatsak beschreibt, oder wenn Elmer Roessner, der Geschichtenschreiber, sich auf alle viere begibt, um einen Würfel zu suchen, der in das Sammelsurium an Unrat hinter der Bar gerollt ist – sieht man im Dick's innerhalb von fünfzehn Minuten mehr Erstaunliches als während der ganzen Vorführung des Ringling Brothers and Barnum & Bailey Circus[*].

Ich trinke zwar nie etwas Stärkeres als Moxie[*], gehe aber dennoch oft ins Dick's, um das Treiben um mich herum zu beobachten, etwas, das ich von Kindesbeinen an gerne mache. Das Lokal liegt in einer schmalen Straße unweit der Brooklyn Bridge; es ist eine jener Kneipen mit einem flackernden Neonschild, einem Tresen, der hier und da durchhängt, was vielleicht daran liegt, dass er während der Prohibitionszeit von Flüsterkneipe zu Flüsterkneipe verfrachtet wurde, und einem blinden Fenster, das gepflastert ist mit schmierigen Pappschildern, auf denen die Tagesgerichte angezeigt werden, beispielsweise: »Tagesgericht. Hühnerpastete, Brot & Butter. 35C.« Auf dem Tresen steht eine große Schüssel mit frisch gerösteten Erdnüssen und eine Flasche Mulligan*, und der Fliesenboden ist übersät mit Erdnussschalen, Zigarettenkippen und Wurstpelle vom kostenlosen Mittagessen. Der Koch brät mit Olivenöl und im Laufe eines Tages verbraucht er eine Menge davon. Bei feuchtem Wetter riecht es in der Kneipe wie in einem Stall, und in der Nachbarschaft geht das Gerücht, dass Fuhrknechte auf der Straße ihre Pferde davon abhalten müssen, hereinzukommen.

Der Wirt namens Dick ist ein Italiener mit traurigen Augen und einem breiten Lächeln, der oft seine riesigen behaarten Fäuste schüttelt und zur fleckigen Decke reckt und schreit: »Ihr bringt mich noch ins Grab!« Er hasst seine Gäste, gibt aber großzügig Kredit und die Zigarrenkiste unter dem Tresen ist voll mit Rechnungen auf Bierdeckeln. Wenn er gute Laune hat, dann schiebt er dem Gast bei jedem dritten Drink die Flasche hin und sagt: »Der geht aufs Haus.«

Einmal nahm Dorothy Hall von der Gesellschaftsspalte Dick mit zu einem Kostümball. Das Motto lautete »Orient«, und sie besorgte ihm ein Eunuchenkostüm. Sie sagte, er solle ausschließlich Italienisch sprechen, und stellte ihn als bedeutenden neapolitanischen Adligen vor. Er tanzte mit Elsa Maxwell*, die als Obereunuch verkleidet war.

»Die weiß sich wirklich zu benehmen«, sagte er später.

Wenn er eine Zeitung kauft, breitet er sie auf dem Tresen aus und sucht nach Mädchen in Badeanzügen. Entdeckt er eines, das ihm gefällt, dann sagt er: »Mein Gott! Sieh dir die Kleine an. Mein Gott! Die hat alles, was man sich wünschen kann. Mein Gott! Für die würd ich glatt sterben.«

Die Gäste nennen ihn nur ganz selten bei seinem richtigen Namen, sondern nur »Das Haus«. So sagt ein Gast zu einem der Barmänner: »Frag doch mal Das Haus, ob er mir einen Scheck einlöst.« Immer wenn er würfelt, singt er. Er ist überzeugt, eine gute Stimme zu haben, und sein Lieblingslied ist »Love in Bloom«. Sobald er zur Arbeit kommt, bindet er sich seine Schürze um und sieht den Tresen entlang die Gäste an. Dann schüttelt er den Kopf und sagt: »Die müssen in der Irrenanstalt vergessen haben, die Türen zu verriegeln.« Dennoch ist er überzeugt, dass er einen erstklassigen Laden führt. Stolz verkündet er: »Das letzte Mal, als Mr. Heywood Broun da war, hat er gesagt, ich mach den besten Gin Rickey, den er je getrunken hat.« Einmal stahl jemand ein Ladenschild von der Chock Full o' Nuts Company* und hängte es über die Kneipentür, und Dick war tagelang sauer deswegen.

Das Dick's war einmal eine Flüsterkneipe und zwanzig Minuten nach Aufhebung der Prohibition hatte Das Haus alle 1117 frisch eingeführten Alkoholvorschriften gebrochen. In den meisten neuen Kneipen steht den Barmännern Diensteifer quer über die Stirn geschrieben und sie behandeln die Gäste mit Respekt, aber hier hassen sie sie auch. Dieser Hass beruht auf Gegenseitigkeit und der Tresen trennt Abend für Abend zwei verfeindete Lager. Ein Gast, der mit einem Kater kommt, kann vom Barmann weder Mitleid noch Schmerzmittel erwarten.

»Hoffentlich geht's dir richtig mies«, sagt Das Haus oft. »So wie du dich gestern Abend aufgeführt hast, sollten sie dich aus der Stadt jagen.«

Es gibt zwei feste Kellner, und auch die hassen die Gäste. Einer von ihnen heißt Horace. Er ist Italiener und leidet unter Nasenpolypen, so dass sein Mund immer offensteht. Bezüglich seines

Kopfes hat er eine fixe Idee. Während des Krieges gehörte er der italienischen Armee an, und seither glaubt er, dass sein Kopf weggeschossen wurde und die Ärzte den Kopf eines Österreichers genommen und ihm auf den Halsstumpf genäht haben. Er behauptet, sein neuer Kopf ließe zu wünschen übrig, weil er der eines jungen Mannes sei und ihn oft zu Abenteuern dränge, auf die der Rest seines Körpers eigentlich keine Lust habe.

»Mein anderer Kopf hatte einen großen Schnurrbart«, erzählte er eines Abends.

Der andere Kellner, Eddie, ist ein Norweger mit wehen Füßen. Wenn man etwas bei ihm bestellt hat, kommt er nach einer Viertelstunde zurück und sagt: »Was wollten Sie noch mal?« Auf dem Deckel des Eiskastens hat er eine Gin-Flasche deponiert, aus der er alle halbe Stunde einen Schluck nimmt. Wenn samstagabends der schlimmste Ansturm vorüber ist, zieht er einen Regenmantel über seine Kellnerjacke und geht nach draußen, um die Feinde zu erkunden. Nach solchen Gängen lässt er sich manchmal mehrere Tage nicht blicken, und wenn ein Gast nach ihm fragt, sagt Das Haus: »Er ist im Bellevue*. Der bringt mich noch ins Grab.«

Der Koch ist ein übellauniger Mann. Eines Tages kam ein Gast herein und warf einen Blick auf die hektographierte Speisekarte.

»Wie ist das London Broil*?«, fragte er Eddie.

»Ich werd mal fragen«, erwiderte er.

Gleich darauf kehrte Eddie zurück.

»Der Koch meint, es taugt nichts«, sagte er.

»Dann fragen Sie ihn, was er empfehlen kann«, befahl der Gast.

Ein paar Minuten später kam Eddie wieder.

»Der Koch sagt, heute taugt nichts was«, sagte er.

Unter den Gästen befinden sich vier Mitarbeiter einer staatlichen Prüfstelle, die hier als die Government Men oder »G-men«* bekannt sind. Wenn einer von ihnen einen Anruf erhält, dann rennt er nach hinten in die Telefonzelle und haut die Tür hinter sich zu. Das ist das Signal für die anderen, ihm nachzulaufen und mit Telefonbüchern gegen die Holzwände der Zelle zu schlagen. Eines Abends haben sie auf diese Weise eine Telefonzelle zerlegt. Dabei schreien sie: »Hört die Trommeln aus dem Dschungel.« Sie schlagen so lange gegen die Holzwände, bis ihr Kollege wütend herausstürzt, und dann packen sie ihn. Sie werfen ihn zu Boden und setzen sich auf ihn drauf. Wenn er sich vor Erschöpfung nicht mehr rührt, nehmen sie abwechselnd den Telefonhörer und brabbeln irgendetwas hinein, bis der Anrufer aufhängt. Dieser Kampf wiederholt sich jeden Abend dreimal, wobei immer ein anderer G-Man das Opfer ist. Die anderen Gäste achten gar nicht mehr auf das Gerangel.

Zu den Gästen gehören auch zwei Südstaatler. Einer kommt aus einem Staat, der sich nach wie vor mindestens alle vierzehn Tage von der Union lossagt, und er spricht gerne mit einem blasierten Südstaatenakzent, so dass die Leute ihn fragen: »Stammen Sie aus dem Süden?« Nachts hat er wegen der Yankees Angst, auf die Straße zu gehen, und er hat stets eine Pfeife dabei, die er einem betrunkenen Polizisten geklaut hat. Wenn er sich gelegentlich auf dem Nachhauseweg von einem Yankee verfolgt fühlt, bläst er in die Pfeife, womit er Polizisten aus der ganzen Umgebung herbeiruft. Früher hat er immer gesagt, dass man nur Corn-Whiskey trinken könne, und sich bitterlich beklagt, dass Das Haus keinen auf der Karte hat. Eines Abends fuhr einer der Barmänner nach Harlem und kaufte eine große Flasche, und als der Südstaatler wieder anfing zu jammern, dass man nirgends mehr richtigen Corn-Whiskey bekäme, zog er sie hervor. Der Südstaatler fühlte sich gezwungen, mehrere Gläser davon zu trinken, woraufhin ihm vier Tage lang übel war. Als Das Haus davon hörte, sagte er: »Wir sind stets auf das Wohl unserer Gäste bedacht.«

Der andere Südstaatler wird in der Kneipe Jeeter Lester* gerufen. Er mag den Süden nicht, weil es ihm dort unten nie zum Leben gereicht hat, und jetzt behauptet er, dass er an der Nordostecke von Broadway und Forty-second Street geboren wurde. Die kleine, von Wald umgebene Südstaatenstadt, aus der er stammt, war so ruhig, dass er ein krankhaftes Vergnügen an Lärm hat. Hin und wieder kauft er dem Barmann das Bierglas ab, das er gerade geleert hat, und schmeißt es auf den Boden. Es kommt vor, dass er knöcheltief in Scherben steht. Ein umherziehender Erweckungsprediger hat ihn vor langer Zeit zum Baptistentum bekehrt, und wenn er traurig ist, singt er Kirchenlieder. Sein liebstes ist »Jesu Kreuz, Leiden und Pein«.

»Ich bete zu Gott, dass du uns heut Abend keins deiner Kirchenlieder angedeihen lässt«, sagt Das Haus, kaum dass er das Dick's betritt.

Jeeter ist ein wahrer Fachmann darin, eine zwischen seinen Fingern verborgene Münze gegen ein Longdrink-Glas zu schlagen, sobald es seine Lippen berührt, was klingt, als bisse er ein Stück vom Glas ab. Dann schreit er auf und spuckt einen Mund voll Eis aus, das genau aussieht wie Glasscherben, wenn es durch die Luft fliegt. Das jagt neuen Gästen einen gehörigen Schrecken ein.

»Du meine Güte«, sagen sie, »haben Sie sich verletzt?«

»Ich verblute«, wimmert Jeeter mit der Hand vor dem Mund und sieht sie mit schmerzverzerrtem Gesicht an.

Zu den Stammgästen gehören auch einige Frauen. Etwa einmal im Monat kommt die beleibte Buchhalterin eines Devotionalienhandels in der Barclay Street herüber. Früher war sie Vaudeville-Sängerin. Sie ist recht gesetzt und erzählt, dass sie als Kind rachitisch gewesen sei und deswegen eine Nervenschwäche habe. Links und rechts im Gesicht hat sie Narben von einer Windschutzscheibe, aber befangen ist sie deswegen nicht. Vielmehr deutet sie öfter mal darauf und sagt: »Ich bin stromlinienförmig.« Wenn sie genügend Bier intus hat, klettert sie auf den Tresen und tut so, als würde sie auf einem Klavier sitzen.

»Ich hab Fröschchen im Höschen«, singt sie dann mit ihrem schönen Sopran. »Und ’n Schnabeltier im Bustier.«

»Die bringt mich noch ins Grab«, schreit Das Haus und schubst sie vom Tresen.

Der einzige Mensch, der jemals in dieser Spelunke starb, war ein Mr. Friedman. Er war außerordentlich dick. Er hatte einen Zeitungsstand an der West Street und verkaufte Zeitungen an die Pendler, die mit der Fähre von New Jersey übersetzten. Während der Prohibitionszeit, als ein Glas Bier einen Vierteldollar kostete, musste er schwer schuften, aber als nach der Aufhebung des Alkoholverbots der Preis auf zehn Cent sank, ließ er oft mitten am Tag alles stehen und liegen und eilte ins Dick’s. Er starb am Abend des Tages, an dem Wiley Post und Will Rogers* bei einem Flugzeugabsturz in Alaska ums Leben kamen. Jeder, der an diesem Tag an seinem Stand vorbeilief, kaufte eine Zeitung, und gegen drei Uhr nachmittags glaubte er genug Geld in seiner Geldschürze beisammen zu haben, um einen Abend lang damit durchzukommen. Jedes Mal wenn Mr. Friedman ein Glas Bier ausgetrunken hatte, grunzte er und sagte: »Also das nimmt mir niemand mehr.« Oft beklagte er sich über die Steaks.

»Das Steak ist nicht lange genug abgehangen«, brüllte er dann und fuchtelte mit der Gabel durch die rauchgeschwängerte Luft. »Solches Frischfleisch ess ich nicht. Ich bin doch kein Kannibale.«

Im Sommer schlief er im City Hall Park. Wenn ich durch den Park zur Hochbahn auf der Third Avenue ging, sah ich ihn oft auf einer Bank liegen und den Mond anschnarchen. An dem Abend, als er starb, war die Kneipe voll. Er fiel vom Barhocker und fing an zu japsen. Das Haus lief zur Telefonzelle und rief die Polizei. Ein Notarzt untersuchte den auf dem Fliesenboden liegenden Mr. Friedman.

»Mensch kann man den kaum nennen«, sagte der junge Arzt. »Im Grunde ist er ein lebendes Bierfass.«

Kurz bevor er starb, blickte er zu den Gästen hoch, die sich mit ihren Gläsern in der Hand um ihn versammelt hatten, und sagte: »Heut Abend hatte ich zweiunddreißig Bier.« Das waren seine letzten Worte.

»Ich schätze mal, jetzt ist Mr. Friedman ein totes Bierfass«, sagte Das Haus, als eine Abordnung von Gästen den trinkfreudigen Zeitungshändler in zwei Tischdecken wickelte und hinaustrug.

Ein alter Drucker verbringt ganze Tage und Nächte in der Kneipe, mit der einen Hand hält er sich am Tresen fest, mit der anderen gestikuliert er wie ein Redner. Er kommt mit seiner Rede nie zu einem Ende und murmelt unablässig vor sich hin, ohne dass man weiß, worum es geht, außer dass er über etwas schimpft.

»Was ist denn mit dem los?«, fragen neue Gäste und glotzen ihn an.

»Hab nie rausgekriegt, von was er redet«, erwidert Das Haus. »Hey, Jimmy, sag dem Mann, um was es geht. Mein Gott, Jimmy, spuck's endlich aus.«

Ein in England gebürtiger Taxifahrer taucht regelmäßig hier auf. Er wird nur Liverpool gerufen. Wahrscheinlich ist er der einzige Taxifahrer New Yorks, der seinen Fahrgästen Kredit gewährt. Er verkauft sogar Lose der Irish Sweepstakes* auf Kredit. Wenn er in der Kneipe ist, begreift er es als seine Aufgabe, ans Telefon zu gehen. Es ist praktisch unmöglich, hier jemanden telefonisch zu erreichen. Liverpool geht an den Apparat und brüllt dann aus der Zelle. »Es ist für Sie, Mr. Kennedy. Sind Sie da?« Mr. Kennedy schüttelt den Kopf und sagt: »Ich bin nicht da. Sie haben mich seit dem Labor Day* nicht mehr gesehen.« Dann hört man, wie Liverpool sagt: »Nein, Miss, er ist seit dem Labor Day nicht mehr hier gewesen.«

Wenn Liverpool die Kneipe betritt, mustert er mit finsterer Miene die Reihe der Trinkenden. Er selbst trinkt nicht, und wenn er einen betrunkenen Gast auf Kredit mitnimmt, hält er ihm einen Vortrag über die Vorzüge der Abstinenz. Manchmal schreit sein Fahrgast vor Grauen.

»Sie sind ein Dummkopf, dass Sie trinken«, ruft er durch die Trennscheibe, während er an der Ampel wartet. »Sie sollten es besser sein lassen. Was glauben Sie, wie Ihre Leber mittlerweile aussieht? Morgen früh werden Sie einen üblen Kater haben. Nehmen Sie mich. Ich trinke nicht und mir geht's gut, bestens. Wenn ich's wegen meiner Arbeit nicht müsste, würde ich nie einen Fuß in eine Kneipe setzen. Meine Mamma hat doch keine Verrückten großgezogen.«

Im Dick's wird ständig um Drinks gewürfelt. Das Spiel heißt Indian Dice. Manchmal spielen bis zu fünfzehn Leute bei einem Spiel mit, und der Verlierer muss seinen ganzen Tageslohn für die Runde hinblättern. Das Haus würfelt immer mit. Er hat beim Würfeln ein glückliches Händchen und manch einer endete mit einem kapitalen Rausch, wenn er versuchte, ihm die Runde anzuhängen. Das Spiel wird mit fünf Würfeln gespielt und nie dauert es länger als einen Abend. Wenn die Verlierer wütend werden, werfen sie die Würfel in den Spucknapf, nur um Das Haus schreien zu hören.

»Wie der wieder schreit«, sagen sie dann. »Er besorgt die Würfel im Five-and-Dime*, aber so wie der schreit, könnt man meinen, die sind aus edlem Elfenbein aus dem Sudan oder so was.«

Mit Polizisten hat Das Haus keinen Ärger. Er kennt sie alle. Eines verregneten Abends kam ein Polizist rein und betrank sich. Dann zog er den Revolver und fing an, Schießübungen zu machen. Als Zielscheibe diente ihm die Telefonzelle. Das Haus schlich aus der Kneipe und rief auf der Wache an, und zwei andere Polizisten kamen und nahmen den Schützen mit. Das Haus hält unter dem Tresen eine Flasche für sie bereit, die er »die Polizeiflasche« nennt. Sie enthält eine aus den Getränkeresten der zahlenden Kundschaft zusammengeschüttete Mischung aus Scotch und Rye-Whiskey. Ein dicker Polizist schnaubt immer, wenn er ein Glas davon trinkt, und sagt: »Das muss irgendeiner von diesen neuen Whiskeys sein, die sie aus Achsenschmiere brennen.«

Es gab auch einmal einen Pinball-Automaten* in der Kneipe, der ab 13.500 Punkten Geld ausgeschüttet hat, aber eines Abends zog der Gast namens Jeeter Lester einen Schraubenzieher aus der Tasche und schraubte an ein paar Bolzen des Automaten herum. Er stellte ihn so ein, dass man mindestens 30.000 Punkte bekam, selbst wenn die Kugel nur wild herumschoss, so dass jeder Spieler mindestens einen Vierteldollar gewann, bevor Das Haus herausfand, warum sich unter seinen Gästen dermaßen viele Pinball-Experten befanden. Dann rief er die Firma an, damit sie das verdammte Ding wieder abholten.

In Dick's Bar and Grill beginnen oft Schlägereien, aber sie enden nicht dort. Das obere Geschoss steht leer, und wenn Gäste anfangen, sich anzupöbeln, schickt Das Haus sie nach oben, damit sie dort ihr Scharmützel ausfechten. Einer der Barmänner hilft ihnen die Treppe hoch und schon bald hört man es von oben scharren und fluchen. Eines Freitagabends schlug einmal ein Mann einen anderen zu Boden und kam dann nach unten und trank weiter. Sonntagmorgens ging der Barmann ins obere Geschoss, um etwas zu holen, und entdeckte den Unterlegenen, der noch immer schlief. Als er endlich wach war und erfahren hatte, wie viel Zeit vergangen war, nahm er es gelassen.

»Ich musste sowieso mal ausschlafen«, sagte er.

DAS JAHR DES HERRN 1936 ODER HAU MICH, WILLIAM

Kneipenwirte sind für Reporter in New York City von großem Nutzen. Die meiste Zeit verwendet ein Reporter auf die mühselige Arbeit, irgendwelche Leute ausfindig zu machen, und in vielen Vierteln, besonders in Kleine-Leute-Vierteln kennt mit einiger Wahrscheinlichkeit der Kneipenbesitzer die Adresse oder den Lieblingstreff eines jeden, der dämlich genug ist oder das Pech hat, für eine große New Yorker Tageszeitung interessant zu sein. Wenn jemand plötzlich in die Nachrichten gelangt – ein Glückspilz beispielsweise, der etwas bei den Irish Sweepstakes* gewinnt, oder eine Frau, die ihren Schatz aus Liebe umbringt –, dann erhält der Reporter oftmals ein treffendes Bild der fraglichen Person, indem er mit dem Kneipenwirt, dem Sandwichladenbesitzer, dem Bestatter (die Hälfte der Bewohner ärmerer Viertel schuldet dem Bestatter Geld) und dem Krämer redet. Diese Herren kennen die Gerüchte, und im Gegensatz zu Pfarrern, die die Gerüchte auch kennen, plaudern sie gerne und zerreißen sich das Maul. Und Kneipenbesitzer wissen für gewöhnlich am allermeisten.

Kneipenbesitzer sind auch deshalb von Nutzen, weil man sie zu jedem Thema befragen kann. Bricht zum Beispiel irgendwo auf der Welt ein Krieg aus, dann formt sich in dem rasenden Redakteurshirn garantiert die Idee für eine Lokalreportage, und die sieht immer gleich aus. Wenn etwa Italien und Äthiopien Krieg führen, lautet sie: »Was denken die Italiener in New York City über den Krieg?« Wird ein Reporter damit beauftragt, dann klappert er rasch die Spelunken des nächstgelegenen italienischen Viertels ab (Mulberry Street, wenn er für *The World-Telegram* arbeitet, und das Little Italy von Harlem, wenn er für die *Herald Tribune* arbeitet), und jeder Kneipenbesitzer wird in seiner Geschichte als eine »wichtige Persönlichkeit aus der Gegend« erscheinen.

Soll ich eine »Autorität« auf irgendeinem Gebiet befragen, scheint es mir manchmal das Klügste, die nächste Kneipe aufzusuchen und mich mit dem Barmann zu unterhalten. Eines bitterkalten Nachmittags im Dezember 1936 erhielt ich den Auftrag, eine »Autorität auf dem Gebiet des Massenwahns« aufzutreiben und mir über entsprechende Fälle in diesem Jahr berichten zu lassen. Die größte Autorität auf diesem Gebiet, die mir einfiel, war ein exzentrischer Neger namens Gilligan F. Holton, ein Kneipenbesitzer und Spieler, der den Broken Leg and Busted Bar & Grill in einem Keller der 138th Street West bis zu jenem Tag Ende 1931 betrieb, als ihm die Polizei die Tür eintrat und ihn für sieben Monate ins Gefängnis steckten, weil er unter den Damen, die das Etablissement beehrten, keine Ruhe herstellen konnte.

Ich entdeckte Mr. Holton in einem Lokal in der Third Avenue, das einer seiner ehemaligen Barmänner betrieb. Er erzählte, dass er gerade eine wissenschaftliche Abhandlung zu Ende schrieb, die er vor Jahren als Bediensteter von David Belasco[*] begonnen hatte und mit der er beweisen wollte, dass William Shakespeare ein Mohr gewesen ist, aber dass er die Arbeit für ein paar Stunden ruhen lassen würde, um mir einen Vortrag über verschiedene Beispiele des Massenwahns aus dem Jahr 1936 zu halten. Bevor er damit begann, bestellte er ein Bier. Der Barmann schob das Glas über den Tresen. Mr. Holton nahm es und bat um einen Suppenlöffel. Er hielt ihn mit zierlich weggestrecktem kleinem Finger und löffelte den Schaum von seinem Bier.

»Geschlagene Sahne hab ich noch nie ausstehen können«, sagte er. »Ich vertrag sie nicht.«

Als er den Schaum von seinem Bier entfernt hatte, trank Mr. Holton es mit einem triumphierenden Schluck aus. Dann sah er den Barmann finster an und sagte: »Schreib's an, fauler Hund.«

Schließlich setzte er sich an einen Tisch.

»Das war wirklich ein verrücktes Jahr«, sagte er und blickte wie ein Seher in die Ferne. »Es liefen mehr hochgradig Irre rum, als man der Welt zutrauen würde. Es gab Tage, da dachte ich, die ganze verdammte Bevölkerung sei losgezogen und habe büschelweise Locoweed* gefressen. Jedes Mal, wenn was Neues aufkam, hat's Mrs. Ida, meine Frau, an mir ausprobiert. Zum Beispiel hat sie mich eines Nachts geweckt und gesagt: ›Klopf, klopf.‹ Ich wusste genau, dass sie wollte, dass ich frage, ›Wer ist da?‹. Aber ich hab nur gesagt: ›Halt die Klappe, Mrs. Ida.‹ Sie hat nicht aufgehört mit ihrem Geklopfe, und da hab ich den Wagenheber genommen, der immer in Reichweite des Betts liegt, und ihr eins übergezogen.

In der nächsten Nacht kam sie und fing an, mit den Fingern zu trommeln und die Zunge rauszustrecken. Ich hab zu ihr gesagt: ›Was ist denn jetzt schon wieder, Mrs. Ida?‹ Sie sagt: ›Rate mal, was das ist.‹ Sie trommelt weiter mit den Fingern, aber ich seh sie nur an. Dann sagt sie: ›Immer noch nicht kapiert? Ich tu wie eine Registrierkasse.‹ Ich nehm meinen Wagenheber und geb's ihr an der Stelle, wo es am besten tut. Für solche Spielchen bin ich zu alt. Mein einundzwanzigster Geburtstag liegt schon ein paar Jährchen zurück. Ich trag lange Hosen nicht nur, weil sie mir so gut stehen.«

Mr. Holton seufzte und schüttelte den Kopf. Er sagte, es sei so schlimm zu Hause geworden, dass er dem Weihnachtsmann schrieb und ihn bat, Mrs. Ida »einen neuen Hirnapparat« zu schenken. Er sei überzeugt, sagte er, dass das Lied »The Music Goes 'Round and 'Round«[*] auf Jahre seinen Verstand geschädigt habe.

»Es gab Zeiten, da dacht ich, gleich kommt der Hundefänger und nimmt mich mit«, sagte er. »Ich hab mich schon im Irrenhaus gesehen, als der begabteste Neuzugang.«

Er fing an, auf den Tresen zu trommeln, und der Barmann kam hastig mit einem Bier und einem Suppenlöffel. Mr. Holton beachtete das Bier jedoch nicht. Er sprang auf und fing an, über den Fliesenboden der Kneipe zu hüpfen.

»You push the middle valve down«, sang er. »Bumm, bumm.«

Beim Singen hüpfte er auf und ab.

»The music goes 'round and 'round«, brüllte er. »Bumm, bumm.«

Er lief zum Barmann und sagte: »Hau mich, William, hau mich.«

Der Barmann schlug ihm einen Stuhl auf den Kopf. Darauf lächelte Mr. Holton glücklich.

»Jetzt geht's mir besser«, sagte er, setzte sich und trank sein Bier.

Er hoffe, so erklärte er, sich im nächsten Jahr als Anführer eines Kults durchzusetzen.

»So was wie den Orden von Father Divine[*], nur ein bisschen raffinierter«, sagte er. »Das ist übrigens ein Mann, der das Jahr 1936 mitgeprägt hat. Ich werd nicht sagen, wie, aber seinen Beitrag hat er mit Sicherheit geleistet. Mein Kult wird wunderschön sein. Ich werd lauter Schnuckelchen um mich versammeln, die dicksten Weiber, die ich finde. Ich mag dicker Weiber. Ich werde ihnen beibringen, dass sie jedes Mal, wenn ich Luft hole, ›Danke, Father‹ brüllen. Wenn ich's mir recht überlege, werd ich ihnen vielleicht beibringen, ›Danke, Papa‹ zu sagen. Das wäre eine echte Verbesserung gegenüber Father Divine.

Die Leute in meinem Kult sollen auch alle lernen, in Zungen zu reden. Das klingt so nett. Ich hätte mich ja Father Divines Bewegung angeschlossen, aber dann hab ich rausgefunden, dass es in seinem verheißenen Land kein eisgekühltes Bier gibt. Massenhaft Rippchen, aber kein Bier.«

Er sagte, 1936 sei schon ein verkorkstes Jahr gewesen, aber 1931 habe alle Jahre übertroffen, die er bislang erlebt habe.

»Zu dieser Zeit brummte der Broken Leg and Busted Bar & Grill«, sagte er. »Es war eins von diesen ›intimen‹ Lokalen. Damals waren die Leute ja für alles dankbar. Eines Abends war der Laden rappelvoll und da kamen ein Mann und eine Frau rein. Er sah aus, als hätte er die Taschen voller Geld. Ich beschloss, einen psychologischen Test mit ihm zu machen, weil ich rauskriegen wollte, was ein Mensch alles schluckt.

Ich gab ihm einen Tisch direkt neben der Küche, wo es so warm war, dass man selbst gegrillt wurde. Dann hab ich den Kellnern gesagt, sie sollen ihn mit Suppe vollkleckern und ihm auf die Füße steigen und Krümel auf den Schoß fegen. Seine Frau hat Wein bestellt, und ich sagte mir, der werd ich einen schönen Wein zusammenpanschen. Ich hab kalten Tee genommen, einen Schuss Kerosin reingeschüttet, ein wenig Gin dazu und das Ganze kräftig geschüttelt. Das Paar blieb bis zum Morgengrauen und gab 125 Dollar aus – was selbstverständlich nicht schwer war –, und dann trat der Mann auf mich zu. Ich war überzeugt, dass er mir eine verpasst.

Aber nein. Stattdessen sagte er: ›Ich möchte Ihnen danken für diesen wunderbaren Abend, Mr. Holton. Es war außerordentlich kurzweilig. Ich werde allen meinen Freunden Ihr Lokal empfehlen.‹

Und dann sagte seine Frau: ›Und der Wein erst, Mr. Holton! Ganz vorzüglich! Der beste Amontillado Sherry, den ich je getrunken habe. Woher haben Sie nur einen so wunderbaren Wein in diesem schlimmen, von der Prohibition heimgesuchten Land?‹

Da hab ich aufgegeben.«

Mr. Holton redete zwei Stunden lang und nach ungefähr anderthalb Stunden verlor er den Faden. Schließlich streckte er sich auf einer Sitzbank im Hinterzimmer des Lokals aus und schlief ein. Ich ließ ihn zufrieden schnarchend zurück, ging ins Büro und schrieb die Geschichte über den Massenwahn. Dem Lokalredakteur gefiel der Artikel und er sagte, Mr. Holton solle Präsident der Psychiatrischen Vereinigung Amerikas werden. Etwa sechs Monate später fuhr ich nach Harlem, weil ich Mr. Holton bitten wollte, mir zu helfen, einen der führenden Köpfe des Zahlenlotterie-Geschäfts für ein Interview ausfindig zu machen. Er war weder in der Billardhalle in der Lenox Avenue, wo man ihn manchmal antreffen konnte, und auch nicht in der Fischbude, die eine seiner dicken Freundinnen betrieb. Ich konnte ihn nirgends finden. Einige Tage darauf kam ich erneut an dem Imbiss vorbei und die Besitzerin trat hinaus auf den Bürgersteig und sagte, sie habe gehört, dass ich Mr. Holton suchen würde. »Ich wollte Ihnen nur Bescheid geben, dass er den Löffel abgegeben hat, drüben im

Bellevue.« Mr. Holton war im Wahn gestorben. Er hatte unter progressiver Paralyse gelitten.

Möge er in Frieden ruhen.

CHEESE-CAKE

EIN PAAR JUNGFRAUEN, KEINE PROFESSIONELLEN

In einer New Yorker Zeitung kann man praktisch alles von sich geben, solange es mit einem überheblichen Lächeln geschieht, und wenn man einmal begriffen hat, dass man »Erotisches« neckisch oder als Melodram zu behandeln hat, gehören zu den amüsantesten Interviewpartnern Nackte – Nudisten, Nacktmodelle, Stripteasetänzerinnen und andere Tänzerinnen, die glauben, Kunst komme von Aufknöpfen. Solche Leute gibt es zuhauf in New York mit seinen bemerkenswert narzisstischen Einwohnerinnen, und in den letzen fünf, sechs Jahren wurden Interviews mit ihnen zum Alltagsgeschäft von Reportern.

Solche Interviews werden »Cheese-cake« genannt, ein Begriff, mit dem Fotografen ursprünglich alle Fotos bezeichneten, für die Frauen eine erotische Pose einnehmen sollten, besonders aber für jene ewig gleichen Aufnahmen von jungen Frauen auf dem Deck eines Liniendampfers, deren Rock bis über die Knie angehoben ist. Ein Bildredakteur wird dem Fotografen, dem er einen Auftrag für eine Schiffsnachricht übergibt, sagen: »Schau, ob du einen Cheese-cake auf dem Schiff kriegst.« (Den Ursprung des Begriffs kenne ich nicht. Außer »Cheese-cake« und »Lobster-shift« als Bezeichnung für Nachtschicht sprechen die meisten Ausdrücke im Zeitungsslang für sich, zum Beispiel »Hot squat« für den elektrischen Stuhl und »dry dive« für einen Selbstmord durch Fenstersturz und »slug« für den Katalogisierungsbegriff, wie SLAY für Mord oder SNATCH für Entführung.) In New York City gibt es eine Zeitung, die quadratmeterweise Cheese-cake druckt und direkt daneben einen Leitartikel, der zum Kreuzzug gegen die Burlesque* aufruft; im Vergleich zu dem doppelzüngigen

Leitartikelschreiber dieser Zeitung ist meiner Meinung nach ein Zuhälter ein wahrer Engel.

Das typische Beispiel für Cheese-cake ist die Fotoserie einer französischen Tänzerin in ihrer Kabine auf der *Ile de France*. Sie konnte kein Wort Englisch und als die versammelten Fotografen ihr bedeuteten, dass sie den Rock ihres Kleides ein wenig anheben solle, damit man ihre berühmten Beine auf dem Foto besser sehen könne, verstand sie das nicht ganz richtig und hob ihr Kleid bereitwillig bis zum Kinn hoch. Da die Fotografen untereinander Cheese-cake austauschen, hingen die überaus freizügigen Bilder der französischen Tänzerin bald in den Dunkelkammern sämtlicher Zeitungen dieses Landes.

Der geschriebene Cheese-cake handelt oft von Stripteasetänzerinnen. Im Grunde ist der Verfasser von Reportagen verantwortlich für die heutige Popularität des Burlesque-Tanzes in vielen Städten. Dennoch ist er in den New Yorker Theatern hinter der Bühne nicht immer willkommen, weil die Intendanten wissen, wenn die Zeitungen ungewöhnlich viele Artikel über ihre Tänzerinnen bringen, kriegen die Sittenwächter einen Rappel und wollen die ganze Branche dazu verdonnern, ein Lysol-Bad zu nehmen.

Grundsätzlich habe ich nichts gegen Cheese-cake-Artikel. In ihnen spiegelt sich eine Lebensart, die in der Stadt gerade um sich greift, und sie können auch sehr unterhaltsam sein. Die Reklame, die ich jeden Morgen in der U-Bahn sehe – beispielsweise die Anzeigen für Abführmittel, insbesondere die mit Schokolade überzogenen –, finde ich um einiges anstößiger als alles, was ich jemals in einem Burlesque-Theater gesehen oder gehört habe. Allerdings gleichen sich viele Artikel, und dass in jedem

Absatz etwas Überhebliches oder Augenzwinkerndes stehen muss, macht die Lektüre oft etwas öde. Vielleicht gibt es einfach zu viele. Letztlich haben Stripteasetänzerinnen doch eine große Ähnlichkeit mit Elefanten: Kennt man eine, kennt man alle. Ich für meinen Teil habe vermutlich alles, was ich über sie wissen will, an einem Nachmittag erfahren. Davon will ich berichten.

Es war im Apollo*, einem Theater in der Forty-second Street West. Bei meinem Eintreffen hatte die zweite Vorstellung des Tages, die um halb vier, schon begonnen, und die erste Tänzerin auf der hufeisenförmigen Bühne, die rothaarige Margie Hart, entkleidete sich gerade. Hinter der Bühne stand ein Haufen nackter junger Frauen herum und wartete gähnend darauf, mit einem breiten Lächeln auf dem müden Gesicht auf die Bühne zu tänzeln. Der Schnürmeister hielt ein Seil fest umklammert, bereit, den Vorhang für die komische Nummer fallen zu lassen, die für gewöhnlich auf die erste Stripteasetänzerin folgt. In der Vorstellung traten achtunddreißig Mädchen auf, und entsprechend großes Gedränge herrschte hinter der Bühne.

Die Vorstellung war ein wenig hinterher und Miss Hart, die sehr gut gebaut ist, arbeitete schnell. Sie verlor sich nicht in Details. Kurz bevor es auf der Bühne zum dritten Mal dunkel wurde, stieg sie mit einem Schrei aus ihrem hauchdünnen pinkfarbenen Höschen und warf es hinter die Kulisse. Abgesehen von ihrem G-String, einem Paar blauer Schuhe, dem Rouge auf ihren hübschen Wangen und ihren Plomben war sie so nackt, wie der liebe Gott sie geschaffen hatte. Sie kreiste vor den Gästen ein paar Mal mit den Hüften und dann war ihr Striptease vorbei. Die Gäste – »die Jungs« – klatschten zwar noch eine Weile, aber die flotte Biene ließ sich nicht mehr blicken.

Kurz darauf begann ein stotternder Komiker eine komische Nummer aus dem Burlesque-Repertoire, nämlich den Sketch in der Arztpraxis, von dem es eine ganze Reihe Varianten gibt. (Jeder Komiker hat seine eigene Variante des Brautwerbungssketches, des Flitterwochensketches, des Nachtportierssketches, des Schutzmann-in-dunkler-Gasse-Sketches und so weiter, und er kann sie »zurückhaltend« oder »unanständig« erzählen, je nachdem, wie die Zensoren gerade gestimmt sind.) Die »Straight woman« oder Stichwortgeberin wartete in der Seitenkulisse, bis es an der Zeit war, mit in die schmalen Hüften gestemmten Händen auf die Bühne zu stolzieren. Noch stand sie gegen eine Scheinwerferstange gelehnt, hob eines ihrer nackten Beine und kratzte sich am Knöchel. Ihre Augen blickten schläfrig.

Gleich darauf trat sie auf die Bühne, hellwach jetzt, und hinter der Bühne konnte man hören, wie sie vorne dem Doc sagte, dass sie unbedingt für zwei Dollar von seinem allerbesten Rat bräuchte. Dann erschallte das laute Klatschen einer Ohrfeige. Die beiden redeten so schnell, dass man hinter der Bühne nur hin und wieder etwas verstand. Man hörte sie herumspringen und singen: »Ach, Doktorchen, wie gut das tut.« Dazwischen hörte man den stotternden Doc einen Witz über den Gnadentod reißen. Dabei sprang auch er auf und ab.

Der Grund für dieses Herumgehopse ist unklar. Manchmal vergessen Komiker, um was es gerade in ihrem Sketch geht, und dann fangen sie an zu hüpfen und zusammenhanglos ein paar Zeilen zu singen wie: »In 'ner halben Stunden treffen wir uns um die Ecke. In 'ner halben Stunden treffen wir uns um die Ecke.«

Nach dem Schlussgag ging das Licht aus und ein »Nummerngirl«, das vor den einzelnen Programmteilen auftritt, spazierte auf die Bühne und sang »These Foolish Things (Remind Me of You)«. Das Nummerngirl hieß Mary Joyce, eine hübsche Blondine mit einer hübschen Stimme, und als sie abtrat, ging der Vorhang hoch und die Bühne war voll von Mädchen. Das Tanzensemble tanzte auf die Zuschauer zu und dann wieder zurück und dabei schaukelten die durchsichtigen Leibchen über ihren Brüsten sanft hin und her. Die blasierten Showgirls stolzierten über die Bühne. Dann kam der Toe-Line heraus, eine Gruppe von Ballettmädchen von der Fokine-Schule und eine Innovation in der Burlesque.

»Die Nummer schauen wir uns an«, sagte Emmett Callahan, der Intendant des Apollo, der gerade hinter der Bühne aufgetaucht war.

Er erhob sich vom Inspizientenpult und drängte sich in die Seitenkulisse. Die kessen Ballettmädchen tanzten auf den Zehenspitzen hin und her. Wie auf Befehl ließen sie sich plötzlich alle gleichzeitig zu Boden sinken und ihre kurzen gestärkten Röcke wehten hoch. Mr. Callahan sah ihnen beifällig zu und lächelte die Anführerin an, die gerade hinter die Bühne tanzte.

Mr. Callahan gehört zu den Ausgebufftesten im Burlesque-Geschäft. Er stammt aus Toledo, wo er die Schulbank mit Joe E. Brown* drückte. Früher ist er mit »Midgie Miller & The Callahan Brothers« selbst im Vaudeville aufgetreten. Er ist seit sechsundzwanzig Jahren im Showgeschäft, die meiste Zeit davon in New York, und heute ist er vermutlich der bedeutendste Burlesque-Impresario, selbst die Minskys* eingeschlossen.

Er ist mit Ann Corio* verheiratet, der beliebtesten Stripteasetänzerin weit und breit, die in Cleveland einmal 1.900 Dollar die Woche machte, weit mehr als Gypsy Rose Lee*. Sie arbeitet auf

Prozentbasis und erhält einen gehörigen Anteil am Gewinn. Mr. Callahan nennt sie »Annie«.

»Süße Dingerchen«, sagte Mr. Callahan, während er die Ballettmädchen musterte.

Als sie fertig waren, steppten drei Neger in schicken braunen Smokings auf die Bühne. Mr. Callahan verlor das Interesse und verließ die Seitenkulisse, um zu seinem Pult zurückzukehren. Er hatte kein Auge für die entblößten Mädchen, die um ihn herumstanden. Als eines der Mädchen ihn im Vorbeigehen ansprach, nickte er und fragte: »Was macht der Husten, Mary?« Die junge Frau erwiderte: »Ach, mir geht's gut, Mr. Callahan.«

In einer Burlesque-Kompanie ist ein Husten ungewöhnlich und eine Erkältung praktisch unbekannt. Die überarbeiteten und unterbezahlten Tänzerinnen sind erstaunlich widerstandsfähig. Sie treten nackt in den zum Teil zugigen Theatern auf, ziehen sich rasch in überheizten Garderoben um und laufen dann kalte Treppenhäuser hinunter, aber nur selten ist eine von ihnen nicht auf dem Posten. Mr. Callahan sagte, die ständige Bewegung mache sie zäh; die Mädchen, die täglich vier oder fünf Shows hinter sich bringen, bekommen mehr Bewegung als ein Boxer im Trainingslager.

Das Gebaren der Mädchen hinter der Bühne kann Sittenwächter nur enttäuschen. Auf der Bühne arbeiten sie unbekleidet und ohne jede Scham, doch kaum treten sie hinter die Bühne und steigen die Treppe zu ihrer Garderobe hoch, bedecken sie sich, so gut es eben geht.

Den Mädchen und den Bühnenarbeitern ist es verboten, sich zu unterhalten. Die Mädchen dürfen ihre Freunde nicht hinter die Bühne mitbringen. Tatsächlich erhält so gut wie kein Unbeteiligter Erlaubnis, hinter die Bühne eines der hiesigen Burlesque-Theater zu kommen. Die Tage, als Billy Minsky Herren aus dem Racquet and Tennis Club* gestattete, in den Seitenkulissen zu stehen, sind dahin, genau wie Minsky selbst.

Jedes Tanzensemble hat einen Captain, ein Mädchen mit einem gewissen Verantwortungsgefühl, das den Kolleginnen Strafen auferlegen darf, wenn es sie beispielsweise mit einem Kaugummi im Mund auf der Bühne erwischt. Setzt sich ein Mädchen hinter der Bühne auf eine staubige Bank und macht ihr Kostüm schmutzig, sagt der Captain: »Steh auf.« Wenn die Mädchen in der Seitenkulisse zu laut schwatzen, sagt der Captain: »Seid mal still, Kinder.« Branchenintern werden die Mädchen grundsätzlich »Kinder« genannt.

Sollten sie beschwipst zur Arbeit erscheinen, werden sie rausgeschmissen. Selbst wenn sie nur nach Bier riechen, bekommen sie einen Rüffel. Der Burlesque-Tanz ist selbstverständlich Angriffsziel für Sittenwächter jeder Couleur. Würde man den Männern erlauben, sich am Bühneneingang zu versammeln, so wie sie sich am Bühneneingang der Revuetheater versammeln, für die man fünfeinhalb Dollar Eintritt zahlen muss, oder wenn ein Mädchen betrunken aufträte, dann würde binnen Kurzem die Vereinigung der Frauen Gegen Alles über den Intendanten herfallen.

Die Öffentlichkeit hat wegen der Verfolgung durch selbsternannte Moralapostel und die Konzessionsstelle eine schlechte Meinung über den Charakter der Burlesque-Mädchen, die wenig mit der Wirklichkeit zu tun hat. Die Mädchen arbeiten viel zu viel, um schlagzeilenträchtige Orgien zu feiern. Ein Mädchen, das zwölf bis vierzehn Stunden am Tag über eine Bühne gesprungen ist, will auf keine Orgie, sie will nichts weiter als Schlafen.

Wenn ein Burlesque-Produzent vor Gericht nach der Sittsamkeit seiner Mitarbeiterinnen gefragt wird, antwortet er stets: »Ein paar Jungfrauen, keine Professionellen.« Mit einiger Wahrscheinlichkeit dürfte das Privatleben zwanzig willkürlich herausgesuchter Stenographinnen, die in der Wall Street arbeiten und in Greenwich Village wohnen, zweifelhafter sein als das derselben Zahl an Burlesque-Tänzerinnen. Ganz sicher dürften die Mädchen vom Apollo über das Betragen einiger Damen der besseren Gesellschaft schockiert sein.

»Es gibt Schlimmeres, als in einem Burlesque-Theater zu arbeiten«, sagte die elegante Miss Lilly Berg, die anders als die Mädchen des Ensembles nicht den Bump und den Grind tanzen muss. »Ich hab einmal in einem der größten Kaufhäuser New Yorks gearbeitet, aber da zieh ich das hier vor. Die Pinke stimmt und abends bin ich nicht so geschafft. In einem Kaufhaus darfst du dich nicht mal hinsetzen. Hier ist es auch besser als in einem Nachtclub oder einer Dance Hall, weil die Gäste so weit weg sitzen, dass man den Knoblauch nicht riecht. In einem Kaufhaus kann's dir passieren, dass ein griesgrämiges altes Weib angedackelt kommt und dich frech anredet, und du musst dastehen und es dir gefallen lassen. Aber wenn dir hier ein Gast frech kommt, kriegt er einen Tritt in den Hintern.«

Der Burlesque-Produzent betrachtet die Zensurbehörde als ein Grundübel seiner Branche, vergleichbar mit Schadensersatzklagen und Komikern, die betrunken zur Arbeit auftauchen. Niemand kann so wütend werden wie ein Produzent, der die Zeitung aufschlägt und die Schlagzeile liest: »Burlesque soll züchtig werden. Stadt gibt Theatern einen Tag, die Shows zu entschärfen, sonst droht Konzessionsverlust.« Der Produzent glaubt, dass er als Sündenbock herhalten soll, und brüllt, dass seine Mädchen genauso viel wie die Mädchen in den teuren Nachtclubs anhaben.

Er weiß, dass ein Komiker nicht viel niedriger sinken kann als der auf seiner Bühne, sagt aber, dass Dwight Fiske* im Savoy Plaza über genau dasselbe singt und die Polizei ihn dort nicht vom Klavier wegzieht, oder? Er ruft, dass der arme Mann das gleiche Recht auf Laster hat wie der reiche. Er fühlt sich verfolgt, und meistens hat er dazu auch Anlass.

Ein Striptease sei ein Kunstwerk, sagt er. Der Bürger müsse sich klar darüber sein, dass eine Burlesque-Show keine Sonntagsschule sei, und wenn er das nicht vertrüge, solle er einfach nicht hingehen.

»Wir zwingen niemanden, eine Eintrittskarte zu kaufen«, sagte Mr. Callahan. »Das hier ist ein freies Land. Ich würde die Burlesque ja gern wie eine billige Revue aufziehen, aber ich muss mich nun mal anpassen. Wenn in jeder Burlesque-Show und jedem Nachtclub in der Stadt nackt gearbeitet wird, kann ich nicht plötzlich prüde werden.«

Burlesque-Tänzerinnen schinden sich für ihr Geld.

»Die Tanzmädchen kriegen 25 Dollar 70 die Woche, und da ist der Samstagabendzuschlag mit drin«, sagte Mr. Callahan. »Auf einer Tournee kommen die Tanzmädchen auf 28 Dollar 30, genau wie die Showgirls. Das ist das Minimum. Einzelnen Showgirls haben wir auch schon 32 Dollar 50 gezahlt. Eine Straight-woman kriegt 75 Dollar. Die Stripteasetänzerinnen sind das Rückgrat der Show und kriegen meistens zwischen 60 und 125 Dollar. Das heißt, die große Mehrheit der Stripteasetänzerinnen verdient etwas um den Dreh, aber es gibt auch welche, die verdienen um einiges mehr. Ein paar arbeiten auf Gewinnbeteiligung. Ein gutes Gehalt für eine Stripperin in New York liegt bei 125 Dollar. Margie Hart ist ein 125-Dollar-Mädchen. Auf Reisen kriegen die Mädchen manchmal auch mehr.«

Allgemein gibt es drei Arten des Striptease – »rasant«, »sexy« und »unschuldig«.

Miss Corio arbeitet unschuldig und langsam. Zu Beginn und auch wenn sie fertig ist, hat sie sehr viel mehr Kleider am Leib als die meisten Stripteasetänzerinnen, und sie bewegt sich auch nicht besonders animalisch über die Bühne, eher damenhaft. Sie kapriziert sich nicht auf den Bump, bei dem die Hüften bei leicht gebeugten Knien vor- und zurückbewegt werden, und den manche Mädchen in geradezu atemberaubender Geschwindigkeit vollführen. Auch beim Grind, einem Kreisen der Hüften, das an den Bauchtanz oder Hootchy Cootchy erinnert, sticht sie nicht besonders heraus. Alle Burlesque-Tänzerinnen müssen den Bump und den Grind beherrschen. Neben der Minstrel-Show, bei der ein als Neger verkleideter Sänger auftritt, ist der Striptease vermutlich der einzige originäre Beitrag Amerikas zum Theater, und der Bump und der Grind sind bei einem anständigen Striptease unverzichtbar.

Die meisten Stripteasetänzerinnen haben ein, zwei Tricks auf Lager, eine Schlangenbewegung oder eine bestimmte Art, die Schulterträger abzustreifen, die sie von ihren Kolleginnen unterscheiden. Carrie Finnell, die ein ziemlicher Brummer ist, zeigt eine komische Strip-Nummer, in der sie, wie sie es nennt, »einen Kontrolltanz« vollführt. Leider kann er hier nicht beschrieben werden. Evelyn Myers, ein anderer Star der Branche, windet sich auf eine ungewöhnliche Weise; höchstens Schlangen könnten das nachmachen.

Peaches Strange ist berühmt dafür, dass sie den Shimmy* in den Strip übergehen lässt. Gypsy Rose Lee arbeitet wie Ann Corio gerne mit vielen Kleidungsstücken. So betrat sie im Irving Palace die Bühne immer in einem weiten weißen Pelzmantel mit vielen Knöpfen. Träge glitt sie über die Bühne, so als steuere sie auf den Eingang der Oper zu. Mit einer lässigen Geste knöpfte sie auf dem Weg in die Seitenkulisse den Mantel auf, und die Zuschauer tobten wie verrückt.

Die dynamischste Stripteasetänzerin ist Georgia Sothern*, deren Haare ein Rot haben, das man gemeinhin als »flammend« bezeichnet. Miss Sothern arbeitet auf die sexy Art. Sie springt über die Bühne, wirft den Kopf vor und zurück, Bumps und Grinds folgen in einem raschen Wechsel aufeinander. Bei einer ihrer wilden samstäglichen Mitternachtsvorführungen wird man während eines Striptease sämtliche Tanzfiguren sehen – Texas Tommy, Fly-Away, Walking the Dog, Toe Punch, Falling off a Log. Währenddessen streift sie ein Fähnchen nach dem anderen ab und wieder an. Wenn sie Lust hat, vollführt sie sogar sämtliche Kicks, den Muscle Kick, den Hitch Kick und den Fan Kick. Während sie ihre Beine hochwirft, ruft sie: »Los geht's, Jungs!« Wenn nach einem Sothern-Strip das Licht auf der Bühne ausgeht, sinken die Gäste völlig erschöpft in ihren Stühlen zurück.

»Irgendwann wird sie auf der Bühne tot umfallen«, sagte Mr. Callahan. »So viel Energie kann einem nicht guttun. Sie strippt, als hätte sie Dynamit zu Mittag gegessen.«

Die Burlesque-Mädchen sind stolz auf ihre Tricks. Ein Mädchen, das einen ungewöhnlichen Grind hinbekommt, genießt hohes Ansehen. In der Garderobe wird hauptsächlich über die Arbeit gesprochen, auch wenn es daneben, wie üblich unter

Frauen, viel um Männer und Kleider geht. Wenn Margie Hart eine neue Frisur hat, dann stehen die Mädchen in den Seitenkulissen zusammen und tuscheln: »Sieh dir Margies neue Frisur an. Gefällt sie dir? Also, ich fand ja die alte besser.«

Die Mädchen gehen oft miteinander aus. Sie sind überarbeitet und unterbezahlt, aber sie genießen ihr Leben und teilen ihr Leid. Darin ähneln sie Krankenschwestern und Zeitungsreportern. Sie suchen dieselben Lokale auf. Wenn sie keinen Freund haben, der auf sie wartet, um sie zum Abendessen auszuführen, gehen sie zu mehreren in ein Restaurant oder einen Imbiss. Kurz vor Ende der 3-Uhr-30-Show fangen sie an, darüber zu reden, wo sie essen werden.

»Wohin gehst du denn zum Essen?«, ruft eine.

»Egal, nur nicht wieder Fisch. Den kann ich nicht mehr sehen.«

»Dann lasst uns heute Abend Chinesisch essen.«

»Ist gut, Süße. He, Woodsy, hast du Lust auf was Chinesisches?«

Beim Essen unterhalten sie sich über die Arbeit. Wenn ein Komiker einen neuen Spruch in seinen Sketch eingebaut hat, debattieren sie darüber. Sagt beispielsweise der Richter in dem Gerichtssketch: »Wir müssen das an eine höhere Instanz verweisen«, und stellt dann seinen Stuhl auf die Bank und bleibt den Rest der Nummer dort sitzen, bereden sie, ob der Witz gut oder nicht doch peinlich ist. Am besten gefällt ihnen immer, wenn ein Komiker während der Show Witzchen über ein anderes Burlesque-Theater reißt. Meistens handeln sie vom fortgeschrittenen Alter der Mädchen dort.

»Mannomann«, sagte eine letztens über einem chinesischen Hühnchengericht. »Joey Fay hat neulich in Philadelphia einen richtig Guten abgelassen. Er holt Rosemary nach vorne und stellt sie dem Publikum vor. Dann sagt er: ›Ich will, dass ihr das Mädel mit einem Sonderapplaus bedenkt, ihre Mutter hatte nämlich gerade einen schrecklichen Unfall. Sie ist drüben im Star and Garter von der Planke gefallen.‹«

Die »Planke« ist der Laufsteg, der von der Bühne in den Zuschauerraum führt und über den die Tanzmädchen stolzieren. In New York City sind sie mittlerweile verboten.

Die Vereinigung der Frauen Gegen Alles hat etwas gegen sie.

NACKT, KOMPLETT NACKT

Wenn etwas so gut ankommt wie der Striptease, kann man darauf wetten, dass es bald jemand mit dem Gegenteil versucht. Eines Morgens rief Mr. Samuel J. Burger in der Redaktion an und erklärte, er habe gerade eine junge Frau unter Vertrag genommen, »ein Mädchen aus Chicago, meine Güte, so was hab ich noch nie gesehen, ich bin ganz verrückt nach ihr«. Ich fühlte mich an diesem Vormittag nicht besonders wohl, und deshalb schickte man mich zu einem Interview mit ihr. Mr. Burger ist ein dünner, quirliger Mann mit gewichstem Schnurrbart, der als Broadway-Promoter Sensationen wie Geschworene von Mordprozessen, Verwandte ermordeter Verbrecher, Ballontänzerinnen und indische Gedankenleser als Vaudeville-Nummern bucht.

Seine neueste Attraktion entpuppte sich als schüchterne junge Frau mit Handelsschulabschluss, kicherndem Lachen und Beinen bis zum Hals. Sie war neunzehn und hieß Jan Marsh. Wir trafen uns in einem Theaterhotel und sie führte ihre Nummer vor.

»Mag ja sein, dass ich spinne«, sagte sie und stieg aus ihrem Kleid, »aber ich glaub, ich hab eine Nummer, die dem Stripteaserummel den Garaus macht.«

Sie warf ihr Kleid über eine Stuhllehne und zog Schuhe und Strümpfe aus. Dasselbe tat sie mit ihrer Kollektion schwarzer Spitzenwäsche.

»Schauen Sie her«, sagte sie unnötigerweise. »So fange ich meine Nummer an. Nämlich dort, wo der Striptease aufhört. Ich bin nackt, komplett. Komplett. In diesem Zustand trete ich vor die Zuschauer. Zuerst schlüpfe ich in mein schwarzes Spitzenhöschen. Dann ziehe ich den Strumpfhalter an. Als Nächstes streife ich meine schwarzen Netzstrümpfe über. Schwarz ist eine so faszinierende Farbe. Dann steige ich in meine Schuhe. Ich ziehe mein Kleid an, ein Kleid mit Reißverschluss, man nennt das ›Taxi-Kleid‹. Dann stecke ich mir eine Blume an, eine Orchidee zum Beispiel. Dann kommen Mantel und Hut. Dann kommt noch ein Mantel oder auch zwei oder drei. Ich höre einfach nicht auf mit dem Anziehen, bis die Zuschauer anfangen, zu johlen und zu buhen. Ich ziehe einen ganzen Berg Kleider an. Mag ja sein, dass ich spinne, komplett spinne, aber ich glaube, meine Nummer macht dem Stripteaserummel den Garaus, und damit würde ich meinem Land einen großen Dienst erweisen.«

Miss Marsh lächelte. Dann vollführte sie ein paar Tanzschritte.

»Am Anfang«, sagte sie, »bin ich natürlich nackt wie alle Stripteasetänzerinnen. Komplett.«

»Sie macht das nur für die Kunst«, sagte Mr. Burger.

»Das stimmt«, sagte Miss Marsh. »Ich mach's für die Kunst, nicht fürs Geld und auch nicht für einen Mann. Ich hab mitbekommen, welchen Riesenerfolg diese lasziven Stripteasetänzerinnen haben, aber ich glaube nicht, dass die Öffentlichkeit sich tatsächlich für so was interessiert. Ich bin ein ganz normales, nettes Mädchen. Ich bin nicht wie diese flatterhaften Frauenzimmer. Mein umgekehrter Striptease wird sehr gut ankommen und eine neue Bewegung anstoßen, davon bin ich überzeugt. Ich rauche nicht, und ich trinke nicht. Wenn es mir schmecken würde, würde ich es natürlich machen, aber ich finde Whiskey scheußlich. Ich bin eine gute Schwimmerin. Ich bin einfach ein ganz normales amerikanisches Mädchen, und ich glaube, die Öffentlichkeit mag so was lieber als diese flatterhaften Frauenzimmer.«

Miss Marsh erzählte, dass sie in South Amboy in New Jersey geboren wurde, die Familie aber nach Chicago zog, als sie ein

Kind war. Ihre Mutter und ihr Vater sind geschieden. Sie sagte, ihre Mutter wisse, dass sie nach New York City gegangen sei, um dem Stripteaserummel den Garaus zu machen, und dass ihr das nichts ausmache. Sie sagte, sie habe die Chicago High School und das Drake's Business College besucht. Dann war sie Sekretärin bei einer Frau, die für die Stadt arbeitete.

»Sie war irgendwas bei der Finanzkasse«, erklärte Miss Marsh.

Früher einmal, fuhr sie fort, habe sie für Künstler Modell gestanden.

»Ich steh gern Modell«, sagte sie. »Künstler sind so seriös. Stundenlang steht man nackt vor ihnen, aber sie interessieren sich überhaupt nicht für einen, außer in künstlerischer Hinsicht, und das gefällt mir. Man macht nichts außer sie inspirieren. Ich bin nicht leichtfertig. Ich würd nicht mal schmusen.«

Miss Marsh lächelte.

»Sie ist eher gesellschaftlich interessiert«, sagte Mr. Burger.

»Ja«, sagte Miss Marsh.

Sie sagte, sie habe etwas Geld gespart und beschlossen, nach New York City zu kommen und ans Theater zu gehen.

»Ich hatte diesen Einfall mit dem umgekehrten Striptease«, sagte sie, »und die Leute meinten, ich würde spinnen. Dann hab ich von Mr. Burger gehört und hatte den Eindruck, dass er so ähnlich denkt wie ich. Deswegen bin ich zu ihm gegangen, und tatsächlich, ich hatte Recht.«

»Wir sind eben Brüder im Geiste«, sagte Mr. Burger und schnippte ein wenig Zigarettenasche von der weißen Nelke an seinem Mantelrevers.

TANYA Zu der einen oder anderen Gelegenheit habe ich mich mit den bezaubernden jungen Frauen unterhalten, die die Sally Rand* der New Yorker Weltausstellung von 1939 werden wollen, und erfahren, wie ehrgeizig sie sind. Ich hoffe, keine von ihnen lässt sich davon entmutigen, dass Mr. Grover A. Whalen* beschlossen hat, »sämtliche Unterhaltungen nach Art des Fächertanzes« vom 110 Hektar großen Vergnügungspark der Weltausstellung zu verbannen. Hoffentlich achten sie nicht auf Mr. Whalen und bemühen sich weiter darum, einen neuen Tanz zu erfinden, der die Favoriten früherer Ausstellungen ablöst – den Muscle Dance, den Hootchy-kootchy, den Fächertanz, den Schmetterlingstanz, den Blasen- oder Ballontanz und den Schwanentanz, die mittlerweile alle etwas in die Jahre gekommen sind.

Mr. Whalen ist der Ausstellungsleiter der New York World's Fair Corporation, und es ist leicht erklärlich, dass er derartige Darbietungen untersagen will, aber es überraschte mich dann doch, dass er in seinem Überschwang auch das gute alte amerikanische Wort »Midway« untersagen wollte. Offenbar gefällt ihm die bombastische Bezeichnung »Amüsementareal« besser. Im Zusammenhang mit dem sinnenfreudigen Teil der Weltausstellung sagte Mr. Whalen: »Es ist ein für allemal beschlossen worden, ihn nicht ›Midway‹ zu nennen.« Für Mr. Whalen scheint das Wort gleichbedeutend mit dem Übel der Welt, obwohl jeder kleinere und größere Jahrmarkt einen Midway besitzt und das Wort sogar Eingang in die Wörterbücher gefunden hat. Ich kann mir nicht vorstellen, dass sich Mr. Whalens Verbot von »Unterhaltungen nach Art des Fächertanzes« tatsächlich durchsetzen lässt; im Gegenteil, ich vermute, dass die Flushing Meadows* im Jahr 1939 von Nackttänzerinnen jeder Stilrichtung wimmeln werden.

Genauso vermute ich, dass die meisten Besucher der Weltausstellung die Amüsiermeile Midway nennen werden; dafür werden die Schlagzeilenmacher der Zeitungen schon sorgen.

Mr. Whalens euphemistische Anstrengungen sind ungewöhnlich, aber seine Entscheidung, Nackttänzerinnen zu verbannen, ist es nicht. Wer solche Ausstellungen verantwortet, muss derartige Entscheidung treffen. Mr. Rufus C. Dawes[*] traf sie 1929 während der Planungen für die Weltausstellung in Chicago. Mr. Dawes war der Ausstellungsleiter und sagte: »Auf der Ausstellung wird keine Unterhaltung im Stile der Little Egypt[*] erlaubt sein.« Vermutlich sitzt Mr. Dawes in diesem Moment irgendwo herum, starrt an die Decke und brabbelt diesen Satz stumpfsinnig vor sich hin; als seine Weltausstellung abgebaut wurde, war der Name von Sally Rand in aller Munde, aber Millionen von Amerikanern haben noch nie von Mr. Rufus C. Dawes gehört. Im Grunde wiederholte Mr. Whalen die Entscheidung von Dawes, als er sagte: »Auf der Ausstellung wird es keine Unterhaltung im Stile von Sally Rand geben.« Wenn die Weltausstellung erst einmal begonnen hat, wird Mr. Whalen sicherlich überrascht sein, dass die Zeitungen mehr Aufmerksamkeit auf die unvermeidlichen Nackttänzerinnen richten als auf ihn und sogar auf George Washington, dessen Amtseinsetzung als erster Präsident der Vereinigten Staaten begangen werden soll. Mr. Wahlen ist ein Idealist und er glaubt, dass seine Trylon und Perisphere[*] wichtiger sind als das Beiprogramm. Man kann ihm nicht vorwerfen, dass er hofft, die Besucher wären weniger an den Midway-Tänzerinnen interessiert als an lehrreichen Exponaten wie »Die Rohstoffindustrie und die Künste«. Auf allen Weltausstellungen, die bislang auf dem Boden der Vereinigten Staaten stattfanden, war das

Gegenteil der Fall, und es gibt keinen Grund, warum es bei der New Yorker Weltausstellung des Jahres 1939 anders sein sollte.

Ich kann mir nicht vorstellen, dass viele Leute Mr. Wahlen ernst nehmen. Ich kenne ein Mädchen, das es sich in den Kopf gesetzt hat, die neue Sally Rand der Weltausstellung zu werden, und wenn sie von seinem Verbot gelesen haben sollte, hat sie sicher gelacht. Von allen Mädchen, die Ähnliches im Sinn haben, ist sie meine Favoritin. Sie heißt Florence Cubitt und war die Königin der Nudisten auf der California Pacific International Exposition in San Diego im Jahr 1936. Die Nudisten – zwanzig Mädchen und fünf bärtige Männer – hielten sich auf einem von einem hohen Bretterzaun umgebenen Gelände auf, und die Kunden zahlten vierzig Cent, um ihnen aus einiger Entfernung bei Sport und Spiel zuzusehen. Sie erzählte mir, dass sie unter dem Namen Tanya Cubitt auftrat, weil »der Name Tanya erotischer klingt als Florence«. Ich lernte sie 1936 am St. Patrick's Day kennen und verbrachte mehrere Stunden eines verregneten Nachmittags mit ihr in ihrem Zimmer des Hotel New Yorker und hörte ihr zu.

Man hatte Miss Cubitt hierher geschickt, um für die Ausstellung in San Diego Reklame zu machen. Unter anderem deshalb glaube ich, dass Mr. Whalens Verdikt sie zum Lachen bringen wird. Denn die Leitung der San-Diego-Ausstellung, auf der »die Geschichte des unablässigen Fortschrittsstrebens des Menschen« zu sehen sein sollte, hatte erklärt, sie würde »nur die hochwertigsten Konzessionen« vergeben, aber als die Besucher in Scharen wegblieben, fanden sie, dass Miss Cubitts Nudistenkonzession von außerordentlich hochwertiger Art war. Mehr als eine Weltausstellung auf amerikanischem Boden wurde von unbekümmerten jungen Frauen vor dem Bankrott gerettet.

Am Tag nach ihrer Ankunft in New York schickte mich die Zeitung, für die ich arbeite, zu einem Interview mit Miss Cubitt. Ein Fotograf begleitete mich. Ich habe meine Notizen aufgehoben und will von Miss Cubitt erzählen, weil ich glaube, dass sie eine der Attraktionen auf dem Midway von Mr. Whalens Weltausstellung sein wird.

Jemand von der Pressestelle aus San Diego, ein lebhafter junger Mann namens Jack Adams, empfing uns an der Tür zu Miss Cubitts Zimmer. Wir gingen hinein und nahmen Platz, und er sagte, dass die Königin – er nannte sie immer nur die Königin – jeden Augenblick käme. Ich war an diesem Tag schlimm erkältet und ohnehin nicht sehr begeistert über den Auftrag. Noch weniger begeistert war ich, als Mr. Adams anfing, von der Königin zu erzählen. Er sagte, sie schätze die Mädchen der New Yorker Nachtclub-Shows nicht, weil sie die Idee des Nudismus verrieten. Er sagte, sie esse rohe Karotten, bade einmal in der Woche in Orangensaft und lebe fast ausschließlich von frischen Kräutern.

Während er noch die Ernährungsgewohnheiten der Königin beschrieb, kam sie herein. Sie war nackt. Es war das erste Mal, dass mich eine Frau, mit der ich ein Interview führen sollte, nackt begrüßte, und ich war schockiert. Wobei es nicht ganz zutrifft, wenn ich sage, dass sie nackt war, denn immerhin trug sie einen blauen G-String, und dennoch habe ich in meinem Leben nichts derart Nacktes wie diese Frau beim Betreten des Zimmers gesehen. Sie trug nicht einmal Schuhe. Es war eine große Frau mit einem heiteren pausbäckigen Gesicht. Sie hatte lange, goldblonde Haare und hellbraune Augen. Der Fotograf schraubte gerade über seine Kameratasche gebeugt eine Birne in sein Blitzlichtgerät, als sie ins Zimmer trat. Kaum fiel sein Blick auf sie, richtete er sich auf.

»Mein Gott!«, sagte er.

Mr. Adams stellte die Königin vor, und sie schüttelte mir lächelnd die Hand. Dann schüttelte sie dem Fotografen die Hand.

»Freut mich, Sie kennenzulernen«, sagte der Fotograf.

»Gleichfalls«, erwiderte Miss Cubitt lächelnd.

Sie ging zu einem der plüschigen Polstersessel, setzte sich und sagte, sie hoffe, es würde uns nichts ausmachen, wenn sie nichts anzöge. Wir schüttelten beide den Kopf. Das Telefon klingelte und Mr. Adams hob ab. Als er das Gespräch beendet hatte, sagte er, er müsse los, er habe eine Verabredung mit einer Werbeagentur, und verabschiedete sich von uns. Der Regen trommelte gegen die Fensterscheiben, und als Mr. Adams zur Tür ging, rief ihm Miss Cubitt hinterher: »Sie sollten Ihre Gummigaloschen anziehen.« Der Fotograf stand immer noch mitten im Zimmer, das Blitzlichtgerät in der Hand, und starrte mit offenem Mund die junge Frau an. Ich wusste nicht, wie ich das Interview beginnen sollte.

»Nun, Miss Cubitt«, sagte ich zögernd. »Mr. Adams hat mir gerade erzählt, dass sie viel rohe Karotten essen.«

»Wie bitte?«, sagte sie und setzte sich aufrecht. »Ich hab meinen Lebtag noch keine rohen Karotten gegessen. Ich ess ganz normal. Meine Mutter brät mir gute dicke Steaks und dazu gibt's Pommes frites. Das ess ich. In der Nudistenkolonie essen die Männer viel Grünzeug. Männliche Nudisten sind plemplem. Die essen Erbsen direkt aus der Schote. Sie pressen Gemüse aus und trinken den Saft und nehmen nicht mal Salz. Außerdem tragen sie lange

Bärte. Sie haben keinerlei Ehrgeiz. Nudist sein genügt ihnen vollauf. Ich möchte Tänzerin werden. Ich werde mit meinem Tanz auf der Weltausstellung in New York auftreten, und ich wette, ich werde damit berühmt werden.«

Ich merkte, dass die junge Frau redegewandt war und ich nicht viele Fragen würde stellen müssen. Als ich erklärte, dass ich eine schlimme Erkältung hätte, sagte sie: »Sie Armer«, und rief den Zimmerservice an, dass sie einen Whiskey heraufbringen sollten. Sie orderte auch gleich noch Sandwiches, Cornedbeef-Sandwiches, und erklärte: »Ich bin so hungrig, ich könnte die Blumen von dem Teller futtern.« Während sie den Hörer in der Hand hielt und wartete, dass der Zimmerservice sich meldete, erzählte sie, dass sie erst neunzehn Jahre alt sei und acht Schwestern habe, von denen vier mit ihr in dem Nudistenlager gearbeitet hätten. Sie hießen Ruthie, Bobbie, Lucille und Diane. Sie sagte, ihre Mutter sei froh über ihre Arbeit dort.

»Dadurch sind wir dauernd an der frischen Luft«, sagte Miss Cubitt. »Wir kommen nicht erst spätabends heim und die Arbeit ist gesund. Meine Freundinnen meinen, es gäbe dort Orgien und so, aber ich war noch nie bei einer Orgie dabei. Die Arbeit in der prallen Sonne kann ziemlich anstrengend sein.«

Sie war ein hübsches Mädchen. Sie hatte elfenbeinfarbene Haut und Sommersprossen auf den Wangen, wie Myrna Loy. Auch sonst sah sie Myrna Loy ein wenig ähnlich. Sie wirkte kerngesund und sagte, sie spiele viel Tennis und Handball. Manchmal stehe sie für Künstler Modell. »Einmal sagte mir einer, ich würde wie eine Madonna aussehen«, erzählte sie, »und ich sagte: ›Okay.‹« Ich glaube, sie war der am wenigsten gehemmte Mensch, dem ich jemals begegnet bin. Sie erinnerte mich an Reri, die junge

Polynesierin, die Florenz Ziegfeld* 1931 nach New York gebracht hatte. Reri hatte immer schmutzige Füße, weil sie darauf bestand, im Theater barfuß zu laufen, und sie saß grundsätzlich nackt bis auf ein Paar Männerunterhosen in ihrer Garderobe im »Follies« und blätterte in einer Filmzeitschrift.

»Mr. Adams hat mir erzählt, dass Sie von den Tänzerinnen in den hiesigen Nachtclubs nichts halten«, sagte ich, als sie sich wieder setzte, »weil sie die Idee des Nudismus verraten würden.«

Miss Cubitt kicherte.

»Ja, nun«, sagte sie, »Sie können das natürlich schreiben, wenn Sie wollen, aber als ich gestern Abend in einem Nachtclub war, fand ich die Mädchen wirklich süß. Ich würde gern in einem arbeiten. New York gefällt mir, und wie. Seit meiner Ankunft hier hab ich immer nur Hummer gegessen und gestern Abend hab ich sogar echten französischen Champagner getrunken.«

Nachdem der Fotograf der Königin vorgestellt worden war, hatte er sich auf einen Sessel sinken lassen und war dort mit stierem Blick sitzengeblieben. Jetzt erhob er sich und sagte, er wolle rasch ein paar Aufnahmen machen, weil er bald aufbrechen müsse, um die Parade vom St. Patrick's Day zu fotografieren. Bereitwillig posierte die junge Frau für ihn und schien fast ein wenig traurig zu sein, als der Fotograf fertig war, auch wenn er fünfmal mehr Bilder als nötig gemacht hatte. Kurz nachdem er gegangen war, klopfte ein Kellner an die Tür und brachte den Whiskey und die Cornedbeef-Sandwiches. Der Kellner war entweder äußerst abgeklärt oder er hatte die Königin schon einmal bedient, da er nicht einmal zu bemerken schien, dass sie nichts anhatte. Er blickte diskret zur Seite und verhielt sich im Übrigen so, als wäre es für ihn das Normalste von der Welt, eine nackte

Frau zu bedienen. Als er die Teller und Gläser auf dem Tisch abgestellt hatte, reichte er Miss Cubitt die Rechnung. Sie quittierte sie ihm, und er verließ das Zimmer mit einer Verbeugung.

Während wir die Sandwiches aßen, erzählte sie mir von dem Tanz, an dem sie arbeitete und den sie Tiger-Lily-Tanz nannte. Woher die Bezeichnung stamme, sei ein Geheimnis, sagte sie.

»Eine Weltausstellung«, stellte die Königin fest, »ist genau der richtige Ort, wenn man sich einen Namen machen will. Wenn man sich erst einmal einen Namen gemacht hat, ist man alle Sorgen los. Nehmen Sie Sally Rand. Was hat sie, was ich nicht hab? Ich hab sie gesehen, so umwerfend ist sie auch wieder nicht. Nehmen Sie Rosita Royce und ihren Schmetterlingstanz. Nehmen Sie Toto La Verne und ihren Schwanentanz. Allesamt Weltausstellungs-Mädchen. Wenn ich mit meinem Tiger Lily auf der Weltausstellung lande, bin ich meine Sorgen los.«

Ich gab ihr zu bedenken, dass sie es eines Tages bereuen könnte, sich auf der Weltausstellung einen Namen gemacht zu haben, und erinnerte sie an Mrs. Frieda Spyropolous[*], die Syrerin, die als Little Egypt auf der World's Columbian Exposition 1893 mit ihrem Tanz mehr Aufmerksamkeit erregt hatte als das siebzig Tonnen schwere Teleskop oder all die anderen lehrreichen Exponate. Ich erzählte ihr, dass Little Egypt bald nach Ende der Chicagoer Weltausstellung den ehrenwerten Mr. Andrew Spyropolous, einen griechischen Restaurantbesitzer, geheiratet und gehofft hatte, fortan ein beschauliches Leben zu führen, dann aber wegen des skandalösen Auftretens von Hunderten anderer Little Egypts, die in Kaschemmen im ganzen Land ihren Tanz aufführten, um ihre Seelenruhe gebracht wurde.

»Ach, ich werde es bestimmt nicht bereuen«, sagte die Königin und biss von ihrem Sandwich ab. »Ich tue ja nichts, was nicht künstlerisch wäre. Unten in San Diego, da wollten sie, dass ich als Lady Godiva auf einem großen weißen Pferd auftrete. Ich hab's nicht gemacht, weil mich mein Freund damit aufgezogen hat. Er hat gesagt, nur zu, gib die Lady Godiva. Er würde gerne die vierzig Cent Eintritt zahlen, weil er schon seit einer halben Ewigkeit kein Pferd mehr gesehen habe.«

Miss Cubitt kicherte.

Nachdem wir fertig gegessen hatten, saßen wir am Fenster und sahen in den Nieselregen hinaus. Ich wies sie auf ein paar Wolkenkratzer hin, aber sie interessierte sich nicht dafür. Sie wollte über ihre Karriere sprechen.

»Es ist eine prima Sache, Nudistin zu sein«, sagte sie, »aber mein Leben lang möcht ich das nicht machen. Ich finde, im Sommer sollten alle Nudisten sein. Man spart einen Haufen Geld für Kleider. Aber ich weiß nicht. Ich war mal in einer richtigen Nudistenkolonie, und da waren eine Menge dicker, fetter Männer, und auch die Frauen waren nicht gerade Grazien. In einem Nudistenlager sieht man richtige Walrösser, kein Witz. Drüben in San Diego haben wir von zwölf Uhr mittags bis neun Uhr abends Dienst. Es ist ein bisschen wie damals, als ich ein Kind war – den ganzen Tag tut man nichts anderes als in der Sonne rumfläzen und spielen. Irgendwie ist es auch albern. Manchmal müssen meine Schwestern und ich lachen, wenn wir uns überlegen, dass inzwischen mehr als zwei Millionen Leute vierzig Cent dafür gezahlt haben, uns nackt rumrennen zu sehen. Wir sind in der Kolonie ein ganzes Stück von den Zuschauern entfernt. Sie stehen hinter dem Zaun und strengen sich mächtig an, was zu erkennen. Manchmal sage ich dann zu Ruthie: ›Ruthie, das wäre für einen von diesen Seelenklempnern die helle Freude.‹«

Als ich mich ans Gehen machte, war meine Erkältung wie weggeblasen. Miss Cubitt begleitete mich zur Tür. Wir standen im Flur und wollten uns gerade zum Abschied die Hand schütteln, als ein älteres Paar aus einem der Nachbarzimmer kam und auf die Aufzüge zusteuerte. Beim Vorbeigehen drehten sie sich um und starrten uns an. Es hatte nichts Missbilligendes. Sie schienen nur überrascht zu sein. Miss Cubitt kicherte. Sie trat zurück in ihr Zimmer.

»Ich sollte mich jetzt wohl besser verabschieden«, sagte sie. »Wir sehen uns dann auf der Weltausstellung.«

Ich hoffe, ihr auf der Weltausstellung zu begegnen, und ich hoffe, ihr Tiger-Lily-Tanz ist erfolgreich und sie wird berühmt, und ich hoffe, dass Mr. Grover A. Whalen, Leiter der New York World's Fair Corporation, bei ihrem Anblick die Kinnlade runterklappt.

FAST SCHON HEILIG

Rosita Royce, 20, eine schüchterne junge Methodistin aus Kansas City in Missouri, glaubt so sehr an die Reinheit des Tanzes, den sie hinter einem erstaunlich durchscheinenden Ballon in Nachtclubs aufführt, dass sie nicht einmal Gaze und Klebeband trägt, wie unter den Stripteasetänzerinnen in den Burlesque-Theatern üblich. Ich sprach mit ihr in einer Garderobe des Congress Restaurants.

»Es ist ganz schön anstrengend, den Ballon aufzublasen«, sagte sie und wickelte den Seidenkimono eng um ihre schlanke Gestalt.

Dann bückte sich die Tänzerin seufzend und hob einen langen Gummischlauch auf, der mit dem Stutzen eines mit dem Fuß zu betätigenden Blasebalgs verbunden war. Sie steckte das Schlauchende in die Tülle des Zwei-Meter-Ballons, hinter dem sie sich während des Tanzes zu verbergen vorgibt. Dann stellte sie ihren bloßen linken Fuß auf den Tritt und fing an, das Einzige, was sie außer ihren hochhackigen Schuhen beim Tanzen trägt, aufzupumpen.

»Ich glaube«, erzählte sie währenddessen, »ich bin die einzige Fächer- oder Ballontänzerin, die wirklich Nudistin ist. Ich meine, eine echte Nudistin. Letzten Dezember habe ich einen Nudistenclub gegründet, den Rocky Mountain Cult in Denver, und wir hatten schon fünfzig Mitglieder, als ich wegen eines Engagements wegmusste. Meiner Meinung nach tut es Geist und Körper gut. Ich finde den menschlichen Körper schön und schäme mich nicht für meine Nacktheit.

Natürlich halten viele Menschen den Nudismus und sogar den Ballontanz, wie ich ihn mache, für unsittlich. Auf der Weltausstellung in Chicago trat ich nach Sally Rand* in den Streets of

Paris mit meinem Schmetterlingstanz auf. Das Schmetterlingskostüm ist ganz aus schwarzer Spitze –«

»Ach je, es ist so schön, fast schon heilig«, sagte Samuel J. Burger, ihr Agent.

»Stimmt«, sagte die junge Tänzerin, »es ist schön. Ich habe also meinen Schmetterlingstanz getanzt, und es war an diesem Abend sehr windig. Ich war im Freien, und der Wind blies vom See her und riss das silberne Feigenblatt weg, das ich trug. Da hat mich die Ausstellungswache mitgenommen und mir einen Verweis erteilt, und die richtige Chicagoer Polizei hat mich dann sogar wegen Erregung öffentlichen Ärgernisses verhaftet, und das Ganze wäre übel ausgegangen, wenn der Richter mich nicht freigesprochen hätte.«

Während sie sich weiter auf ihren Tanz vorbereitete, berichtete Miss Royce, sie sei gezwungen, ein Stück weg von der Rampe zu tanzen, weil die Gäste unweigerlich mit Nadeln oder Zigaretten nach dem Ballon stochern würden, wenn sie ihn erwischen könnten.

»Die Ballons platzen mir recht oft«, erzählte sie. »In vielen Vaudeville-Theatern reinigen sie den Boden mit Drahtbürsten, und manchmal bleibt ein Drahtstückchen in einem Riss im Holz stecken, und wenn mein Ballon darüber rollt, tut es einen Riesenknall. Genauso bleiben die Pailletten von den Kleidern der Tanzmädchen in den Rissen stecken und machen den Ballon kaputt. Einer kostet 12 Dollar 50 und ich brauche alle drei Tage einen neuen.«

Miss Royce reist mit ihrer Mutter Mrs. Bertha Royce, einer nüchternen Frau mittleren Alters. Ihr Vater betreibt eine Kette von Dentistenpraxen in Kansas City. Sie sagte, ihr richtiger Name sei Marjorie Rose Lee. Royce sei der Mädchenname ihrer Mutter. Sie hat auf dem Wesleyan College in Lincoln, Nebraska, Schauspielerei studiert, aber keinen Abschluss gemacht. Mit sieben fing sie bei den Portia Mansfield Dancers* professionell zu tanzen an und reiste mit ihnen durchs ganze Land. Sie behauptet, mit zehn den Ballontanz erfunden zu haben.

»Ich hab sogar ein Urheberrecht drauf«, sagte sie. »Ich hab eine Beschreibung und ein Foto von meinem Tanz zur Library of Congress geschickt und sie haben mir das Urheberrecht darauf gegeben. Es hat die Nummer 157 757. Der Ballontanz wurde natürlich schon lang vor meiner Geburt getanzt, aber mit kleineren Ballons, nicht mit Ballons von zwei und drei Metern Durchmesser. Im ganzen Land machen ihn die Mädchen jetzt nach, sie nennen ihn Blasentanz.«

»Ein Ballon ist keine Blase«, sagte Mr. Burger. »Er ist einfach ein Stück Gummi. Unser Anwalt will eine Verfügung gegen Sally Rand erwirken, damit sie nicht mehr mit großen Ballons tanzen darf, das war schließlich unsere Idee, aber ich weiß nicht, ob wir damit durchkommen.«

»Ich möchte nicht mit Sally Rand streiten«, sagte Miss Royce.

»Weil du zu schüchtern bist«, sagte Mr. Burger.

»Ja, wahrscheinlich bin ich zu schüchtern«, sagte Miss Royce, dann streifte sie ihren Kimono ab, trat hinter den Ballon und ging auf die Bühne des Restaurants.

SALLY RAND UND EIN SPANFERKEL

Die betörende, gertenschlanke Sally Rand, Tochter eines Mais-Farmers in Missouri, die während ihrer stürmischen Karriere als erste Fächertänzerin Amerikas Gefängnisaufenthalte, Peitschenhiebe und ein Schicksal schlimmer als der Tod durchleiden musste, saß in ihrer schwarzsilbernen Garderobe im Brooklyn Paramount Theatre auf einem Diwan und rollte langsam die hautfarbenen Strümpfe von ihren berühmten Beinen.

Schläfrig rieb sie sich die blauen Augen. Dann kratzte sie sich mit einem zufriedenen Grunzen den Rücken und erklärte, dass das Makeup, das sie an verschiedenen Körperteilen auftrage, gelegentlich jucke. Sie sagte: »Gibt es was Schöneres, als sich zu kratzen?« In der Garderobe war es sehr warm und sie schoppte ihre hauchdünnen Pyjamahosen bis an die rosa Grübchen-Knie hoch, spielte mit den angemalten Zehen und sagte: »Ich bin gern so nackt, wie's geht.

Allerdings«, fuhr sie fort, »bin ich gegen den organisierten Nudismus. Ich glaube, diese Nudisten verkaufen den Leuten Wasser für Wein, und die merken's nicht mal. Es sollte niemanden was kosten, nackt rumzulaufen. An der Westküste gab's einen Nudistenkult, und irgendwann kam der Anwalt dieses Kults und bot mir ein hübsches Sümmchen, wenn ich bei ihnen mitmachen würde. Dem hab ich aber gehörig den Marsch geblasen, das können Sie mir glauben!«

»Haben Sie Angst vor der Konkurrenz durch die Nudisten?«, wurde sie gefragt.

»Aber nein«, sagte sie. »Es geht mir nicht ums Kommerzielle. Mich hat das Angebot schockiert. Ich wusste ganz genau, wenn ich mitmache, treten eine Menge fetter alter Männer dem Kult bei, nur weil sie mich ohne Fächer sehen wollen. Es ärgert mich fürchterlich, dass mein schöner Tanz mit solchen Dingen in Zusammenhang gebracht wird! Diese Nudisten haben mir erzählt, dass es einen stählt, wenn man nackt rumläuft, aber alle Nudisten, die ich gesehen habe, hatten einen völlig verkratzten Hintern, da wo sie sich auf Dornen gesetzt hatten.«

Sie fuhr sich mit beiden Händen durch die blonden Locken. Stella Sato, ihr japanisches Mädchen, eine heitere Asiatin mit Brille, tippelte herein und fing an, Miss Rands Straußenfederfächer auszuschütteln.

»Wie geht's dir, Stella?«, fragte Miss Rand.

»Okay«, sagte Miss Sato.

»Ich hab das nur gefragt«, erklärte mir Miss Rand, »weil wir heute Nacht den weitesten Bühnenwechsel aller Zeiten hinter uns gebracht haben. Gestern Abend bin ich um halb zehn von der Bühne des Paramount Theatre in Omaha in Nebraska und sofort in einen Wollpyjama geschlüpft. Dann sind wir zum Flughafen gefahren, haben ein Flugzeug der United Airline bestiegen und sind die Nacht über geflogen. Ich war gerade rechtzeitig in Brooklyn zur ersten Vorstellung.

Erschwert wurde die Sache in Omaha noch dadurch, dass mir ein Verehrer ein kleines dickes Spanferkel mit einer roten Schleife um den Hals geschenkt hat. Ich habe es in eine Schuhschachtel gesteckt und Löcher in den Deckel gebohrt, damit es Luft bekommt. Nur erlaubt die Airline die Mitnahme von Haustieren leider nicht. Gerade als ich das Flugzeug bestiegen hab, quiekte das Ferkel, und so musste ich es zurücklassen. Ein solches Quieken haben Sie noch nie gehört. So ein niedliches kleines Schweinchen!«

Miss Rand hat eine neue Beschreibung für ihren Tanz gefunden, bei dem sie mit zwei Fächern, die sie unablässig vor ihrem Körper bewegt, über die Bühne schreitet.

»Ich stelle damit einen weißen Vogel in der Abenddämmerung dar, der bei Mondlicht über den Himmel fliegt«, sagte die Tänzerin raunend, als rezitierte sie ein Liebesgedicht. »Ein weißer, dahinschwebender Vogel. Er fliegt ins Mondlicht. Es dämmert. Er fliegt nicht hoch. Er flattert. Langsam steigt er im Mondlicht auf. Schließlich lässt er sich nieder.«

Miss Rand, die aussieht, als könnte sie den Preis für das gesündeste Mädchen Amerikas gewinnen, keuchte vor Entzücken. Sie erzählte, die Musik für ihren Tanz hieße »The Birth of Passion«. Sie hat ihre Fächer an diesem Morgen im Hotel vergessen, aber Lawrence Sittenberg, ein Fächerfabrikant, lieferte gerade rechtzeitig vor Beginn der Vorstellung ein neues Paar.

Sie nahm einen der Fächer, legte ihn sich auf den Schoß und strich darüber. Weil sie im Flugzeug nicht viel Schlaf bekommen hatte, hatte sie schwere Lider.

»Am liebsten würde ich mich hinlegen und schlafen, immer nur schlafen«, sagte sie und schüttelte den Fächer. »In den letzten Wochen ging's mir einfach zu gut. Ich hab meiner Mutter eine Orangenplantage in der Nähe von Los Angeles gekauft und zum Geburtstag einen Traktor geschenkt. Sie heißt Annette Kisling. Mein richtiger Name ist Helen Beck und ich wurde in Hickory County geboren, das liegt in Missouri. Meine Mutter war zweimal verheiratet. In Hickory County wachsen die besten Äpfel der Welt.

Ich hab gehört, hier in der Stadt vergibt jemand Neues die Konzessionen, und ich hoffe, der Betreffende weiß, wo der Spaß aufhört. Der Vorherige hat gemeint, ich sei unzüchtig. Ich für meinen Teil finde ja, dass es nichts Bezauberndderes gibt als meinen Tanz, und jeder, der etwas Unzüchtiges darin sieht, ist doch ordinär zum Davonlaufen.«

Die Japanerin kam mit einem Lächeln in die Garderobe, aber ihre Augen waren vor Müdigkeit ganz rot. »Es ist an der Zeit, Miss«, sagte sie. Das Mädchen aus Hickory County erhob sich und fing an, ihren Pyjama auszuziehen.

»Okay«, sagte sie und streckte und bog ihr rechtes Bein, bis die Muskeln anfingen zu schwellen.

DER EINFLUSS MR. L. SITTENBERGS AUF DEN FÄCHERTANZ

Mehr als neunzig Prozent der Fächertänzerinnen in diesem Land – es gibt etwa eintausend vielbeschäftigte professionelle Tänzerinnen – stehen in der Schuld von Lawrence Sittenberg.

Die Wände seiner vollgestopften Werkstatt im ersten Stockwerk der Forty-eigth Street West Nummer 107 sind voller Autogrammkarten mit überschwänglichen Widmungen von den Größen aus der Jetzt-bin-ich-nackt-jetzt-bin-ich's-nicht-Branche. Da ist beispielsweise ein Foto von Miss Thais Giroux, auf das sie gekritzelt hat: »Für Larry, einem Meilenstein auf meinem Weg zum Erfolg. Mit herzlichen Grüßen, Ihre Thais.« Natürlich sind auch viele offenherzige Fotos von Sally Rand darunter. Sie und Mr. Sittenberg sind enge Freunde. Es gibt eine gerahmte Neujahrskarte, auf der die sittsame Miss Rand ein winziges, mit ihrem Namen besticktes Höschen geklebt hat. Auf die Karte schrieb sie: »Ich bin am Sparen, daher schicke ich Ihnen was, das ich nicht mehr brauche. Sally.«

»Kapiert?«, fragte Mr. Sittenberg und kicherte. »Sie braucht ihre Höschen nicht mehr. Sally ist sehr künstlerisch veranlagt. Nur ein künstlerisch veranlagtes Mädchen denkt sich eine solche Karte aus. Sie hat nur drei Stück davon an ihre drei besten Freunde verschickt, und ich bin einer davon.«

Mr. Sittenberg betätigt sich in einem hochspezialisierten Geschäftsbereich. Er stellt Fächer für Fächertänzerinnen her. Jedes Jahr importiert er aus Kapstadt etwa 650 Pfund Straußenfedern, die den Vögeln aus den Schwänzen gerupft werden. Viele dieser weichen, biegsamen Federn werden für gewöhnliche

Theaterkostüme gebraucht, aber einen Gutteil davon erstehen Fächertänzerinnen, nachdem die Federn gereinigt, gefärbt, gebunden und mit Zelluloid-Griffen versehen wurden.

Von ihm stammte das Fächerpaar, mit dem die groß gewachsene, schmollmündige Faith Bacon[*] ihren Körper an jenem Abend des Jahres 1930 formal gesehen bedeckte, als eine Abteilung der Sittenpolizei in Earl Carrolls »Vanities« eben die Razzia veranstaltete, die den Fächertanz als eine amerikanische Institution begründete. Auch stellte er das achtzig Dollar teure Fächerpaar her, mit dem Miss Rand die Farmer auf der Weltausstellung in Chicago schockierte.

Der Eintrag von Mr. Sittenbergs Firma im Telefonbuch lautet: »Sittenberg, Henry & Son, Straußenfedern, 107 W. 48th, BRyant 9-3960«. Mr. Sittenberg ist der Sohn. Sein Vater ist schon seit langem krank. Die Firma gibt es seit siebenunddreißig Jahren und der junge Mr. Sittenberg, selbst mittlerweile vierzig Jahre alt, ist mit vierzehn in das Geschäft eingestiegen. Mr. Sittenbergs Großvater war Louis Sittenberg, der berühmte New Yorker Polizist, der auf einer Dienstreise nach Italien, von wo er ein Mitglied der Black Hand Gang[*] in die Vereinigten Staaten zurückbringen sollte, ermordet wurde. Sein Vater, ein Modewarenhändler, gründete die Firma zu einer Zeit, als Straußenfedern schwer in Mode waren. Dass er irgendwann einmal Theaterkostüme herstellen würde, hätte er nie gedacht.

Viele Jahre lang verkauften die Sittenbergs ihre Straußenfedern hauptsächlich an Modisten und produzierten nebenher Fächer mit zierlichen Perlmuttgriffen für die Damen der besseren Gesellschaft. Darüber hinaus übernahm die Firma Spezialaufträge; so stellten sie die Straußenfederfächer für die Brautjungfern von Präsident Woodrow Wilsons Hochzeit her. Die aufwendigen Musical-Kostüme, wie Ziegfeld sie erfand, beförderten das Geschäft enorm.

Theaterproduzenten, die einen raffinierten Kopfschmuck suchen, rufen mit ziemlicher Sicherheit Sittenberg an. Die Firma hat Kostüme aus Federn von praktisch jedem Vogel hergestellt, der herumfliegt, egal ob Tauben oder Pfauenhennen.

Die Damen der besseren Gesellschaft verwenden schon geraume Zeit keine Straußenfederfächer mehr, und seit ihr Interesse erlahmt ist, hat Sittenbergs Firma und der Straußenfedernbranche nichts so sehr geholfen wie die Verhaftung von Miss Bacon und Miss Rand. Die Beliebtheit ihres Tanzes brachte hunderte von Theaterproduzenten dazu, junge Damen zu engagieren, die bereit sind, über eine Bühne zu stolzieren und dabei ihre makellose Nacktheit mit nichts als zwei Handvoll Straußenschwanzfedern zu bedecken. Bald nach der Verhaftung von Miss Rand in Chicago gingen bei Mr. Sittenberg haufenweise Bestellungen für Fächer ein. Mittlerweile hat er beinahe tausend solcher Fächerpaare hergestellt. Miss Rand allein hat er acht Paare geliefert. Sie schickt sie regelmäßig zur Überarbeitung zurück. Im Moment sind zwei Paar Rand-Fächer in seinem Atelier.

Mr. Sittenberg erklärte, er habe lieber mit Fächertänzerinnen zu tun als mit Modisten.

»Es sind grundehrliche Leute«, sagte er. »Wobei ich ihnen natürlich alles per Nachnahme schicke, damit sie mich nicht übers Ohr hauen können.«

Der Straußenfedernkönig sagte, dass der Fächertanz nichts Neues sei und die Tänzerinnen seit den Anfängen der Musical Comedy Fächer benutzt hätten.

»Der einzige Unterschied ist der, dass sie früher nicht nackt getanzt und nur einen Fächer verwendet haben«, sagte er. »Ein richtiger Fächertanz wie der von Sally ist höchst kompliziert. Ich habe errechnet, dass es achtundvierzig unterschiedliche Posen gibt, in denen eine nackte Frau die Fächer grazil und anmutig halten kann. Ich beherrsche sie alle. Viele habe ich sogar selbst erfunden.

Nur eine Künstlerin kann solche großen Fächer handhaben. Klar, die meisten Fächertänzerinnen rennen einfach raus auf die Bühne, wedeln mit den Fächern und springen dazu herum wie die Geißen. Sally ist für die Bühne geboren. Sie würde P. T. Barnum* wie einen dahergelaufenen Jahrmarkt-Quacksalber aussehen lassen. Sie war die erste Fächerdame, die so von ihrer Kunst überzeugt war, dass sie Geld für einen Presseagenten ausgegeben und selbst für die Verbreitung ihres Namens gesorgt hat.«

Kürzlich hat Mr. Sittenberg sein Geschäftsfeld erweitert. Er hat verschiedene Fächertänze erfunden – »Leda und der Schwan zum Beispiel, und die Kaskade, umwerfend, wenn ihn das richtige Mädchen macht« – und ist Impresario der Mädchen, die sie tanzen. Austa Sven steht mit der Schwanen-Nummer bei ihm unter Vertrag (ihr richtiger Name ist Myrtle Miller), Thais Giroux, bislang eine traditionelle Fächertänzerin, und Rio Grande, die eigentlich Betty Adler heißt und einen spanischen Fächertanz aufführt.

»Sie ist kaum größer als eins dreißig«, sagte er. »Ich arbeite gerade eine spanische Fächernummer für sie aus. Die Kaskade wird eine Riesensensation. Ganz in Federn gehüllt, tritt eine Tänzerin hinter den Vorhängen hervor und lässt sie durch ein paar geschickte Handbewegungen an sich herabfließen. Oder sie verwandelt die Federn in eine Schleppe oder ein Cape. Ich lasse diese Tänze patentieren, damit sie mir keiner dieser Halunken klaut, wie es beim Fächertanz passiert ist.

Ein kleiner Einfall für einen Tanz reicht mir, um ein Mädchen aus dem großen Pulk von Fächertänzerinnen zu der großen Sensation oder neuen Attraktion zu machen. Natürlich kommt es dabei vor allem auf den Fächer an. Wenn ich einen Tanz erfinde, tüfteln sämtliche Mitarbeiter in meinem Betrieb tagelang an einem einzigen Fächer. Sie werden verstehen, warum das Paar von Sallys Fächern, das sie in ihrem Film verwendet hat, dreihundert Dollar gekostet hat. Immer wenn mit Sallys Fächern was passiert, schickt sie mir ein Telegramm, damit ich sofort ins Flugzeug steige. Vor ein paar Wochen bin ich nach Milwaukee geflogen, weil sie mich brauchte.«

Wie ein Stierkämpfer, der sich eine neue Figur mit seinem Tuch überlegt, beschäftigt sich Mr. Sittenberg auf rein akademische Weise damit, wie die Tänzerinnen seine Fächer halten. Er kennt sich gut genug aus, um bei Streitigkeiten zwischen den verschiedenen Fächertänzerinnen-Lagern Stellung beziehen zu können, wie bei dem Zwist zwischen der Western Federation of Fan Dancers, die auf Neunzig-Zentimeter-Fächern bestanden, und den United Fan, Bubble and Specialty Dancers of America, die erklärten, Sechzig-Zentimeter-Fächer seien lang genug für »alle Tänzerinnen, außer jenen, die sich für ihre Körper schämen«. Zur Entspannung fährt er mit einem der Boote, die an der Sheepshead Bay liegen, aufs Meer hinaus und angelt.

Sally Rand ist keineswegs seine berühmteste Kundin. Einmal hatte er einen schönen Auftrag von Mrs. Franklin D. Roosevelt.

»Es war ein altmodisches Cape aus Straußenfedern«, sagte er.

KOMMT ZU JESUS

STREITER GEGEN SCHNAPS, LIEDERLICHE WEIBER, SPIELAUTOMATEN UND SPRÜCHEKLOPFEN, ODER: WO VERBRINGST DU DIE EWIGKEIT?

Auch wenn ich zugegeben muss, dass ich nicht sehr ausgiebig danach gesucht habe, so ist mir in den acht langen mühseligen Jahren, in denen ich als Reporter in New York City arbeite und dabei unzähligen Predigten und religiösen Veranstaltungen beigewohnt habe, doch kein einziger Prediger, Priester oder Rabbi begegnet, für den ich aufrichtig Hochachtung empfinden konnte. Gemocht habe ich allerdings Father Divine*, Reverend G. Spund und Elder Lightfoot Solomon Michaux*, einen Neger mit tiefer Stimme und Goldzähnen, der 1917 seinen Maifisch- und Austernhandel in einer Stadt in Virginia aufgab und nun einer der einflussreichsten Höllenprediger des Landes ist. Ich habe Elder Michaux im Rockland Palace kennengelernt, einer alten Veranstaltungshalle unter den Hochbahngleisen Ecke 115th Street und Eight Avenue, in der manchmal Boxkämpfe, Ringkämpfe und Tanzabende stattfinden. Dort hielt er einen beeindruckenden Gottesdienst ab. Eine beglückte Masse von zweitausendfünfhundert Menschen rief aus heiseren Kehlen »Amen!« und »Yeah, man!«, während der Elder über die Bühne stampfte und nach Leibeskräften gegen die Sündhaftigkeit anbrüllte. Ich saß in der ersten Reihe.

»Ich werde den Teufel aus Harlem austreiben und dabei könnte ich doch gleich euch hier die Hölle heiß machen«, sagte Elder Michaux.

»Jede Wette, dass wir gleich Feuer fangen«, rief ein kleiner enthemmter Anhänger in der zweiten Reihe.

»Da sagst du was Wahres, Bruder«, antwortete Elder Michaux. »Wohin ich schaue, überall sehe ich Leute eimerweise Whiskey und Bier saufen, Männer, die ihre Frauen verlassen, und von Spielern wimmelt's nur so. Spielautomaten stehen in jeder Kneipe.«

Hinter dem Prediger saßen sechzig Chorsänger des Happy Am I Choir. Seine weiblichen Mitglieder saßen selbstbewusst in olivgrünen Uniformen und mit gestärkten Hauben in der ersten Reihe. Die Ehefrau des Elder, Mrs. Mary E. Michaux, die als »Solistin mit der Silberzunge« bekannt ist, stand ebenfalls auf der Bühne. Sie unterstützte den Chor bei »The Devil's on the Run« und anderen Kirchenliedern von Michaux.

Kurz bevor er mit seiner Predigt begann, trug der wackere Kirchenmann den Saaldienern auf, durch die Reihen zu gehen und Blätter mit den Liedern zu 30 Cent das Stück zu verkaufen. Sie verkauften hunderte davon. Die Bänke im Rockland Palace waren voll besetzt.

Am Saalende des Rockland Palace befindet sich eine Bar, aber sie wurde geschlossen, als der Prediger ihn für eine Woche mietete. Als junger Mann stand Elder Michaux hinter dem Tresen der Kneipe seines Vaters, doch nun hält er Alkohol in jeder Form für Teufelswerk.

»Ich seh, dass hier bei euch Arbeit auf mich wartet«, sagte Elder Michaux, der unter einem großen elektrischen Schild predigte, auf dem sein Name in roten, weißen und blauen Buchstaben leuchtete. »Ich muss rausfinden, wo ihr die Ewigkeit verbringen wollt. Also, wo soll's hingeh'n, in den Himmel oder in die Hölle?

Und da fällt mir etwas ein, was einige Frauen, die hier vor mir sitzen, schon länger drückt. Es ist doch so: Eine Frau heiratet einen Mann und der stirbt, und dann heiratet sie den nächsten und der stirbt wieder, und so geht es weiter, bis sie auch mal fünf Ehemänner zu Grab getragen hat. Tja, und wessen Frau ist sie, wenn sie in den Himmel kommt? Schließlich warten da oben fünf Ehemänner auf sie, nur welcher von denen bleibt in Ewigkeit bei ihr?

Das dürfte im Himmel für höchsten und heiligsten Ärger sorgen. Das gäb ja sogar hier unten auf Erden Ärger. Das sind so die Fragen, um die es in meiner Predigt geht. Hört mich an!«

Der Elder predigte bis in den späten Abend. Er trieb den Teufel so vor sich her, dass er selbst ganz erschöpft war. Als er wieder bei Atem war, bat ich ihn, mir von sich zu erzählen.

Er sagte, dass er das erste Mal in Newport News in Virginia geboren wurde und sein Vater dort eine Kneipe betrieb. 1917 wurde er dann wiedergeboren. Damals war er Fischhändler und belieferte im Auftrag der Regierung das Offizierskasino von Camp Lee, Virginia*. Eines Tages war er mit einer Lieferung Maifisch auf dem Weg in die Kaserne, als er plötzlich den Ruf zu predigen empfing. Am selben Abend versammelte er einige Freunde und gründete eine konfessionslose Kirche mit dem Namen Church of God.

Mittlerweile hat diese Kirche sieben Ableger. Die Mutterkirche hat ihren Sitz in Washington, wo sich auch seine Zeitung, die *Happy News*, und sein geistliches Speiselokal, das Happy News Café, befinden. Von Major J. Divine, einem Prediger aus Harlem, der sich Gott nennt, hält er nicht viel.

»Ich werde gegen Father Divine predigen«, sagte Elder Michaux. »Ich weiß, er sagt den Leuten, dass er Gott ist, aber da glaub ich, übertreibt er ein bisschen. Der – der hat doch überhaupt keine Theologie in sich. Das ist doch alles nur Schein. Ich weiß schon, dass er viel Geld scheffelt, aber ich will keins. Ich möchte nur ein bisschen Kohl.*«

Elder Michaux hat neunundsechzig seiner Anhänger in einem Bus mitgebracht. Er sagte, dass keiner seiner Anhänger trinkt oder raucht und dass er sie gelehrt hat, von »Schnaps, liederlichen Weibern, Spielautomaten und Sprücheklopfen« die Finger zu lassen. In diesem Augenblick trat ein Anhänger mit einer Zigarette in der Hand ein.

»Ich hatte zwei Reisetaschen, aber irgendwie sind die verschwunden«, sagte er und schnippte die Asche von der Zigarette. »Hat wer meine Taschen gesehen?«

»Was machst du denn da mit der Zigarette?«, fragte Elder Michaux.

»Oh!«, sagte der überraschte Anhänger mit einem Blick darauf. »Die halte ich nur für James draußen. Er hat mich gebeten, sie kurz zu halten.«

»Na, dann wirf sie weg und tritt sie aus.«

»Ja, Sir.«

Der Anhänger warf die Zigarette auf den Boden und trat sie sorgfältig aus.

»Es ist mir egal, ob du die Zigarette im Mund hattest oder nicht«, sagte Elder Michaux. »Ich will, dass du dir nicht mal die Finger mit Nikotin besudelst. Dein Körper ist ein Tempel, kein Ofen.«

»Ja, Sir«, sagte der Anhänger zerknirscht.

BITTE RUHE, WENN DIE ROTE LAMPE LEUCHTET

Reverend G. Spund verdient seinen Lebensunterhalt damit, Menschen feierlich zu verehelichen. Er nennt sich »New York Citys berühmtester Hochzeitsausrichter«. Seinem Geschäft geht er in einem Ladenlokal nach, das er »meinen Millionen-Dollar-Heiratspalast« nennt; es befindet sich im Erdgeschoss eines der Gebäude der mietbegünstigten städtischen First-Houses-Siedlung* nahe der Avenue A in der Third Street East Nr. 130.

»Wenn ein Paar bei mir die Hochzeit bucht, bekommen sie was Schönes und Ausgefallenes, nicht so wie in einem Festsaal oder einem Restaurant«, sagte Reverend Mr. Spund. »Bei mir kriegen sie eine Hochzeit, an die sie sich lang erinnern, mit einer goldenen Orgel, mit einem orangefarbenen Zimmer und einem goldenen Zimmer und einem silbernen, mit einer Lautsprecheranlage, mit Maiglöckchensträußen, mit blinkenden Lichtern wie in Radio City. Es ist ein ganz besonderes Angebot.«

Reverend Mr. Spund eröffnete seinen »Millionen-Dollar Heiratspalast«, für den er nach eigenen Angaben zehntausend Dollar bezahlt hat, 1936, doch schon zuvor war er jahrelang einer der gesuchtesten jüdischen Hochzeitsausrichter New Yorks gewesen. Er schätzt, dass er zehntausend Hochzeiten ausgerichtet hat. Seit siebzehn Jahren ist er im selben Block und alle im Viertel kennen ihn. Neben der Ausrichtung von Hochzeiten beaufsichtigt er Konfirmationen oder Bar Mitzwas, und er ist Beschneider in Krankenhäusern, ein vom Board of Miloh ausgebildeter Mohel.

»Zu mir kommen Leute von überallher«, sagte er. »Sie kommen von der Grand Concourse* und aus Flatbush*. Bei mir ist eine Hochzeit etwas, das man nicht vergisst. Lässt sich ein Paar von

Reverend Dr. Spund trauen, bleibt es ihm für immer im Gedächtnis. Nur schreiben Sie ja nicht Dr. Spund ohne das Reverend davor. Wenn die Leute das lesen, sagen sie: ›Nein, nein, nein, von einem Doktor lass ich mich ganz gewiss nicht trauen!‹ Ich bin auch Kantor und werde zu den Feiertagen von Synagogen bestellt.

Die Konkurrenz in meinem Gewerbe ist riesig. Früher, als die Leute noch mehr Geld hatten, bin ich zu einem Festsaal und hab die Trauung gemacht und dafür fünfzig oder vielleicht fünfundsiebzig Dollar bekommen, bei einer großen Hochzeit auch mal hundert, wer weiß? Doch wegen den ganzen Ganoven* ist damit Schluss.

Jetzt stecken die Ganoven hinter den großen Veranstaltungssälen. Ein Paar oder, was vielleicht wahrscheinlicher ist, die Eltern eines Paars gehen zu einem der Säle, um mit dem Besitzer alles auszubaldowern. Als Allererstes reden sie natürlich über den Preis. Der Saalbesitzer sagt: ›Warum sollen wir groß feilschen? Weil Sie's sind, mach ich Ihnen ein Angebot. Sie bekommen von mir auch den Rabbi und die Musik zum Saal dazu.‹ Und so wird's gemacht.

Der Saalbesitzer hat einen eigenen Rabbi. Dem gibt er für die Trauung drei Dollar oder auch fünf. Sie sehen also, dass wir, die wir früher von den Eltern fünfzig Dollar bekommen haben, nun gar nichts mehr kriegen, und alles wird zwischen dem Saalbesitzer und dem billigen Rabbi verabredet. Deswegen haben wir zu unserem Schutz eigene Hochzeitsräume eingerichtet, so wie meinen hier oder die vielen großen auf der Concourse.«

1929 gründete Reverend Mr. Spund seinen Hochzeitsraum in den Ageloff Towers, wo er auch wohnt. Als die Stadt auf der gegenüberliegenden Straßenseite mit Bundesmitteln die First Houses bauen ließ, beschloss er, eins der dortigen Ladenlokale zu mieten. In ursprünglich für ein Lebensmittelgeschäft bestimmten Räumen richtete er seinen »Trauungstempel«, »Heiratspalast« oder »Hochzeitssalon« ein, wie er ihn je nach Laune nennt. Er ließ eine Verstärkeranlage einbauen, die Ansprachen und ausgewählte Musikstücke von seinem kleinen Büro in das Trauzimmer überträgt. Wenn die Anlage in Betrieb ist, leuchtet eine rote Lampe auf und auf einem Schild steht: »Bitte Ruhe, wenn die rote Lampe leuchtet«.

Trauungen finden in dem goldenen Zimmer statt. Darin stehen ein Altar unter einem Baldachin und einhundert goldgestrichene Klappstühle. An den Wänden ringsum sind dreihundert Glühbirnen und ihr Licht wechselt während der Zeremonie von Blau zu Rot und Rosa und Orange usw. Über dem Altar sind zwei Strahler angebracht, die auf Braut und Bräutigam gerichtet werden, sobald sie den Raum betreten.

»Es ist traumhaft schön«, sagt Reverend Mr. Spund. »Alles ist ganz modern. Mein siebenjähriger Sohn Jackie ist Page. Meine Tochter Millie – sie ist siebzehn – spielt die goldene Orgel. Musik kommt auch aus der Lautsprecheranlage, die von Schallplatten abgespielt und ins Trauzimmer übertragen wird. Das orangefarbene und das silberne Zimmer sind für den Empfang vor und nach der Trauung. Speisen und Getränke biete ich nicht an, aber es gibt ein Kuchenbüffet. Kuchen und Schnaps bringen die Leute selbst mit. Eine Hochzeit ist schon für ungefähr fünfundzwanzig Dollar zu haben.

Und so läuft alles ab. Ein paar Wochen vorher kommt das Paar zu mir und vereinbart einen Termin. Genau wie bei einem

Festsaal muss im Voraus gebucht werden. Danach müssen die beiden selbstverständlich zur Stadtverwaltung und sich eine Bescheinigung besorgen. Schließlich kommt der Tag, der große Tag, und hier ist alles vorbereitet. Die zehn Zeugen, der Minjan, kommen und nehmen Platz. Im Judentum sind zehn Männer als Zeugen vorgeschrieben. Anschließend kommen die Gäste. Dann kleide ich mich an und wir begehen die Zeremonie. Danach kommen vielleicht Glückwunschtelegramme oder jemand will eine Rede halten. Auch die werden über den Verstärker übertragen.

Anschließend geht die Gesellschaft in einen der Empfangsräume. Dort gibt es ein Gläschen Schnaps und man wünscht sich Glück. Dann geht die Gesellschaft zum Essen in ein Hotel oder einen Festsaal, oder das Paar fährt sofort in die Flitterwochen. Ich halte die Räume hier heilig. Hier gibt's keine Bankette, keine Synagoge, keine Feiern, keine Verpflegung, nur diese heilige Sache.«

Reverend Mr. Spund – sein Vorname ist Gustav – kam 1913 aus Stanislaw, einer damals galizischen, nun aber polnischen Kleinstadt. Er ist ein gemütlicher Mann mit Unterlippenbärtchen, über das er beim Sprechen gedankenverloren streicht. Auf der Nase trägt er einen riesigen Kneifer. Ein schwarzes Bändel daran führt zu seiner Weste hinunter.

Schon sein Vater war Rabbiner gewesen, und er hofft, dass sein ältester Sohn, der zwanzigjährige Abraham, ebenfalls einer wird. Reverend Mr. Spund ist Mitglied der Cantor's Association of the United States and Canada und er ist Zionist. Das Heiratsgeschäft mag er.

»Es ist ein gottgefälliges Geschäft, und ich will nicht mehr, als anderen Menschen diesen Dienst auf eine schöne Art und Weise erweisen«, sagte er. »Bei meinen ungeheuren Ausgaben erwarte ich mir natürlich keine Reichtümer. Bei den Stromkosten, der Miete, der Bodenpolitur, dem ganzen Stapel Rechnungen pünktlich zum Monatsletzten möchte ich nur mein Auskommen haben, viel mehr nicht.«

»Friede, Vater, Frischgemüse«

Der größte Unternehmer in Harlem ist ein kahlköpfiger, untersetzter Mulatte und Prediger, der sich je nach Laune Father Divine*, Reverend M. J. Divine oder Gott nennt.

Die Zahlen zu Divines Unternehmungen schwanken gerne, aber unbestritten ist, dass er wenigstens sechs Lebensmittelgeschäfte, zehn Friseurläden, zehn Wäschereien und zwanzig Handkarren zum Verkauf von »Friede, Vater, Frischgemüse« betreibt. Er besitzt wenigstens drei Wohnblocks und zehn Wohnheime und ist ein Magnat unter den Zimmerwirten. Außerdem betreibt er Restaurants, in denen man für fünfzehn Cent eine Mahlzeit erhält.

Viele von den Eiern, Hühnern, Gemüsen und Kartoffeln, die in seinen Restaurants und Geschäften und Handkarren angeboten werden, ziehen seine Anhänger auf seinen Farmen im etwas außerhalb von Kingston, New York, gelegenen Walkill Valley. In Zukunft, vielleicht schon im nächsten Sommer, will er all seine Anhänger mit »reinem Father Divine Geflügel und Saisongemüsen« versorgen. Schon heute fahren Lastwagen regelmäßig zu zwei seiner vier Farmen.

So verlässt jeden Morgen ein ramponierter Laster aus Harlem den Highway und rumpelt eine steil ansteigende Schotterstraße hinauf zum alten Hasbrouck Manor am Rand von Stone Ridge, einem etwa fünfunddreißig Kilometer von Kingston entfernten Dorf. Quer über den Aufbau des Lastwagens steht in roten Lettern geschrieben: »Friede. Father Divine ist Gott.« Der Laster schnauft zum Farmhaus hinauf, einem großzügigen Steingebäude mit drei Geschossen, das von den ersten Siedlern, niederländischen Hugenotten, errichtet wurde. Es ist eines der ältesten

Häuser in den Vereinigten Staaten und ein Wahrzeichen von Ulster County. Wie viele alte niederländische Kolonialhäuser im Walkill Valley war es ursprünglich hellgelb getüncht, doch nun ist es grau gestrichen und rot verziert und hat vergoldete Fliegengitter.

Der Fahrer hält vor dem Haus und eine Negerfrau, die stämmige Mother Divine, kommt die Eingangstreppe herunter und gibt ihm ihre Anweisungen. (Father Divine nennt sie »meine sogenannte Ehefrau« und betont, dass zwischen ihnen nur eine geistige Verbindung bestehe, was er für die häuslichen Verhältnisse all seiner Anhänger ebenfalls einführen möchte.) Sie trägt dem Fahrer auf, wie viele Eier und Hühner er mitnehmen kann.

Er fährt zur Hühnerfarm ganz in der Nähe des Anwesens. Dort hilft ihm eine Gruppe Engel, die Eier zu verpacken und die Hühner in Käfige zu stecken. Dann laden sie Kartoffelsäcke und frisch geerntetes Gartengemüse auf. Vielleicht hat einer der Engel für Father Divine ein Schälchen Erdbeeren oder Himbeeren vorbereitet. Jeder Lastwagen nimmt ein Geschenk für Divine mit zurück – eine Handvoll junger Maiskolben oder ein Stubenküken oder ein Dutzend Eier von Plymouth-Rock-Hühnern. Sobald der Lastwagen beladen ist, klettert der Fahrer ins Fahrerhaus.

»Friede!«, ruft er, wendet und fährt innerlich jubilierend zurück zu den »Friede Vater«-Restaurants in der 155th Street und in der Lenox Avenue im Herzen von Harlem. »Friede! Wie herrlich!«

Die Engel gehen wieder an die Arbeit. In dieser »Außenstelle des Himmels« gibt es reichlich zu tun. Zur Farm bei Stone Ridge gehören knapp sechzig Hektar Land, und Divine nutzt das Anwesen auch als Verwaltungssitz für seine anderen Farmen. Er hat eintausendfünfhundert Legehennen in einer Reihe von

Hühnerställen, und seine Engel machen Himbeeren und Zuckermais ein und bauen Wintergemüse und Kohl an. Fährt Divine in seinem blauen Rolls Royce vor, für den er 150 Dollar in bar bezahlt hat, dann hören die Engel mit der Arbeit auf und nehmen sich bis zu vier Stunden Zeit für das Mittagessen, währenddessen sie unablässig ausrufen, Father Divine sei Gott.

Nach dem Essen geht Divine gern hinaus und pflückt einen, wie er sagt, »Mundvoll Maulbeeren« von dem alten Maulbeerbaum neben den Hühnerställen. Wenn sein Automobil dann den steinigen Weg hinabfährt und verschwindet, machen sich seine Anhänger wieder an die Arbeit, spannen Pferde vor den Pflug und jäten mit demselben Fleiß das Unkraut in den Maisfeldern, mit dem sie auch als Tagelöhner für einen der niederländischen Farmer in der Gegend arbeiten würden. Divine achtet darauf, keine Engel auf seine Farmen zu schicken, die nicht mit der Hacke umgehen können.

In jüngster Zeit ist er dazu gezwungen, seine Farmaufkäufe verdeckt zu tätigen, aber Juristen und Grundstücksmakler in Kingston geben übereinstimmend an, dass er bis heute mehr als vierhundert Hektar besten Ackerboden im Valley erworben hat; dass er meist bar bezahlt hat; dass er sich nach weiteren Farmen umsieht; dass er auch um eine Ziegelei und eine Möbelfabrik steigert.

Seine vier Farmen liegen alle im Umkreis von fünfunddreißig Kilometern um Kingston. Ihm gehören knapp sechzig Hektar von Eichen und Sumach bewachsenes Hügelland etwa zwei Kilometer westlich von New Paltz. Diese Farm nennt er »das Gelobte Land«. Verwaltet wird sie von Sarah Love, einer tüchtigen Negerin, die von der Liebenswerten und der Dankbaren Freundlichkeit unterstützt wird.

In der Nähe von High Falls gehören ihm gut sechsundsechzig Hektar und bei Krumville soll auf einer Fläche von etwas mehr als zweihundertzehn Hektar eine Stadt Divine gebaut werden. Der Sheriff von Ulster County hat keine Ahnung, wie viele Engel auf den Farmen leben, und eine genaue Überprüfung ist nicht möglich, da jeden Sonntag ganze Busladungen aus Harlem kommen und die Busse manchmal mehr Personen mit zurücknehmen, als sie hergebracht haben.

Divine hat verkündet, das ganze Tal kaufen und seinen »Tausenden und, jawoll, Millionen« Anhängern schenken zu wollen, was die offiziellen Stellen in Kingston mit Besorgnis vernehmen.

»Ich werde ihnen den Grund ganz ohne Bezahlung überlassen, und wenn jemand darauf bauen möchte, dann kann er das tun und das Land gehört ihm«, sagte Divine auf eine darauf abzielende Frage. »Ich will den Leuten für jedes Stück Land, das sie bekommen, eine offizielle Urkunde geben. Damit ist es mir wirklich ernst. Wir wollen nicht, dass es zu irgendwelchen Rechtsstreitigkeiten kommt.«

»Wie herrlich.«

Divine hat angeordnet, dass die Verwalter seines Besitzes in Ulster County sich gegenüber Fremden nicht äußern. Ein Reporter wollte wissen, wie viele Engel in der Betriebsstätte in der Chapel Street leben. Ein Neger, der den Boden auf der Veranda grün strich, erhob sich und kam in den Vorgarten. Ihm wurden einige Fragen gestellt.

»Ich kann kein Zeugnis ablegen«, sagte er und schüttelte grüne Farbe von seinem Pinsel. »Wie herrlich.«

»Könnten Sie nicht wenigstens sagen, wie viele Menschen hier leben?«, fragte der Reporter.

»Alle Angaben zu geistigen oder weltlichen Dingen müssen von unserem Vater, der im Himmel weilt, kommen, und ich glaube, im Moment hält er sich in New York City auf«, sagte der Anstreicher. »Friede. Wie herrlich.«

ABGESEHEN DAVON, DASS SIE RAUCHT, TRINKT UND FLUCHT, IST MISS MAZIE EINE NONNE Die verwahrlosten Männer, die in den Absteigen entlang der Bowery leben, kennen sie als »Miss Mazie«. Ihr richtiger Name lautet Mazie Gordon, und sie ist eine Frau mit blonden Haaren und goldenem Herzen. Sie ist stets auffällig gekleidet und spart nicht an Schminke. Bis Mitternacht sitzt sie in der Park Row Nr. 209 mit ihrem Zwergspitz namens Fluffy auf dem Schoß in dem engen Kassenhäuschen des Venice Theater, das ihr auch gehört.

Sie füttert den Hund mit warmem Milchbrei und spricht mit ihm in heiserer Babysprache. In kalten Nächten deckt sie den Hund auf ihrem Schoß mit einer Decke zu. Sie ist eine gute Geschäftsfrau, und neben dem Venice Theater gehören ihr mehrere Mietshäuser und mehrere Buden in Coney Island. Um Mitternacht wird sie von einem Chauffeur mit einem Stutz-Wagen* abgeholt. Früher hat sie in einem Burlesque-Theater von Hurtig & Seamon* in Harlem gearbeitet, doch davon möchte sie heute nicht mehr sprechen. Sie sagt: »Ich lasse meine rechte Hand nie wissen, was die linke tut.«

Wenn Mazie im Kassenhäuschen sitzt, trägt sie einen grünen Augenschirm, den sie tief über ihre klugen freundlichen Augen zieht. Der Eintritt ins Venice Theater, einem in die Jahre gekommenen Lichtspielhaus, beträgt tagsüber einen und nachts zwei Dime. Bisweilen geht ein Streuner schon um zehn Uhr vormittags in das Venice und ist um Mitternacht immer noch da und schläft und schnarcht auf seinem Sitz, so als gehörte ihm der Laden. Mazie stört sich nicht daran, nur wenn jemand die Schauspieler auf der Leinwand laut beschimpft und ihnen gute Ratschläge gibt, dann geht sie hinein und zerrt ihn an seinem ziemlich zerschlissenen Schlafittchen hinaus.

»Ja, zum Kuckuck!«, ruft sie und funkelt ihn an. »Die anderen da drin möchten vielleicht schlafen.«

Jeden Morgen verschenkt Mazie eine reichliche Handvoll Münzen an Bowery-Bewohner. Ein Mann kommt und tritt erwartungsvoll vor sie hin. Er ist übernächtigt. Er nimmt den Hut ab und verbeugt sich vor Mazie.

»Ich hab gedacht, ich besuch dich heut früh mal«, sagt er. »Hast du bitte einen Nickel für mich, Mazie?«

»Warum scherst du dich nicht zum Teufel?«, sagt Mazie und schiebt ihm zwei Dime durch den Schlitz in ihrem Verkaufsfenster.

»Dank dir, Mazie«, sagt der Betrunkene und hebt zu einer Rede an. »Hast ein goldenes Herz. Bist die beste Freundin, die ich hab. Danke, Mazie. Du bist mir die Liebste, Mazie. Bis morgen.«

Er macht sich auf den Weg zur nächsten Kneipe.

»Heute laufen tolle Filme«, sagt Mazie. »Magst du sie dir nicht ansehen?«

»Nein, danke«, sagt der Trinker und will schnell zu seinem Morgenschnaps. »Ich muss mit einem wegen einer Arbeit reden.«

»Dann mach's gut«, sagt Mazie und schließt den Fensterschlitz.

Sie krault dem Hund die Ohren. Vielleicht nimmt sie ein Chamoistuch aus der Handtasche und geht damit über ihre Diamantringe. Vielleicht überlässt sie dem Platzanweiser den Kartenverkauf, während sie nach hinten geht, um etwas zu trinken. Vielleicht nimmt sie eine der Heiligenlegenden, die auf einem Regal in ihrem Kabuff stehen, und liest, während sie ohne hinzusehen

Karten verkauft und Wechselgeld gibt. Mazie ist Jüdin, aber sie wäre gern Nonne. Sie bewundert Nonnen. Sie kennt dutzende Nonnen und viele Oberinnen, und als *The White Sister** bei ihr gezeigt wurde, rief sie sie alle an und sagte ihnen, sie könnten kommen und den Film umsonst sehen.

»Ich würd gern Nonne sein und ein Leben der Hingabe leben«, sagt sie. »Praktisch bin ich jetzt ja auch eine. Der einzige Unterschied zwischen einer Nonne und mir ist, dass ich rauche und manchmal Alkohol trinke und fluche. Abgesehen davon, bin ich eine Nonne.«

Die Bowery-Bewohner wissen von Mazie nur, dass sie sehr großzügig ist. Nachts sehen sie sie mit ihrem Hund in der Park Row spazieren gehen. Sie erinnern sich, wie sie früher immer zu Perry's Drugstore im Pulitzer Building (es wird gerade zu einem Sportgeschäft umgebaut) ging und dort Kaffee trank, und sie erinnern sich, dass sie jedem, der sie darum bat, einen Nickel gab. Manche wissen womöglich, dass sie in Coney Island lebt und vier Schwestern und vier Brüder hat. Aber niemand weiß etwas über die Zeit, als sie in Burlesque-Theatern gearbeitet hat. War sie Sängerin? War sie Tanzmädchen? Mazie verrät es nicht.

»Das geht verdammt noch mal keinen was an!«, sagt sie.

Ob sie verheiratet ist?

»Ich hab noch keinen Kerl getroffen, der zum Heiraten getaugt hätte, und außerdem geht das verdammt noch mal keinen was an«, sagt Mazie.

Die Ladenbesitzer im Viertel – die Betreiber der Nachtasyle, die Gebrauchtkleiderhändler, die Kellner der Kneipen, die eine richtige Mahlzeit mit Bratkartoffeln für fünfzehn Cent anbieten – können alle Geschichten von Mazies Großzügigkeit erzählen.

Mit Stolz wiederholen sie Mazies Bemerkung gegenüber dem beleibten Leiter einer der Missionen in der Bowery, der sie wegen ihrer Sprache getadelt hatte.

»Was regen Sie sich eigentlich so verdammt auf wegen meiner Ausdrucksweise?«, sagte Mazie. »Wie ich rede, geht doch keinen Schmerbauch was an.«

Und in kalten Nächten, in Nächten, in denen die Bowery die kälteste Straße New Yorks ist, nimmt Mazie die Stadtstreicher mit zu dem Griechen am Chatham Square und kauft ihnen Eintopf und Kaffee, und manchmal sieht Mazie einen Mann mit löchrigen Schuhen und überlässt dem Platzanweiser den Kartenverkauf und geht mit dem Mann und kümmert sich darum, dass er bei Regen keine nassen Füße mehr bekommt, und es gibt viele Tage, an denen Mazie feststellen muss, dass sie ihre gesamten Einnahmen weggegeben hat.

Mazie sagt, dass sie sich oft Sorgen macht, und an manchen Abenden fährt sie heim nach Coney Island und kann nicht schlafen, und dann versucht sie, sich durch das Betrachten ihrer Heiligenmedaillons zu beruhigen, und träumt davon, Nonne zu werden, und liest über das nicht besonders ereignisreiche Leben von Heiligen.

»Worüber machen Sie sich denn Sorgen, Mazie?«

»Das geht verdammt noch mal keinen was an.«

SPORTTEIL

»SONST MEINT NOCH WER, ICH BIN EIN RINGER«

Eines Sonntagnachmittags sprach ich mit Mr. Jack Pfefer*, der Freaks für Schauringkämpfe importiert. Er saß, die Füße auf den Schreibtisch gelegt, in einem rot gestrichenen Büro im neunten Stock des Times Building* und kämmte sein langes schwarzes Haar sorgfältig mit einem Taschenkamm. Seit er als Impresario eines Wanderensembles russischer Opernsänger Warschau verlassen hat, trägt er das Haar lang und offen.

An seinem Revers steckte eine welke weiße Nelke. Einige seiner fetten halslosen Ringer nennen ihn »Nelken-Jack«, doch er mag diesen Spitznamen nicht; er besteht darauf, Mr. Jack Pfefer genannt zu werden.

An den roten Bürowänden hingen dicht an dicht gerahmte Fotografien von Ringern und Opernsängerinnen. An eine Wand war über den Fotoreihen ein Schild geheftet. Darauf stand: »Tote Ringer«. Darunter befanden sich auch Bilder von lebenden Ringern. Wenn sich ein Ringer mit Mr. Pfefer überwirft, wird sein Foto sofort an die »Totenwand« umgehängt.

Beim Kämmen pfiff der kleine Mann eine Melodie aus »Boris Godunow«. Das Pfeifen von Opernmelodien macht bei seinen Ringern großen Eindruck. Als er endlich mit seiner Frisur zufrieden war, steckte er den Kamm in eine seiner Westentaschen.

»Ich hab die Haare lang wie ein Dichter«, sagte er mit einem Seufzer. »Damit niemand mich verwechselt mit die Ringer. Sonst kommt wer rein und meint, ich bin ein Ringer.«

Die Tür ging auf und ein Mitglied von Mr. Pfefers Trupp trat ein, ein schwermütiger, etwas verstohlen wirkender Ringer mit langem Bart, der nur als »King Kong, der abessinische

Gorilla-Mann« angekündigt wird. Sogar Mr. Pfefer kennt seinen wirklichen Namen nicht. Er ist Grieche, doch da er zur Zeit des italienisch-abessinischen Kriegs in der Gunst des Publikums ganz oben stand, machte Mr. Pfefer aus ihm einen Abessinier. Den Ringer kümmerte das nicht. King Kong sieht aus, als erwarte er jeden Augenblick, dass ihm jemand einen Stuhl über den Kopf zieht. Stets scheint er sich wegducken zu wollen. In den Sportpalästen New Jerseys liebt man ihn wegen des jämmerlichen Geschreis, das er ausstößt, sobald ihm ein anderer Ringer den Fuß zu verdrehen beginnt. Er schlurfte in das Zimmer und sah einen Poststapel auf dem Schreibtisch durch. Mr. Pfefer sprang auf.

»Nimm sofort die Hut ab!«, brüllte er.

King Kong, der zwei Zentner schwere »Gorilla-Mann«, nahm gehorsam den Hut ab.

»Geh rüber in die andre Zimmer«, brüllte Mr. Pfefer, der selbst zu seinen besten Zeiten kaum mehr als sechzig Kilo auf die Waage bringt. »Da gibt's mehr Gorillas. Geh rüber, tu, was ich dir sag.«

»Jawohl, Mr. Pfefer«, sagte King Kong und schlurfte aus dem Zimmer.

»Ich muss behandeln die Kerle, wie wenn ich ihr Vater bin«, sagte der unerschrockene Mr. Pfefer. »Sind wie meine Kinder, die Kerle. An einem Tag muss ich prügeln und brüllen und am nächsten lieb sein wie ein Vater.«

Mr. Pfeifer seufzte. Er seufzte so tief, dass sich die welke Nelke aufrichtete.

»Ist ein nervenzerreibendes Geschäft«, sagte er. »Mit Freaks, mit Auflagen von der Athletic Commission*, mit Ringverbänden*, die immer mich austricksen wollen. Die Schlitzohren! Die

Banditen! Dic Kerle! Die ganze Zeit wollen die mich rausquetschen. In drei Jahren ich hab fünfundsiebzigtausend Dollar verloren, nur für die Streit mit die Schlitzohren, das hab ich schwarz auf weiß. Sollen die mich ruhig rausquetschen versuchen! Nicht über meine Leiche können die mich rausquetschen.«

Früher hatte Mr. Pfefer eng mit dem kürzlich verstorbenen Kampfveranstalter Jack Curley*, einem Freund des ehemaligen Prince of Wales, zusammengearbeitet. Doch es gab ständig Streit, und nun ist Mr. Pfefer auf sich gestellt. Er selbst bezeichnet sich als Kampfvermittler für Ringer. Bisweilen veranstaltet er auch Kämpfe, aber für gewöhnlich vermittelt er nur die Ringer an Kampfveranstalter für Auftritte im Garden, im Ridgewood Grove, dem Bronx Coliseum und in der Mecca Arena, einem neuen Sportpalast, der in einem ehemaligen Theater an der Fourteenth Street eröffnet wurde. Manche von Pfefers Männern sind tatsächlich Ringer, aber er würde es einem nicht krumm nehmen, wenn man sagte, dass die meisten von ihnen keine Gummipuppe niederringen könnten, nicht mal im Freistil.

»Ich bin im Show Business, genau wie Ringling Brothers*«, sagt er. »The show must go on. Freaks sind, was das Publikum will. Spaß haben.«

Mr. Pfefer beansprucht das Verdienst, das Ringen zu der großen Beliebtheit geführt zu haben, dessen es sich seit etwa zwölf Jahren erfreut.

»Im Grunde, also unterm Strich ist das Tatsache«, sagte er. »Bis ich kam, waren Ringkämpfe wie ein Friedhof. Nichts los. Im Büro von Jack Curley war's genauso. Aber ein Künstler wie ich bringt Leben rein. Ich brauch nur Bilder an die Zeitungen schicken. Ich brauch Ringern nur neue Namen geben. Hab ich zum Beispiel so einen Burschen, der heißt Alexander Garkowienko, und ihn hatt' ich wirklich. Also gut, ich geb ihm die Name Alexander der Große, der Russische Riese. Aus Europa hol ich mir Freaks, wie sie noch nie wer vorher gesehen hat. Und rumms! Ringkämpfe sind die Schlager. Von meinem ersten Kampf ab wir haben an der Kasse zwei Riesen oder mehr gemacht. Ehe ich kam, achthundert Dollar waren schon ein Wunder. Trotzdem glauben alle, nur die Verband macht das. Ob's mir was ausmacht? Hauptsache für mich ist Geldverdienen.«

Er ist stolz auf die Freaks, die er en gros importiert. Manchmal betrachtet er das Foto eines seiner dicken bärtigen Schützlinge und ruft kichernd: »Junge, Junge, ein Freak ist das!« Ein Ringer muss eine außerordentlich groteske Person sein, um bei Mr. Pfefer Anerkennung zu finden. Manche mögen das Ringen für ein schmutziges Geschäft halten, aber er findet es im Allgemeinen wunderbar. Nur manchmal befällt auch ihn Widerwille. Er weiß allerdings, dass hierzulande eine Form von Massensadismus grassiert, und so lange die Leute Eintritt zahlen, um zu erleben, wie Ringer stöhnen und grunzen und rülpsen und vor Schmerz auf die Matte trommeln, knöpft er ihnen gerne die Dollars ab. Mit seinen Trachom-Epidemien (einer Berufskrankheit der Ringer), den abgekarteten Kämpfen, dem Gezänk der Veranstalter und seiner billigen Theatralität ist das Ringen kein schönes Geschäft. Es ist nicht wie das Boxen, bei dem oft tatsächlich der bessere Mann gewinnt. Wie die Kuriositätenschau oder der Flohzirkus ist es leicht anrüchig.

»Schlimm, schlimm«, sagte Mr. Pfefer, als er über sein Geschäft sinnierte. »Es ist wie ein Zirkus, wo die Elefanten Schuhe tragen und von Tellern essen. Manchmal ich hab die Freaks so satt, dass ich muss in die Oper und meine Nerven abstellen. Gerade sind meine Jungs saubere amerikanische Jungs. Tipptopp. Hundertprozent.«

Gleich darauf war er wieder Feuer und Flamme für seine Freaks.

»Hab ein neues Monster«, sagte er. »Ein Freak mit Klasse. Heißt Martin Levy und ist aus Boston. Trainiert seit drei Monaten und wiegt nur noch sechshundertfünfundzwanzig Pfund. Ist größter Fleischberg, der je in einen Ring gestiegen ist. Ist fünfundzwanzig Jahre alt. Er kann nicht mal Kinderwagen niederringen, aber was macht das?

Wenn ein anderer Ringer ihn anspringt und will ihn von die Beine holen, dann er ist so schwer, wie wenn man Wand umreißt. Können Sie vielleicht Wand umwerfen? Er kostet viel Geld. Zehn bis zwölf Dollar ich zahl am Tag für sein Essen. Gemüse und Eier isst er ein Dutzend. Er schüttet Olivenöl in die Suppe. Er muss in eigenem Lastwagen fahren, weil jedes Hotelbett zu klein ist. Und mit Zug fahren geht nicht. Man braucht halbe Stunde, ihn durch die Tür zu drücken, und was, wenn Zug in einem Bahnhof nicht mehr hält als eine Minute? Das Publikum wird zu ihm strömen. Und wenn es nicht strömt, dann nehm ich die Kerl und kleb ihn an die Wand.«

Über viele Jahre hatte Mr. Pfefer in Europa eigene Agenten, die er auf seinen Tourneen mit dem russischen Opernensemble kennengelernt hatte, und sie kabelten ihm, wenn sie einen Giganten fanden, der sich möglicherweise überreden ließ, zum Ringen nach Amerika zu kommen. Den ersten Ringer hat er 1922 importiert.

»Ich liebe immer schon Sport, wie ich liebe Musik«, sagte er, »und ich war sehr stolz, als mein erster Gigant ankam. Das war Garkowienko, den ich nannte Alexander den Großen. Hab ich aus Ukraine importiert. Er wog vierhundertfünfundzwanzig Pfund, als er kam, doch als ich ihn zurück exportierte, hatte er nur noch zweihundertfünfunddreißig, fast ein Gerippe. Um mir eine Freude zu machen, nahm er mal einen Eisenträger, so wie sie ihn für Wolkenkratzer brauchen, und balancierte ihn auf die Schulter mit sechzig Leuten drauf, dreißig links und dreißig rechts. Er hatte immer Heimweh.

Nach ihm hol ich Iwan Poddubny, den ich Iwan den Schrecklichen nannt'. Er ist schon tot. Er hatte einen riesigen Schnurrbart. Mit richtigem Namen hieß er Zaikin, aber ich fand, Podubbny klang besser, hat mehr Klasse. War auch Russe, ein echter Wolgaschiffer.

Danach hol ich berühmten halslosen Ringer Ferenc Holuban aus Budapest. Er sah aus wie ein Fass und hatte keinen Hals und rasierte sich die Glatze. Niemand konnte seinen Schopf packen. Jedesmal ich hol einen Freak mit anderem Stil, und mein nächster war Deutscher, Fritz Kley, der Schlangenmensch. Wie eine Schlange konnte niemand ihn festhalten. Als Ringer war er mittel, nicht gut, nicht schlecht. Was ich nicht mochte an ihm und an die anderen Freaks, sie liefen gleich los zur Post, sobald sie ihr Geld hatten, und machten Auslandsanweisung. Keinen Cent sie haben in dieses Land investiert. Und zu viel gegessen.

Aber na ja, mein Freund, the show must go on, wie bei Ringling Brothers. Der nächste war Leo Pinetzki, ein polnischer Junge. Er hatte die längsten Arme der Welt, ein Arm mehr als zwei Meter. Er war aus Lodz. Ein guter Mensch, jedenfalls für einen

Freak. Danach ich brachte einen Ringer ins Land, der alle mit einem Schnurrbart ansteckte. Ihn ich nannte Sergei Kalmikoff, wie berühmter sibirischer Kosakengeneral. Richtige Name war Orloff, das hatte keine Klasse. Er war Allerersterr mit Schnurrbart, den ich habe geholt. Nach ihm kommt eine Flut davon. Er hatte Russenbluse an, und wir nannten ihn den Sibirischen Gorilla, was er mochte. Er wusste nicht, was das heißt. Er meinte, es ist ein Titel, so wie General oder Mister.

Nach Kalmikoff mussten alle Ringer Bärte haben. Da kamen die Studenten, die mit Ringen anfingen. Die waren rasiert und sahen aus wie ein Mensch. Dann sie ließen sich Bärte wachsen. Für paar Dollar sie wurden hässlich. Ihre Frauen hassten sie und die Kinder hatten Angst. Wie hässliche Affen sie sahen aus. Ich hab die Mode angefangen und ich darf mich beschweren.

Kalmikoff war mein letzter Gorilla aus Europa. Danach nehm ich nur richtige Amerikaner. Zum Beispiel Studenten aus Football-Teams, die Verteidiger. Erste Klasse. Im Ring sie waren Gummibälle. Aber früher oder später sie hatten alle Bärte. Niemand sieht so gemein und hässlich aus wie ein Student, wenn er will.«

Mr. Pfefer ist ein wandelnder Widerspruch. Er liebt die Musik und besucht oft Konzerte und Opernaufführungen. Er hält sich für einen Künstler und hat eine vergrößerte Fotografie von sich in einer Russenbluse, den Blick in die Ferne gerichtet – »ich, als ich noch bei die Oper war«, sagte er. Früher hat er Klavier gespielt.

»Hab aufgegeben, weil ich kein guter Spieler«, sagte er. »Aber ich will sein guter Spieler.«

Er hat einen Gehstock mit Elfenbeinknauf, den er beim Gehen elegant schwingt, und manchmal wird er, sehr zu seiner Freude, mit Morris Gest* verwechselt. Er sieht aus wie ein verkaterter Morris Gest. Er kleidet sich wie ein Opernsänger. Er sitzt in seinem großartigen Büro in Hemdsärmeln, um die er Gummibänder trägt. Wenn er nervös ist, lässt er die Gummis schnalzen. Er sagt, dass er tiefgläubig ist. An seiner Bürotür hängt eine Mesusa, und er berührt sie jedesmal, wenn er hinein- oder hinausgeht. Er sagt, er lässt auch neben die Türen seiner Hotelzimmer eine Mesusa anbringen. Ehe er sie berührt, küsst er seine Finger. Er gehört der Congregation Ezrath Israel an, einer von vielen Theaterleuten besuchten Synagoge in der Forty-seventh Street West Nr. 309.

»Da ich gehe schon seit Jahren hin«, sagte er. »Ich hab da einen eigenen Platz.«

Er sagt, dass einige Ringer von seiner Frömmigkeit beeindruckt sind. Sein Vater war einer der strengsten Rabbiner Warschaus, Schoel Pfefer. Bei seiner Geburt gehörte Warschau noch zu Russland. Er sagt, dass er jeden Tag nur vier Stunden schläft und zwanzig Stunden arbeitet. Er isst gerne in den jüdischen Restaurants am Broadway, und er ist entzückt, wenn ein Boxreporter beschreibt, wie er einen Hering entgrätet.

Er hat sich darüber geärgert, als sich Jim Londos*, mit dem er heillos zerstritten ist, in einer Pose wie Rodins »Denker« fotografieren ließ. Er hielt das für anmaßend. Das Foto hat er unter die toten Ringer an seine Wand geheftet und darunter geschrieben: »Jimmy, das nützt nichts. Du Schlitzohr kommst nicht zurück, wie kein Mann von diese Wand.« Er schreibt so, wie er spricht. Das schlimmste Schimpfwort, das er sich für einen Gegner vorstellen kann, ist »Schlitzohr«.

»Londos ist so weit von Rodin wie ich von Gouverneur Lehman*«, sagte er zornig. »Er ist nicht Die Denker, sondern Die Schlitzohr. Ich hab nur ein bisschen geändert die Titel.«

Mit seiner Ringertruppe – er hat derzeit etwa sechzig Mann unter Vertrag – reist Mr. Pfefer durch das ganze Land. Dennoch bleibt er nie lange außerhalb Manhattans. Er findet es den idealen Ort für jemanden, der von seinem Verstand lebt, und er ist glücklich, wenn er in seinem Büro hoch über dem Times Square unter den Fotos der ihm ergebenen Ringer und nur fünf Minuten von seinem Lieblingsrestaurant entfernt sitzen kann. Er will bald eine weitere Europareise unternehmen, eine sentimentale Reise nach Palästina, wo seine Schwester Tauba Pfefer an einer Schule in Tel Aviv Hebräisch unterrichtet. In seiner Hosentasche hat er stets eine palästinensische Münze als Glücksbringer. Lange wird er jedoch nicht bleiben.

»Nicht zehn Pferde bringen mich weg aus diese Stadt«, sagte er und ließ das rosa Gummiband an seinem linken Ärmel schnalzen. »Auch nicht, wenn sie machen mich Gouverneur von Kalifornien und legen ein Automobil drauf aufs Gehalt.«

DIE FAUSTKÄMPFERIN

Der einzige weibliche Preisboxer, den ich kenne, ist Countess Jeanne Vina La Mar. Ich traf sie in ihrem Zimmer im Hotel St. Moritz. In dem Raum roch es wie in einer Turnhalle. Sie trug Stollenschuhe, Sporthose, zwei Wollunterhemden und einen Baumwollpullover. Sie war gerade von einem Lauf um das Reservoir im Central Park zurückgekommen und schwitzte wie ein Pferd. In den ersten zehn Minuten, in denen ich bei ihr im Zimmer war, saß die Countess friedlich und mit sittsam im Schoß ihrer Sporthose gefalteten Händen auf dem Sofa und erzählte, wie ihr von Jack Dempsey* (der ihr nicht half, Kämpfe zu bekommen), den Besitzern des Madison Square Garden, der New York State Boxing Commission*, Hollywood und der amerikanischen Öffentlichkeit übel mitgespielt worden war.

Plötzlich sprang sie auf und begann auf einem Läufer mit dem Schattenboxen. Mit einer exzellenten linken Geraden schlug die Countess das Gemälde von einem Piraten vom Flügel. Danach nahm sie, leicht verdutzt, wieder Platz. Sie erzählte, wie sie sich fühlte als nicht herausgeforderte Weltmeisterin im Bantam- und Federgewicht in der zivilisierten Welt.

»Sehen Sie mich an!«, rief sie und trommelte sich auf den Bauch zum Beweis, dass er noch so fest war wie 1923, als sie erstmals weibliche Filmstars bat, sie zu einem Kampf herauszufordern. »Sehen Sie mich an! Ich bin schnell wie ein Panther. In allen meinen Jahren im Ring bin ich noch nie zu Boden gegangen. Ich bin eine Dame, bescheiden und eine Weltsensation. Durch mich wurde Boxen ein schöner Sport.

Sehen Sie sich diese Muskeln an! Woher, glauben Sie, dass ich die habe? Vom Raufen mit Schlägertypen. Immer nur Männer. Ich krieg einfach keinen Kampf mit einer Frau. Ich hab das Boxen ins Reich der Kunst befördert, und was habe ich davon? Noch immer glaubt man, dass Boxen nichts für Frauen ist. Hab ich einen Schaden davongetragen? Ich frage Sie. Hab ich etwa Blumenkohlohren? Sehe ich nicht aus wie eine Frau?«

Die Countess hat eine Boxlizenz für New Jersey und Pennsylvania. In New York sind die Behörden ihr gegenüber standfest geblieben. Da sie in Florida keine Lizenz benötigt, tritt sie meist dort auf.

Auch ihr berühmtester Kampf fand in Florida statt. Diese Schlacht im Ring fand 1931 in Miami statt, und ihr Gegner war der jüngst verstorbene W. L. Young Stribling[*]. Nach drei Runden erklärte der Ringrichter Johnny Risko den Kampf für unentschieden. Die Countess war einverstanden.

»Stribling war ein zäher Bursche«, sagte die Countess. »Er hat mich voll am Auge erwischt, der Mistkerl. Überhaupt kämpfe ich nicht gern mit Männern. Und wenn ich mit ihnen kämpfe, dann möchte ich, dass das Auftritt heißt und nicht Wettbewerb. Aber sie haben den Kampf mit Stribling Wettbewerb genannt. Ich stand schon im Ring, als ich davon erfuhr, und ich hab gesagt: ›Entschuldigung, aber das hier ist nur ein Auftritt.‹ Dann verpasste ich Stribling eine anständige Rechte aufs Kinn, und er wachte auf. Er lieferte mir einen harten Kampf.«

Die Countess hält nichts von den Boxkämpfen zwischen Frauen in den Burlesque-Theatern oder auf den Vaudeville-Bühnen. Sie findet, Frauen sollten im Madison Square Garden boxen dürfen, aber ihr Feind, Jimmy Johnson, ist strikt gegen diese Idee.

Und es fällt ihr schwer, eine Gegnerin zu finden. Ohne Erfolg hat sieMary Pickford[*], Clara Bow[*] und die meisten drallen weiblichen Stars herausgefordert. Sie antworten nicht auf ihre Briefe.

»Ich hätte gerne eine Runde mit Clara Bow«, sagte die Countess. Sie sagte, sie betätige sich auch in der Vina Science Health and Art League, deren Gründerin, Vorsitzende und Geschäftsführerin sie ist. Sie trainiert in ihrer Wohnung und im Central Park. Sie läuft und tänzelt jeden Morgen um das Reservoir.

Sie ist Franko-Amerikanerin. Mit vierzehn hat sie einen italienischen Grafen geheiratet und kam im folgenden Jahr in die Vereinigten Staaten. Sie sagt, sie habe sich immer von der Unterwelt ferngehalten und immer sauber gekämpft. Sie fühlt sich schikaniert.

Sie ist ein dramatischer Sopran. Wenn sie lange genug auf einen Sandsack eingeprügelt hat, singt sie ein paar Stücke aus *Carmen*. Sie war zweimal verheiratet – einmal mit besagtem italienischen Grafen und einmal mit Paul La Mar oder »Chicago Kid« Gleason. Sie besitzt eine Nähmaschine und schneidert ihre Kleidung selbst.

»Ich bin einfach ein Wirbelwind«, sagte die Countess.

EIN ALTER BASEBALLSPIELER IN WINTERUNTERWÄSCHE

Einer der erstaunlichsten Sportler, mit denen ich je ein Interview geführt habe, war Reverend William Ashley (Billy) Sunday*, der mittelmäßige Baseballspieler, der sich zum stimmgewaltigsten Prediger in der Geschichte des Christentums mauserte. Ich besuchte ihn ein paar Monate, ehe er in Chicago qualvoll an einem Herzschlag verstarb. Sein Herz hatte sich vergrößert, weil er bei seinen Erweckungspredigten mit Stühlen um sich warf und ganze Kanzeln umstieß; seine beflissene Witwe sagte einmal, sie sei dabei gewesen, wie sein Herz in einer Arztpraxis durchleuchtet wurde, und habe gesehen, dass es »ungeheuerlich erweitert« war. Es mag ein wenig lästerlich klingen, aber ich habe den Eindruck, dass er gegen Ende seiner Tage den Kampf gegen den Teufel ein wenig über hatte. An dem Nachmittag, an dem wir uns trafen, lag er in seinem Zimmer im Salisbury Hotel im Bett und sammelte seine Kräfte für die Predigt, die er am selben Abend in bewährter Manier in der Calvary Baptist Church halten wollte.

Als ich in sein Zimmer trat, griff der müde alte Mann unter die Bettdecke und kratzte sich lustvoll an seinem Hinterteil.

»Ich hab meine Winterunterwäsche an«, erklärte er in seiner zwanglosen Art. »Ohne die halt ich's beim besten Willen nicht aus! Keine Ahnung, wie ich hier in New York City überleben sollte, wenn ich meine Wollenen nicht immer parat hätte.«

»Ich musste Dad leider ins Bett stecken«, sagte Mrs. Sunday, die unbedingt »Ma« genannt werden möchte.

»Ich wollt eigentlich bisschen rumlaufen und mir die Stadt ansehen«, sagte der Prediger mit einem Anflug von Betrübnis, »aber Ma hat mich ins Bett geschickt, um ein Nickerchen zu machen. Ich hatte noch keine Gelegenheit, mir was anzugucken.

Ich hatte schon 'ne Menge Besuch. Ein Bildhauer war da und einer der Männer, die 1917 am Einlass standen, als ich meine letzte Versammlung hier hatte und 65.492 Seelen zu Jesus unserm Heiland fanden. Das war mal eine große Versammlung. In der Kollekte kamen 120.000 Dollar zusammen.«

»Vergiss nicht«, sagte Mrs. Sunday, »wie wir zur selben Zeit 100.000.000 Dollar für die Kriegsanleihen gesammelt haben. Nicht, dass wir uns damit großtun wollen, aber ein bisschen stolz sind wir schon, dass wir so viel Geld für Uncle Sam gesammelt haben.«

»Stimmt«, sagte Mr. Sunday. »Und dann hat mich noch Mickey Welch besucht, der vor einer halben Ewigkeit bei den alten New York Giants gespielt hat. Eigentlich hat er schon 1892 mit dem Spielen aufgehört. Bin oft gegen ihn angetreten.

Er hat die Geschichte von damals aufgewärmt, als ich mit Arlie Latham*, dem schnellsten aus der Mannschaft von St. Louis, um die Wette laufen sollte. Ich war natürlich der schnellste in der Chicagoer Mannschaft. Aber ehe es so weit war, bin ich bei der Pacific Garden Mission* in Chicago konvertiert.

Daher war ich ziemlich wütend, als ich, ein gläubiger Christ, mitbekam, dass ich das Rennen an einem Sonntagnachmittag laufen sollte. Ich bin gleich zum Trainer und hab ihm gesagt: ›Ich hab zum Glauben gefunden und kann am Sonntag kein Rennen laufen.‹

Und er sagte: ›Zum Teufel, ich sag dir, was du nicht kannst. Ich hab mein ganzes Geld auf dich gesetzt, und wenn du das Rennen nicht gewinnst, werd ich den ganzen Winter Schneebälle frühstücken.‹ Also sagte ich: ›Der Herr will aber nicht, dass ich an einem Sonntag laufe.‹ Darauf sah mich der Trainer nur an und sagte: ›Na, du machst das schon. Du läufst erst mal und das mit dem Herrn klärst du später.‹«

Der Prediger brüllte vor Lachen. Er lachte so heftig, dass das Bett wackelte. Mrs. Sunday lachte ebenfalls.

»Na ja«, sagte Mr. Sunday, »dann bin ich eben gelaufen und hab gewonnen.«

Der Prediger wurde gefragt, ob er als Baseballspieler Bier getrunken habe.

»Nein«, mischte sich Mrs. Sunday ein, »er hat überhaupt nie Bier getrunken. Die anderen Spieler schon, aber Dad hat es nie geschmeckt.«

»Na ja«, sagte der Prediger. »Ich glaub, ich hab schon mal was getrunken, aber nie sehr viel. Kautabak hat mir allerdings geschmeckt. Wenn man Bier trinkt, kommt man auf den Geschmack und man trinkt härtere Sachen und wird zum Säufer, ehe man sich versieht. Vom geschmuggelten Schnaps hab ich immer die Finger gelassen.

Ich glaub, die Prohibition ist das beste Gesetz, das es überhaupt gab, und es kommt auch wieder, da können Sie Gift drauf nehmen. Andererseits weiß ich's auch nicht. Ich hätte mir nicht träumen lassen, dass sie das Gesetz abschaffen.«

»Na, na, na«, sagte Mrs. Sunday. »Das alles ist doch längst vergeben und vorbei. Denken wir lieber gar nicht dran.«

Der Prediger fing wieder von seiner Baseball-Zeit an und erzählte, wie gut er darin gewesen war, Bases zu erlaufen, und dabei kam die Frage auf, ob Heywood Brouns Bericht zutreffe, dass Sunday beim Schlagen immer eine Ausweichbewegung gemacht habe.*

»Tja«, sagte Mr. Sunday und blickte zur Decke. »Nun, um die Wahrheit zu sagen, ein besonders guter Schlagmann war ich nie. Aber Bases erlaufen, das konnte ich.«

»Und gute Bunts* konnte er schlagen«, sagte Mrs. Sunday. »Ich hab oft gehört, dass er gute Bunts schlagen konnte. Hat nicht auch mal wer gesagt, dass du einer der Spieler warst, die den Bunt überhaupt erfunden haben, Dad?«

Mr. Sunday gab keine Antwort. Er schien nachzudenken.

»Nein«, wiederholte er, »ein toller Schlagmann war ich nie, aber Bases erlaufen konnte ich wirklich.«

»Tja«, sagte Mrs. Sunday, »wir reden eigentlich nie viel über Religion.«

»Das stimmt«, sagte der Prediger. »Ach ja, Mickey Welch hat mich wieder ans Baseball erinnert. Na, aber die frohe Botschaft verkünde ich noch immer, junger Mann. Das mach ich jetzt achtunddreißig Jahre. Also, es ist schon eine Ewigkeit her, dass ich das letzte Mal in einem Zelt gepredigt hab, mit echter Sägespäne auf dem Boden.* In das Tabernakel, das ich 1917 in New York hatte, passten zwanzigtausend Seelen, und in der Kirche, in der ich heute bin, ist grad mal Platz für tausendzweihundert. Die Zeiten ändern sich. Wenn ich heute den Leute anbiete, zu mir vor zu kommen und zu Jesus zu finden, ist es nicht mal annähernd so wie früher. Aber natürlich muss man nehmen, was man kriegen kann …«

»Dad«, unterbrach Mrs. Sunday. »Ich glaub, du bist müde. Ich glaub, es ist besser, wenn du noch ein bisschen schläfst. Du hast heute schon zu viel geredet.«

»Das stimmt«, sagte der folgsame Prediger. Er drehte sich auf die Seite und schloss die Augen.

»DA HAT WER WOHL WAS SCHLECHTES GEGESSEN«

Eines stechend heißen Nachmittags saß ich in der Umkleide der Brooklyn Dodgers, die angeblich eine Baseball-Mannschaft sind, als John (Buddy) Hassett* hereinkam. Mr. Hassett ist fünfundzwanzig Jahre alt und er ist Klempnergehilfe, Schnulzensänger* sowie linkshändiger First Baseman. Er wohnt in der Bronx und um zum Dodgers-Stadium Ebbets Field* zu kommen, muss er eine Stunde und zwanzig Minuten mit der Untergrundbahn fahren. Trotzdem war er gutgelaunt.

Er ging zu seinem Spind, und während er seine grün-blau-gelbe Krawatte abnahm und sein dunkelblaues Hemd auszog, begann er zu trällern. Er trällerte eins seiner Lieblingslieder, »That's How I Spell Ireland«. Überall in der Umkleide begannen die Spieler zu rufen und zu stöhnen. Mehrere steckten sich die Finger in die Ohren und wimmerten wie unter schrecklichen Schmerzen. Andere stießen wüste Verwünschungen auf die Bronx aus.

»Was ist das denn für ein furchtbarer Lärm?«, brüllte ein Spieler aus einer dunklen Ecke des Raums.

»Da hat wer wohl was Schlechtes gegessen«, rief ein anderer.

»Warum tust du uns das an?«, schrie ein weiterer.

Mr. Hassett schenkte dem Leid seiner Mannschaftskameraden keine Beachtung. Als er zu Ende geträllert hatte, wie er Irland zu buchstabieren pflegt, begann er das nächste Lied, »When Irish Eyes Are Smiling«, das ebenfalls zu seinen Lieblingsstücken gehört.

Als er es beendet hatte, trat ich zu ihm und befragte ihn zu seinen Gesangskünsten.

»Ich hatte überhaupt keinen Gesangunterricht«, sagte Mr. Hassett stolz. »Ich kann mit Schnulzenstimme und ganz normal singen, aber im Sommer sind mir Schnulzen lieber.«

»Wollen Sie Ihr wunderbares Talent denn nicht fördern?«, lautete die Frage.

»Aber sicher, ja«, sagte Mr. Hassett. »Im Herbst will ich ein paar Stunden nehmen. Ich glaube, es ist nicht verkehrt, aus meiner Stimme Kapital zu schlagen. Vielleicht kann ich damit ja Geld verdienen. Wenn ich mit dem Verein unterwegs bin, singe ich oft. Wenn wir zum Beispiel in einem Hotel mit Orchester sind, dann scharen sich die Jungs immer um mich und bitten mich zu singen. Das mach ich dann auch. Letztes Jahr hab ich mal bei der Abendgala der Baseball Writers's Association gesungen. Und bei vielen Veranstaltungen der Holy Name Society* war ich auch schon im Programm.«

Mr. Hassett sagte, dass er schon als kleiner Junge mit der Musik angefangen habe. Sein Vater John J. Hassett, Mitglied der Prüfkommission der Klempner und Führer der Demokraten im achten Wahlbezirk in der Bronx, hat ihn immer in seinen Club, den Shamrock Democratic Club mitgenommen, und dort trat der kleine Hassett auf und trug alte irische Weisen vor.

»Nach dem offiziellen Teil gab's immer Bier und Sandwiches und ein bisschen Unterhaltung«, sagte Mr. Hassett, »und da bin ich dann aufgestanden und hab gesungen. Vor Kurzem haben die Mitglieder sogar aus Jux einen Antrag gestellt, in dem sie mich auffordern, paar neue Lieder zu lernen.«

»Ich kann mir denken, dass Sie auch gern in die Oper gehen, Mr. Hassett«, sagte ich.

»Würde ich nicht grad behaupten«, sagte der First Baseman. »Da war ich mein Lebtag nicht. Hat mich nie gereizt. Ich mag mich entspannen, und das geht nicht, wenn man so ein Büchlein braucht, damit man versteht, was die da singen. Mein Lieblingssänger ist Bing Crosby. Ich mag, wie er singt.

Wenn's mit dem Baseball mal vorbei ist, dann könnte ich Klempner werden oder Sänger. Mein Vater ist Klempnergeselle, und ich habe einen Klempnergehilfenausweis der Gewerkschaft der Rohrschlosser. Aber das Klempnern macht mir keinen besonderen Spaß.«

Mr. Hassett wurde in San Juan Hill in Manhattan geboren, wo er schon im Sandkasten Softball spielte. 1925 zog er in die Bronx. Für das Manhattan College, an dem er 1933 den Abschluss machte, spielte er Baseball und Basketball. Er gehörte den Shamrocks und den Bay Parkways an, zwei halbprofessionellen Mannschaften, und gleich nach dem Abschluss am Manhattan College ging er zu den Wheeling Stogies nach West Virginia. Danach spielte er für die Norfolk Tars. Die Dodgers lösten ihn von Newark ab. Casey Stengel hält große Stücke auf ihn als First Baseman und außerdem hört er Mr. Hassett gern »The Last Rose of Summer« singen.

Musik ist das einzige Thema, über das Mr. Hassett viel spricht. Über seine Fähigkeiten als Sänger gibt er großzügig Auskunft; bei anderen Gesprächsgegenständen ist er äußerst argwöhnisch und wägt seine Antworten so sorgsam ab wie ein Yankee-Farmer. Manchmal sitzt er stundenlang auf der Bank, ohne ein Wort zu sagen.

»Heute scheint ein heißer Tag zu werden«, sagte ich und trat aus der stechenden Sonne.

»Na ja, es könnte schon etwas warm werden«, sagte der vorsichtige First Baseman und schwang zwei Baseballschläger, um sich aufzuwärmen.

JOE IST, WIE ER IST, ABER MIT LOUIS HATTE ER RECHT*

Ich hatte eine Wette auf den Sieg von Joe Louis in der ersten Runde platziert. Ich hatte einen Dollar fünfzig gesetzt und sechzehn Dollar gewonnen, aber das nützt mir nichts, denn als Arthur Donovan* bis zehn heruntergezählt hatte, sprang ich zuhause auf und stieß eine Tischlampe zu Boden und warf ein Schränkchen um, in dem ich meine Sammlung von Bessie-Smith-Schallplatten* aufbewahrt hatte, und jede einzelne von ihnen war sechzehn Dollar wert, nun da Bessie nicht mehr lebt.

Ich hatte die Wette aus einem Lostopf in einem Saloon gezogen. Im Topf waren zweiunddreißig Gewinnchancen, für jede Runde je eine auf Louis und eine auf Schmeling sowie zwei Chancen auf Punktsieg. Jede Chance kostete fünfzig Cent.

Die erste Chance, die ich zog, war Schmeling in der elften Runde. Ich ärgerte mich, da ich nichts für Schmeling übrighabe und nie hatte, und selbst wenn er gewinnen sollte, wollte ich durch ihn kein Geld gewinnen. Daher kaufte ich mir noch eine. Diesmal war es Schmeling in der achten. Tragisch, dachte ich. Also kaufte ich eine weitere. Diesmal war es Schmeling nach Punkten. Seufzend gab ich auf.

»Du bist doch ein Riesendämlack«, sagte der Kneipenwirt. »Du hast doch nichts als Stroh im Kopf. Schmeling in der elften ist die beste Chance von allen.«

Ich entgegnete, dass es mir gegen den Strich ginge, auch nur einen Cent auf Schmeling zu wetten. Ich habe immer schon Joe Louis bewundert, und nicht nur weil er ein großer Boxer ist, sondern auch weil er nicht viele Worte verliert. Ich bin da ganz anders. Ich rede mich immer um Kopf und Kragen. Wenn ich in einem Raum voller Menschen bin und man irgendetwas auf gar keinen Fall sagen darf, dann rutscht es mir jedes Mal heraus, ganz unweigerlich.

Ich stand also am Tresen mit drei Chancen auf Schmeling und fühlte mich elend, am Boden zerstört. Da hörte ein Korrektor und Stammgast der Kneipe, dass ich Schmeling in der elften hatte.

»Willst du tauschen?«, fragte er. »Ich hab Louis in der ersten.«

»Da brauchst du nicht zweimal fragen«, sagte ich.

So kam es, dass ich auf Louis in der ersten Runde wettete. Nun wird es nicht mehr lange dauern, bis ich überall rumerzähle, dass ich nicht nur auf Louis in der ersten Runde gewettet habe, sondern auch darauf, dass er Schmeling in zwei Minuten und vier Sekunden k.o. schlug. Sogar jetzt noch halte ich mich für einen Boxkenner. Nächste Woche bewerbe ich mich dann um Arthur Donovans Stelle.

Allerdings wünschte ich, dass ich nicht all meine Bessie-Smith-Schallplatten zerbrochen hätte.

ZUM KAMPF IST HARLEM GERAMMELT VOLL

In den Bars, Billardsalons, Sportcafés und Kellerkneipen von Harlem drängten sich heute laut lachende Einwohner aus den Negervierteln jeder größeren Stadt der Vereinigten Staaten. Allerdings waren sie alle viel zu beschäftigt, ihre Wetten zu platzieren und gewagte Prognosen darüber abzugeben, in welch erbarmungswürdigem Zustand Max Baer* sein würde, wenn Joe Louis erst einmal mit ihm fertig wäre, als dass sie Billard spielen oder gebackenen Fisch essen konnten.

Von Gill Holton, einem Glücksspieler von der Lenox Avenue*, der seit der Schließung seines berühmten Lokals, dem Broken Leg and Busted Bar & Grill, das 1931 kurzzeitig den Ruf als wildeste Kaschemme auf der westlichen Halbkugel genoss, drei weitere Läden eröffnet und wieder geschlossen hat, stammt die Beschreibung, Harlem »sieht aus wie ’n Maisfeld, bei dem der Zaun umgefallen und durch das ’ne Kuhherde gelaufen ist«.

»So wie ich’s seh«, sagte Holton, der schon mittags drei Gummibänder um seine Brieftasche geschlungen hatte* und keine weiteren Wetten mehr annehmen wollte, »wenn Joe Louis diesen Kampf verliert, wird jeder Neger in unserm großartigen Land, der was für Sport übrighat, Rotz und Wasser heulen. Es wär schon ein Wunder, wenn er nicht gewinnt und wenn zum Beispiel ein Tornado kommt und mitten durchs Yankee Stadium fegt, weil es ja so sicher ist wie das Amen in der Kirche, dass da heute Abend ’ne Menge schlechter Menschen versammelt sind, und ich für meinen Teil möchte nicht unter so vielen schlechten Menschen sein. Das wär ja wie beim Gewitter sich untern Baum zu stellen.

Ja, Sir, wenn kein Tornado kommt, dann wird Joe gewinnen. Sobald Mr. Baer den Kopf aus der Deckung streckt, kriegt er eins drauf. Und zwar so wie wenn jemand den Kopf in 'nen Speiseaufzug steckt und ihm ein Eiskübel drauf fällt. Die Leute hier haben den letzten Cent, den sie haben, auf Joe gesetzt, außer dem Geld, das sie fürs Sterben gespart haben, das Bestattungsgeld, mein ich.«

Holton stand vor dem North Carolina Barber Shop in der Lenox Avenue Nr. 424 und gab seine Vorhersagen zum Besten. Ein alter Barmann, James P. Melvin, assistierte ihm dabei.

»Wenn ich mein Geld kassiere«, sagte Melvin, der im Sommer gute fünf Zentner wiegt und im Winter sechs, »dann geh ich runter in die 125th Street und kauf mir ein T-Bone-Steak und einen Haufen kleiner gelber Yams und Chitterlings* und Maisbrot und einen ganzen Kuchen, und danach mach ich mich auf den Heimweg und geh auf dem Weg in jedes Restaurant, bis ich in der 140th Street bin. Und wenn ich da bin, nehm ich mir ein Taxi und lass mich nach Hause fahren und schau, was Mrs. Melvin für mich gekocht hat.«

In jeder Kneipe an der Lenox Avenue standen Bilder und kleine Statuen von Joe Louis im Fenster – mit Ausnahme des Melon King in Nr. 438. Dort waren das Gemälde einer riesigen Wassermelone mit roten Safttropfen und schwarzen Kernen und ein Foto von Haile Selassie auf einem Schimmel im Fenster. Im Southern-Oriental Café in Nr. 386 gab es eine Kohlezeichnung von Louis, und sie sollte der Preis für denjenigen sein, der ihr den besten, aus vier Wörtern bestehenden Titel gab. Auf den Straßen gingen Händler auf und ab und verkauften kleine Abgüsse von Louis aus bemalter Bronze, und ein gebeugter alter Mann stand vor dem Big Apple in der Seventh Avenue Nr. 2300, dem beliebtesten Treff der Sportszene, und bot eine Biographie von Joe Louis an.

Quer über der Front des Brittwood Bar and Grill in der Lenox Avenue Nr. 594 hing ein großes Schild, »Einziger offizieller Hauptsitz des Detroit Boosters' Club«*. In dem Lokal saß eine Gruppe der reichsten Neger des Mittelwestens, lauter Immobilien- oder Wäschereibesitzer.

Sie tranken Rye-Whiskey pur und klopften einander auf die Schulter. Einer hatte ein so dickes Bündel Geldscheine, dass er damit jemand hätte erschlagen können, und er rief in regelmäßigem Abstand: »Wenn er in den Ring steigt, sind die Chancen gleich, aber jetzt steht's sieben zu fünf. Noch einen Old Taylor für mich.«

»Warten Sie nur bis heute Abend«, sagte der Geschäftsführer Fred D. Hudson. »Dann werden sich hier alle mit Steak vollstopfen und mit Bier abfüllen, und die Jungs werden auf Kämpfe wetten, die frühestens 1939 stattfinden.«

Hudsons Lokal ist die Stammkneipe von Jack Johnson*, dem ehemaligen Schwergewichtsweltmeister, der heute ein blaues Barett trägt und Bourbon mit einem Strohhalm trinkt. Johnson war zuhause und hat sich richtig ausgeschlafen, aber er soll zur Abendessenszeit im Brittwood auftauchen und einen Tipp abgeben, in welcher Runde Louis Baer im Harlem River versenkt.

Vor Louis' Kampf gegen Primo Carnera* sagte der ehemalige Weltmeister Johnson, er glaube an einen Sieg Carneras, aber dieses Mal ist er für Louis, obwohl der keinen Hehl daraus gemacht hat, dass ihn Johnsons Meinung nicht im Geringsten interessiert.

In den Harlemer Schönheitssalons war die Romanze von Louis und Miss Marva Trotter ein unerschöpfliches Gesprächsthema und ganze Scharen warteten darauf, dass Miss Trotter im Big Apple auftauchte, doch sie zeigte sich nicht.

»Ich glaub, sie ist die glücklichste Frau der Welt«, sagte die Stepptänzerin und Bluessängerin Mabel Gillmore, die im Big Apple saß und die auswärtigen Sportsfreunde mit Klatsch und Tratsch unterhielt. »Mir tut Mr. Baer ja schon bisschen leid. Joe haut ihm bestimmt die Beißerchen raus. Wenn der mit ihm fertig ist, isst der Mann monatelang kein richtiges Frühstück mehr. Und Abendessen auch nich.«

DIE GRÖSSTE STADT DER WELT

EINE KALTE NACHT IN DOWNTOWN

Ein eisiger Wind pfiff durch den City Hall Park, und die dick in Schals gewickelte Frau, die mit ihren Bündeln die Nächte über neben dem Zeitungskiosk am westlichen Treppenaufgang zur Hochbahnstation an der Brooklyn Bridge sitzt, nahm einen Ast und warf ihn in das lodernde Feuer, das sie in einem alten Ölfass am Brennen hielt.

Um Mitternacht blies der Wind den unterernährten Männern Farbe ins Gesicht, die über die Park Row zu den Absteigen für einen Vierteldollar die Nacht auf der Bowery huschten. Er fuhr gegen die baumelnden Ladenschilder in den Straßen und brachte sie zum Knarzen.

Um zwei Uhr morgens ging ein obdachloser Mann in das Municipal Lodging House* und erhielt das letzte Feldbett in dessen lagerschuppenartigen Anbau. 4524 obdachlose Männer fanden unter den verblichenen städtischen Khakidecken Zuflucht vor dem Wind in den Straßen.

Um halb drei Uhr morgens betrat ein Mann den gefliesten Eingang eines Bowery-Hotels, schüttelte eine Schnapsflasche, warf sie mit einem wütenden Grunzen in den Rinnstein und stieg die Treppe zu dem Hotel im ersten Stockwerk hinauf.

Die Bowery war keineswegs menschenleer. Männer mit in Zeitungspapier eingeschlagenen Bündeln standen in den Hauseingängen. In einem weiß gefliesten Hamburger-Lokal saßen hohläugige Nachtarbeiter auf Barhockern und lasen beim Essen Zeitung.

In einem Café, das von sich behauptet »Wir brühen immer frisch für Sie auf«, hatten sich Taxifahrer versammelt und tranken leise murrend Kaffee. Die Kälte machte ihnen zu schaffen.

Unter den elektrischen Lampen der Obst- und Gemüsestände auf dem Washington Market durchwühlten Männer und Frauen mit tauben Fingern die Abfalleimer.

»Heut Nacht sieht's schlecht für sie aus«, sagte ein Kommissionär und zündete sich seine angekaute Zigarre an. »An kalten Tagen verdirbt das Grünzeug nicht. Da werden die Restesammler ihre Körbe wohl kaum vollkriegen.«

Bis auf zwei trübsinnige Polizisten war niemand auf den vom Wind leergefegten Straßen Chinatowns zu sehen. In einem Kellerrestaurant auf der Mott Street, das die ganze Nacht für schaulustige Touristen geöffnet hat, saßen vier junge Mädchen und ein Mann um einen Tisch und lasen Boulevardblätter. Ein italienischer Koch mit fleckiger Schürze und schläfrigen Augen lehnte an der Schwingtür zur Küche und rauchte eine Zigarette.

Eines der Mädchen zog die Lippen nach, stand auf, sagte: »Wir sehen uns«, und ging. Die anderen am Tisch blickten nicht von ihren Zeitungen auf.

Die Nachtarbeiter der Stadt widersetzten sich dem kalten Wind und gingen ihrer Arbeit nach. Taxifahrer warteten hinter ihre Lenkräder gekauert vor Kneipen. Putzfrauen eilten aus den Untergrundbahnstationen zu den Bürogebäuden, in denen sie sauber machten. Hinter den Fenstern der Billardsalons in der Park Row brannte die ganze Nacht Licht.

Die Barmänner in den Marktspelunken waren einsam.

»Kalt heut Nacht«, sagte ein Barmann in der West Street.

»Ja.«

»Dabei war es tagsüber so warm, komisch. Als ich heute Nachmittag aufgestanden bin, hab ich zu meiner Frau gesagt: ›Warm heute. Wie im Frühling.‹ Und sie sagte: ›Genau das richtige Wetter, um sich eine Lungenentzündung zu holen.‹«

Der Barmann rieb mit einem Geschirrtuch über den Tresen. Ein Gast trat ein, stampfte mit den Füßen auf den Boden und schnaufte.

»Die letzten paar Meter waren die schlimmsten«, sagte er.

»Kalt heut Nacht«, sagte der Barmann.

»Ich krieg einen Brandy, pur«, sagte der Gast.

Um drei Uhr morgens waren im Municipal Lodging House nur noch wenige Betten auf dem Frauenstockwerk frei, von wo aus man auf den East River blickt. 165 Frauen lagen in den in langen Reihen stehenden Anstaltsbetten und schliefen. In einer Ecke schliefen in weißen Kinderbetten zwei Kinder, ein Junge und ein Mädchen. Darüber hing ein leuchtendes Ausgangszeichen, eine schwache rote Glühbirne, und man konnte das Lächeln auf den Gesichtern der schlafenden Kinder sehen. Irgendwo unter den 165 Frauen befand sich ihre Mutter. Das kleine Mädchen hatte rote Locken und mit einer seiner kleinen Hände umklammerte es ein klebriges Spielzeug, ein Gewinn aus einer Popcorn-Schachtel, die leer auf dem Linoleumboden lag.

In der Nähe der Tür saß eine schläfrige Aufseherin in einem Schaukelstuhl. (»Jemand muss ja die ganze Nacht über dasitzen und aufpassen, falls einem der Mädchen plötzlich einfällt, sich umzubringen.«) Drei alte Frauen, die nicht schlafen konnten, standen am Fenster und blickten auf den trüben symbolträchtigen Fluss hinunter. Leise flüsterten sie miteinander und sahen dabei dem ruhig dahinfahrenden späten Schlepper zu.

Gelegentlich durchdrang ein Fetzen des zusammenhangslosen Gesprächs der Alten die Stille in dem warmen Raum. Eine sagte: »Und als ich in dem Haus von dieser Lady in Westchester gearbeitet hab, da haben sie mir gesagt, ich soll den Keller sauber machen, und als ich eine Flasche Wein in einem Regal gefunden hab, da haben sie mich gefeuert – aber nicht, weil ich betrunken war, nein, um den Wein tat es ihnen leid.«

Minuten vergingen und eine andere Frau sagte: »Und ich hab ihm gesagt, ihr seid doch alle gleich. ›Wenn du glaubst, du kommst damit durch, dann hast du dich geschnitten.‹« Eng standen sie beieinander, die drei ausgemergelten alten Frauen, und verschafften ihrem Herzen Luft.

Währenddessen schaukelte die Aufseherin auf ihrem Stuhl und die erschöpften Frauen schnarchten. Für die meisten von ihnen war Armut nichts Neues. Sie waren schon seit Jahren mit ihr vertraut und sie brachte sie nicht um den Schlaf, nur hier und da wälzte sich eine Gestalt unruhig herum. Von ihrem Schaukelstuhl aus passte die Aufseherin die ganze Nacht über auf.

In ihrem Büro ein Stockwerk darunter saß die Hausmutter Miss Ethel Hand, eine unsentimentale, überaus freundliche Dame. Nacht für Nacht wacht sie über die schicksalsgebeutelten Frauen dieser Stadt. Sie bringt sie dazu, zu duschen und ihre Arznei hinunterzuwürgen, und wenn zwei miteinander zanken, geht sie dazwischen, und die Betrunkenen steckt sie ins Bett. Sie ist Irin und sie hat sich ihren Humor und ihren Anstand bewahrt, und eine Betrunkene stößt sie nicht ab.

In regelmäßigen Abständen waren Schritte auf der Treppe zu hören und eine Frau kam herein. Miss Hand gab den Neuankömmlingen ein sauberes Nachthemd, ein Handtuch (ein großes

Handtuch, kein »Arme-Sünder-Handtuch«) und Arznei, wenn sie sie nötig zu haben schienen. Hin und wieder trat eine Betrunkene ins Büro, eingefallen, schwankend und vor sich hin brabbelnd.

»Morgen früh wird sie Jod und Aspirin brauchen«, sagte Miss Hand.

»Die meisten dieser Frauen kriegen keinen Fuß mehr auf den Boden«, sagte sie. »Nur wenige werden wieder Arbeit finden. Ihre nächste Station ist entweder Welfare Island* oder der Fluss. Sie sind alt und seit der Wirtschaftskrise liegen sie auf der Straße. Jetzt haben sie keine Chance mehr. Hier ist ihr Zuhause und sie besitzen nicht mehr als die paar Lumpen, die sie am Leib tragen.«

Wieder kam eine Frau herein.

»Ich hab in einem Hauseingang geschlafen«, sagte sie. »Aber dann kam ein Bulle vorbei und ich bin hierher.«

»Mamie sitzt am Treppenaufgang einer Hochbahnstation und bettelt«, sagte Miss Hand. »Das Geld vertrinkt sie. Sie duscht nicht gern. Einmal in der Woche reicht, sagt sie. Wenn ich die Frauen nicht dazu zwingen würde, sich zu waschen, würden hier bald die Flöhe das Regiment übernehmen. Ständig streiten sie über Politik und ihre Ehemänner und wer die beste Köchin gewesen ist. Wir haben Radio hier und so streiten sie über die Sprecher …«

»Kennen Sie die Frauen alle bei Namen?«

»Sie geben grundsätzlich falsche Namen an«, sagte Miss Hand. »Der einzige richtige Name, den sie angeben, ist der von einem nahen Verwandten oder Freund. Sie wollen nämlich alle nicht in Potter's Field* begraben werden.«

Draußen auf der Twenty-fifth Street West wehte der Wind, der kalte Wind vom schmutzigen Fluss. Der Wind trieb schmutzige Zeitungsfetzen durch die schmutzige Straße.

DIE MARIHUANA-RAUCHER

In letzter Zeit las ich in den Zeitungen viele aufgeregte Artikel über Marihuana. Was Marihuana ist, habe ich bald nach meiner Ankunft in New York City erfahren. An einem Samstagabend im Jahr 1930 hatte mich ein schwarzer Detective mit auf seine Runde genommen. Wir gingen zu einer großen Mietskaserne und dort in ein Zimmer im sechsten Stock eines der Häuser in der Lenox Avenue. In dem Zimmer rauchten drei extravagant gekleidete Weiße Marihuana-Zigaretten – ein Mann mit einem blassen, verlebten Gesicht, eine Frau und ein junges Mädchen –, aber damals war ich noch zu ahnungslos, um das zu wissen. Ich dachte einfach, es wären seltsame Zigaretten.

Später bekam ich mit, wie die stechend riechende Droge zu fünfzig Cent je Zigarette in Bars in Harlem und Greenwich Village gehandelt wurde, und einmal begleitete ich einen Polizisten, der in einem Hinterhof in einem spanisch geprägten Teil von Brooklyn die gerade knospenden Pflanzen vernichtete. Sie ähnelten Luzernen. Die Polizei hat im Central Park, innerhalb der Gefängnismauern auf Welfare Island* und in vielen Hinterhöfen wild wuchernde Marihuana-Pflanzen gefunden. Marihuana wird aus den gelben Blüten des mexikanischen Cannabis-Krauts hergestellt. In New York City nennt man die Zigaretten Reefer, Muggle, Brifo, Moota und Mary Warner. Marihuana erzeugt im Gehirn des Rauchenden zumeist angenehme Halluzinationen, und während der ersten Phase, in der er heiter und ausgelassen ist, ist er anderen Menschen über die Maßen zugetan. Während der letzten Phase fühlt sich der Süchtige niedergeschlagen und benommen, er geht schwankend, und zu guter Letzt legt er sich hin und schläft mehrere Stunden lang tief und fest. Kriminelle rauchen diese Zigaretten gelegentlich, um ihre Angst zu bezwingen. J. Edgar Hoover ist überzeugt, dass die Droge für viele Sexualverbrechen verantwortlich ist, und tatsächlich würde mich das nicht wundern, wenn ich an die Mienen einiger Herren und Damen denke, die ich die Zigaretten rauchen sah.

Zu der Zeit, als ich meine erste Bekanntschaft mit Marihuana-Rauchern machte, war ich bei der *Herald Tribune* für die Meldungen aus dem Distrikt Harlem zuständig, der über die Ränder der Bronx reicht und Teile von Kanada einnimmt. Ein schwarzer Detective ist oft im Hotel Theresa, wo wir unsere Schreibmaschinen aufgestellt hatten, vorbeigekommen und hat uns von seinen Abenteuern erzählt. Die anderen Reporter hatten keine Lust mehr, sich seine Heldentaten anzuhören, und so hat er mich vollgebrabbelt. Eines Abends bot er mir an, ihn auf seiner Runde zu begleiten. Wir gingen die Seventh Avenue hoch und bogen in die 134th Street ein. Dort stiegen wir die unbeleuchtete Treppe eines Mietshauses hinauf und kamen an eine Tür. Der Detective klopfte. Über das Gelächter schwarzer Mädchen und Männer hinweg hörte man das Klimpern eines Klaviers und ahnte, wie sich dicht an dicht tanzende Leute über die Tanzfläche schoben. Wir konnten den Eimer mit Corn-Whiskey und die gekochten Innereien riechen, und auch der typische Geruch von Haarglättungsmittel drang durch den Türspalt in den dunklen Flur. Wir warteten und hofften, dass niemand die altersschwache Treppe heraufkam. Auf den Stufen waren wir an drei betrunkenen Mädchen vorbeigekommen, die uns mit feindseligem Blick gemustert hatten. Der Detective lachte, als niemand an die Tür kam.

»Viel länger stehen wir hier nicht rum«, sagte er.

Er wartete noch ein wenig. Dann trat er einen Schritt zurück und holte mit dem rechten Fuß aus. Er traf die Tür genau unterhalb des Türknaufs und sie wölbte sich. Dann öffnete sie jemand einen Spaltweit.

»Hallo«, sagte der Detective. »Mein Freund würde gern mal eine Rent Party* sehen.«

Der Mann zog die Tür ganz auf und wir gingen hinein. Jetzt konnten wir den Whiskey deutlich riechen. Ein Mann bat den Detective um eine Zigarette, aber er hatte keine.

»*No tengo tobaco, no tengo papel*«, sagte er. Dann ging er zu dem Whiskey-Eimer und ich aß von den Innereien. Die Neger beobachteten uns und das Klavier verstummte.

Wenn heutzutage in Harlem jemand seine Miete nicht zahlen kann, dann lädt er alle Freunde in seine Wohnung ein und stellt Whiskey, Musik und Essen zur Verfügung, dafür erwartet er von den Gästen, dass sie ein wenig Geld in der Wohnung zurücklassen, damit der Vermieter gezahlt werden kann.

Solche Partys sind eine wirklich nette Sache, nur kriegen leider manche Leute den Hals nicht voll und veranstalten jeden Abend eine Rent Party. Dann verwandelt sich die Wohnung in einen Nachtclub, und die Detectives müssen um drei Uhr morgens los und die Leute zur Räson bringen.

Als der Detective seine Tasse Whiskey mit Ginger Ale ausgetrunken hatte – er trank aus einer Tasse, weil keine Gläser mehr da waren –, wurde er leutselig. Alle sahen ihn an. Er forderte den Zwerg am Klavier mit einer Handbewegung auf, wieder zu spielen, und pfiff dazu. Dann trat er vor und fing an, in rasendem Tempo zu steppen. »Komm schon, Boy, lass was von deiner unanständigen Musik hören«, rief er dem Mann am Klavier zu, der lächelte und sich behände über die Tasten hermachte. Vorsichtig, beinahe verstohlen fingen die Paare an, sich über die Dielen zu schieben. Zu eng aneinander geschmiegt, um wirklich tanzen zu können, wiegten sie sich hin und her. Schon bald waren alle in dem kleinen Zimmer auf den Beinen. Sie bewegten sich erst langsam, dann schnell. Ein Mann tanzte mit zwei Frauen. Neben dem Klavier saß einer mit einer Narbe im Gesicht an einem Schlagzeug und trommelte wie verrückt. Das verrauchte Zimmer war dunkel. Die Glühbirnen waren mit rotem Krepppapier umwickelt. Die Gesichter der Tanzenden veränderten sich mit der Bewegung und der Musik. Wie von selbst schoben sich ihre Füße über den Boden. Ich stand neben dem Kamin und aß ein zähes Stück Brathähnchen. Inmitten des Gesichtermeers konnte ich meinen Freund, den Detective, ausmachen, der mit einer jungen Frau tanzte, die unvermittelt einen traurigen, durchdringenden Song zu singen begann: »Safe-crackin' papa, don't you try them tricks on me …«

In einer Nische im hinteren Zimmer stritten zwei Betrunkene. Einer von ihnen schwankte durch den engen langen Wohnungsflur, bis er an der Tür stand. Dann nahm er eine Flasche und warf sie gegen die rote Glühbirne. Sie zerbrach in tausend Stücke, die Musik verstummte, die Tänzer fingen an, hysterisch zu schreien, und einer versetzte dem Betrunkenen einen Schlag auf den Rücken. Der Detective packte mich und zog mich durch die Tür, und sie fiel hinter mir ins Schloss. Von drinnen konnten wir wütendes Geschrei hören und dann setzte das Klaviergeklimper wieder ein. Der Detective lächelte und zündete sich eine Zigarette an.

»Na, weißer Mann, wie hat Ihnen die Party gefallen?«, fragte er.

»Gut«, sagte ich. Wir gingen durch das schummrige Treppenhaus, stolperten über einen Betrunkenen auf dem Treppenabsatz und traten auf die Straße. Ich folgte dem Detective durch eine Gasse in die Lenox Avenue zu einem weiteren Mietshaus. Dort stiegen wir in den sechsten Stock und standen wieder vor einer Tür.

Er öffnete sie und wir traten ein. In einer Ecke stand eine große, schöne, gut gekleidete weiße Frau. Sie sprach mit einem Neger mit einer Geige unterm Arm. In dem stillen Zimmer hing ein seltsamer Geruch von Räucherwerk, wie nicht nach dieser Welt. Auf einem Sessel saß ein bleicher Weißer mit einer langen braunen Zigarette im Mund. Neben ihm auf dem Boden saß ein weißes Mädchen, jung und apart, aber mit einem blassen Gesicht und wie der Mann mit einer braunen Zigarette, die sie zwischen ihren langen, schmalen Fingern hielt. Alle anderen waren Neger.

Wir standen im Eingang und warteten darauf, begrüßt zu werden. Jemand feuerte einen Revolver ab. Die Kugel blieb im Türsturz stecken. Mit einem Satz sprangen wir in den Hausflur und warfen die Tür hinter uns zu.

»Was soll das denn für eine Party sein?«, fragte ich den Detective.

»Eine recht nette Party«, sagte er, riss die Tür wieder auf und ging zurück ins Zimmer. Ich sah, dass die beiden Mädchen verschwunden waren, aber der Mann saß noch immer auf seinem Sessel, die braune Zigarette im Mund. Alle Augen richteten sich auf den groß gewachsenen Detective. Unvermittelt drehte er sich um und packte einen armen kleinen Neger am Schlafittchen. Erst da bemerkte ich, dass der Knabe eine .45er in der Hand hielt. Sie rangen kurz miteinander, der Detective umklammerte die Revolverhand des kleinen Mannes mit festem Griff. Rangelnd schoben sie sich durchs Zimmer, bis es dem Detective gelang, den Revolverhelden am Hals zu fassen. Langsam drückte er zu. Die beiden stürzten gegen das Klavier und es löste sich ein Schuss. Die Kugel traf eine Taste, es tat einen Knall und dann hörte man ein winziges, albernes Pling. Die Versammelten fingen an zu lachen. Der Detective warf den Revolverhelden zu Boden, entwand ihm die Waffe und bedeutete mir, zur Tür zu gehen.

Dann zog er seinen Sparring-Partner auf die Füße, und wir drei stolperten aus dem Zimmer. Als ich die Tür hinter uns schloss, sah ich, wie der bleiche Mann sich eine neue Zigarette anzündete. Wir gingen die Lenox Avenue hinunter und die Leute aus den Nachtclubs riefen uns Fragen hinterher, aber wir achteten nicht auf sie. Der Detective brachte den Revolverhelden auf die nächste Wache.

»Wo waren wir denn da gelandet?«, fragte ich.

»Wo Nettes«, sagte der große Detective mit einem Lächeln.

VOODOO IN NEW YORK

Jeder nach seinem Geschmack — Ein Zauberheiler, heißt er nun Brother Paul oder Brother Daniel, verspottet die gesamte westliche Zivilisation, wenn er das Blut einer barbarisch geopferten Fledermaus trinkt und dabei in einem Zimmer einer Mietwohnung in der Lenox Avenue sitzt, das über elektrisches Licht verfügt und in dem ein Radio steht. Gelegentlich wird auch eine geopferte schwarze Katze, der man bestimmte Knochen entnehmen will, auf einem Ofen mit dem Gas der Consolidated Edison Company weichgekocht.

Noch immer werden primitive und zum Teil unmenschliche Rituale, die vor Jahrhunderten in dem Kopf von Voodoo-Zauberern ausgebrütet und mit den Sklaven aus den heißen, feuchten Weiten Westafrikas in dieses Land gebracht wurden, in größter Verschwiegenheit in den Apartments über Harlemer Fischbuden, Kneipen, Schönheitssalons und Billardhallen vollzogen.

Viele der Kräuter, Wurzeln und Räucherwerke, mit denen die unterschiedlichen Schulen von Voodoo-Heilern in Harlem und anderen New Yorker Negervierteln ihre Riten durchführen, beziehen diese von Drogerien weißer Männer oder von einem der drei, vier Versandhäuser, die auch Kristallkugeln an Wahrsagerinnen (3 Dollar das Stück) und Ektoplasma-Schachteln an Medien verkaufen (15 Dollar das Stück).

Wenn in einer Harlemer Polizeiwache ein festgenommener Neger durchsucht wird, findet man in seiner Westentasche oft penetrant riechende Zauberbeutel, winzige Stoffsäckchen ähnlich Duftkissen, in denen unterschiedliche Gegenstände stecken, zum Beispiel der gebleichte Kinnknochen und das Schlüsselbein einer Katze, oder ein Mischmasch aus Wurzeln und Kräutern.

Aufseherinnen, die weibliche Häftlinge entkleideten, entdeckten an ihnen Seidenbänder, an denen schmierige Tierknochen baumelten.

Detectives berichteten, dass wenigstens ein Viertel der festgenommenen Neger, die auf der Wache der 135th Street West durchsucht wurden, Magnete mit sich trugen. Zumeist sind es eiförmige Eisenerzstücke. Für gewöhnlich haben sie einen hohen Metallanteil und besitzen genug magnetische Kraft, um Eisenspäne anzuziehen. Manche werden auch mit anhaftenden Eisenspänen mit sich geführt, dann heißen sie »behaarte Magnete«.

Eine Schachtel mit Magneten kann man für 15 Cent bekommen, aber sie werden auch in samtausgeschlagenen Schmuckkästchen für 5 oder 10 Dollar angeboten. Unter anderem sollen sie »verlorene Kraft zurückbringen«.

Kräuterfrauen verkaufen in ihren Wohnungen und in Drogerien in den Negerwohngegenden von Manhattan, Brooklyn und Queens knorrige Wurzeln. Diese Wurzeln werden unter den großartigsten Namen angeboten, zum Beispiel High John the Conqueror, Southern John the Conqueror, Queen-Elizabeth-Wurzel und Dragon's-Blood-Wurzel.

Lucky-Hand-Wurzeln werden zu Tausenden verkauft. Diese Wurzel ähnelt der menschlichen Hand, einer gichtigen menschlichen Hand, und soll demjenigen, der sie mit sich trägt, Glück bei der Wahl der Gewinnzahlen beim Bolita bringen, einer Zahlenlotterie, die auch »die Einer« genannt wird.

In Harlem und anderen Negervierteln im Norden der Vereinigten Staaten wird meist ein verfälschter Voodoo praktiziert. Vielfach spielt er nur mehr eine rudimentäre Rolle in den Kulten.

Ein Harlemer Voodoo-Heiler mit einem Hindu-Namen bestreicht seinen Kopf mit einem Öl, das er in einem Laden besorgt, in dem auch Weihrauch und Kerzen für katholische Kirchen angeboten werden, den Stab für seine Beschwörungen »weiht« er mit einem Gebet, das aus der Feder eines Pfarrers der Spiritual Psychic Science Church stammt, und dann opfert er unter viel Gewese eine Schlange, die er sich in einer Tierhandlung besorgt hat.

Ein Ethnologe würde aufschreien, wenn eine solche Melange Voodoo genannt wird, aber wie sollte man sie sonst nennen, es sei denn hochtrabenden Blödsinn?

Dieser verfälschte Voodoo wird in Harlem im Geheimen praktiziert. Im French Quarter von New Orleans, der Voodoo-Hauptstadt der Vereinigten Staaten, und in Algiers, dem Cajun-Viertel auf der gegenüberliegenden Seite des Mississippi, lässt man den Heilern von offizieller Seite die Freiheit, zu singen und zu tanzen, sich zu betrinken und Tauben und Kröten und zerrupfte Hähne zu opfern.

In einem so dicht bevölkerten Viertel wie Harlem ist es natürlich schwer, Voodoo in seiner Reinform zu praktizieren. Für eines der bedeutendsten Voodoo-Rituale, die Initiation eines Adepten, muss ein schwarzes Lamm in einem durch vier geweihte Kerzen abgesteckten Viereck geopfert werden. Wollte ein Voodoo-Anhänger ein schwarzes Lamm in einer engen Harlemer Schlauchwohnung schlachten, dann würden die Nachbarn in Scharen an die Tür klopfen und wissen wollen, was da vor sich geht, was das überhaupt für eine Party sein soll, ihr spinnt doch.

Darüber hinaus fragt sich, in welchem Park der Harlemer Zauberer nach den merkwürdigen Wurzeln graben soll, die er für sein

Geschäft braucht. Das Zeug, aus dem Confusion Dust besteht, wächst nicht auf den Büschen im Central Park, und wenn man versucht, aus dem Reptilienhaus in der Bronx ein paar Schlangen zu klauen, sperren sie einen ein. Woher soll der Zauberheiler das Öl nehmen, mit dem er sich am ganzen Körper einreibt, bevor er mit den Dämonen spricht, und woher kriegt er das stinkende Harz für sein Räucherwerk und das Bienenwachs für seine geweihten Kerzen – die Kerzen, die wie nackte Männer- und Frauenleiber geformt sind?

Einschließlich der Schlangen und niedlichen kleinen Babyfledermäuse besorgt sich der Zauberheiler alles Nötige bei einem Händler aus Manhattan, einem Versandhaus in einem Bürogebäude in einer der 70th West. Ich habe mich einige Stunden mit dem Geschäftsführer der Firma unterhalten, musste ihm vorab aber versprechen, weder den Namen der Firma noch die Adresse zu nennen, erst dann war er bereit zu reden. Aber Name und Adresse der Firma tun hier sowieso nichts zur Sache.

Da katholische und spiritualistische Kirchen bei der Firma Kerzen kaufen, sorgt er sich um das Geschäft, wenn bekannt würde, dass er auch Voodoo-Anhänger zu seiner Kundschaft zählt. Der Mann ist ein Jude mittleren Alters. Er kennt sich mit Hypnotismus aus und war einmal Privatsekretär eines Mystikers, eines Engländers, der heute in Los Angeles eine große Gefolgschaft hat. Sein Büro riecht seltsam süßlich nach Chemikalien. Neben seinem Pult steht ein Regal, das überquillt von Büchern über schwarze Magie, Religion und Kräuter; angefangen bei *The Sixth and Seventh Books of Moses*[*] bis *The Ancient's Book of Magic*[*] (Preis 5 Dollar).

»Ich glaube an das meiste von dem Kram nicht«, sagte er und zuckte mit den Achseln, »aber ich tu auch nicht als ob. Ich bin tolerant. Ich will nicht, dass sich irgendjemand über meine Religion lustig macht, und deshalb mach ich das auch nicht. Jeder nach seinem Geschmack.«

Während der Mann sein geschäftliches Gebaren erläuterte, betrat eine Negerin den Raum und bestellte Räucherwerk – eine Dose Compelling, eine Dose Black Art, eine Dose High Conquering und eine Dose Concentration. Die Bestellung belief sich auf 2 Dollar.

Auf jeder Dose stand vor der Inhaltsbezeichnung das Wort »Alleged«, angeblich – beispielsweise Alleged High Conquering Incense. Ein Mädchen schlug die Waren in Papier ein und die Frau ging lächelnd zum Aufzug, genug Räucherwerk unterm Arm, um damit ganz New York County einzunebeln. Den Großteil des Geschäfts wickelt die Firma über die Post ab, aber einige wenige Kunden holen sich die Sachen lieber selbst.

»Mit Weihrauch hab ich angefangen«, erzählte der Besitzer. »Ich habe Weihrauch und Kerzen an Orthodoxe verkauft, aber dann fragten ein paar von meinen spiritualistischen Kunden nach verschiedenen Kräutern und Pulvern und ich hab mein Angebot erweitert. Ich verkaufe an Voodoo-Priester und spiritualistische Medien und an Anhänger okkulter Lehren. Zu mir kommen sogar Hindu-Jünger verschiedener tibetanischer Glaubensrichtungen. Sie üben hier in New York ihre Religion aus. Man findet sie in den alten Sandsteinhäusern in den 60th und 70th, sehr gelehrte Männer.

Die Voodoo-Anhänger verlangen in erster Linie Artikel aus dem normalen Lagerbestand, also Wurzeln, Tinkturen, Bücher und Pulver für Zauberbeutel. Gelegentlich verkaufe ich aber auch eine Fledermaus für eine Opferung. Die bestelle ich bei einem Mann in Texas. Er sagt, es seien blutsaugende Fledermäuse. Schlangen oder Tauben habe ich nicht im Programm, aber ich kann sie besorgen. Genauso verkaufe ich getrocknete Seepferdchen und die Hörner von Schafböcken und heilige Stäbe. Zauberstäbe. Sie sind handgeschnitzt und haben an der Spitze eine hölzerne Hand, die nach oben deutet. Sie kosten 2 Dollar 50.

Die Bockshörner benutzen auch die Hebräer bei ihren Zeremonien. Voodoo-Anhänger rufen damit Geister, Dämonen und Kobolde herbei. Beschwörer haben uns erklärt, dass man mithilfe eines Bockshorns einen Dämon oder Kobold aus dem Jenseits herbeirufen kann. Wir verkaufen sie für 3 Dollar 25 das Stück. Die getrockneten chinesischen Seepferdchen tragen die Leute mit sich. Sie kosten einen Dollar das Stück.

Daneben haben wir echte, vom Ölberg importierte Erde im Angebot. Diese Erde geben viele Voodoo-Anhänger und Okkultisten Kerzen oder Opfertieren bei. Das heißt, sie bestreuen sie damit. Zum selben Zweck verkaufen wir auch echten Sand aus der Sahara.

Wir haben auch ein Voodoo-Spezialangebot, eine Zusammenstellung verschiedener Voodoo-Bedarfsartikel in einer Schachtel. Mit dem Inhalt der Schachtel, die 2 Dollar 25 kostet, lässt sich ein sehr wirkungsvoller Zauberbeutel herstellen. In der Schachtel sind ein Magnet, etwas Magnetpulver, ein Paar Adam-and-Eve-Wurzeln, ein High John the Conqueror und ein Low John the Conqueror, etwas Spindelstrauch-Rinde, ein Stück Jelängerjelieber, ein wenig Weiheöl, ein apostolisches Gebet zum Weihen und ein Stück Chamoisleder, aus dem der Kunde sich ein Beutelchen nähen kann, in dem sich diese Dinge mit sich führen lassen, wenn sie geweiht sind.«

Jeder, der auch nur ein bisschen an Voodoo glaubt, trägt einen Zauberbeutel mit sich. In diesen Beutelchen aus Chamoisleder oder Hirschhaut befinden sich je nach Empfehlung des Voodoo-Heilers ein oder mehrere Dinge – Wurzeln, Kräuter, Steine, Pulver oder Harze. Gelegentlich wird auch das Herz eines Opfertiers verbrannt und die Asche in einen Zauberbeutel gefüllt. Die Beutel sollen Heil- oder Schutzkräfte haben. Man trägt sie um den Hals wie Asant-Beutel.

Die meisten Leute stellen sich ihre Beutel selbst zusammen aus den Artikeln, die sie zu Höchstpreisen von einem Voodoo-Heiler erstehen, aber die Firma verkauft auch einen fertigen Kräuterbeutel namens Southern Style zu einem Dollar das Stück. Er ist mit Van-Van-Öl beträufelt, das als ein wahrer Alleskönner gilt. Craps-Spieler[*] geben vor einem Würfelwurf einen Tropfen Van-Van auf die Handflächen und reiben sie aneinander. Verschiedenen Experten auf diesem Gebiet zufolge vertreibt es böse Geister, befördert das Haarwachstum, hilft einem, wenn man eine Adresse in der Bronx oder die richtige Zahl beim Bolita sucht, macht einen geraden Gang, wenn man betrunken ist, und bringt einen dazu, beim Pinball die Bälle in die richtigen Löcher zu schießen. Ein solches Öl hat die Welt noch nicht gesehen.

Die Firma bietet eine ganze Reihe von Pulvern für Zauberbeutel an. Dazu gehören solche, mit denen man einen Fluch auferlegt oder ihn aufhebt. Vor den Namen des Pulvers ist auf sämtliche Etiketten »So-Called«, sogenannt, gedruckt; ein Pulver zum Aufheben eines Fluchs wird beispielsweise als So-Called Uncrossing Powder verkauft. Das soll heißen, die Firma kann nicht garantieren, dass das Pulver einen Fluch von einem nimmt, wenn man verflucht (verhext, verzaubert) wurde. Man kann bei diesen So-Called-Pulvern also nur hoffen.

Die Pulver riechen extrem stark. Am besten verkaufen sich Confusion, Supreme Master, Vision, Success, Oriental Lover's, Protection, High John the Conqueror, Commanding, Black Art, Fast Luck, Compelling, die unter anderem zu Erfolg, Geld, Schutz, Liebe und Ähnlichem verhelfen sollen. High John the Conqueror, eine eigenartige knorrige Wurzel, ist ein Fetisch mit unzähligen Kräften und Eigenschaften.

Es wird unter den Bezeichnungen High John, Low John, Little John, Big John und Southern John the Conqueror verkauft. Für Räucherwerk und Zauberbeutel zermahlt man die Wurzel zu einem Pulver, als Ganze wird sie nur an Leute verkauft, die auf solchen Schnickschnack verzichten können. Manchmal wird sie gleich nach dem Ausgraben in Notre-Dame-Wasser gelegt, das für ein friedliches Zuhause sorgt, oder man legt sie in Four-Thieves-Essig, den man für Einbrüche verwenden kann oder wenn man jemanden verrückt machen oder vertreiben will.

Wenn man beispielsweise möchte, dass jemand »sich zum Teufel schert«, dann gibt man etwas von dem Essig in eine Flasche mit dem Namen des Betreffenden und wirft die Flasche in einen Fluss. Die meisten Zauberer verwenden John Conqueror jedoch nur für »weiße« Magie, zum Beispiel um für ein friedliches Zuhause zu sorgen. Für »schwarze« Magie, zum Beispiel um jemanden in den Wahnsinn zu treiben, verwenden sie es nur ungern. Ein Heiler erklärte dazu: »Ich habe Angst, dass sich John gegen mich wendet, wenn ich ihn für schwarze Magie verwende. Wenn sich John erst mal gegen einen gewendet hat, braucht man eine Ewigkeit, bis man die Sache wieder in Ordnung gebracht hat.«

Einige Zauberbeutelpulver enthalten grauen Amber und Moschus. Sie kosten 50 Cent pro Flasche. Es gibt Leute, die tragen drei oder vier Zauberbeutel auf einmal, so dass sich die Düfte von Black Art, Compelling und Fast Luck zu einer wahrhaft mörderischen Geruchsmelange verbinden. Die Firma verkauft auch French-Luck- und Jockey-Club-Parfums.

Ein in Harlem häufig verwendetes Pulver ist das »Vermieterinnen«- oder »Pensions«-Pulver. Offiziell heißt es Chinese Wash. Zauberer im ganzen Land verkaufen das Zeug in flüssiger oder Pulverform. Wenn eine Zimmerwirtin Probleme hat, ihre Zimmer zu vermieten, geht sie zu einem Zauberer und bittet ihn um Hilfe. Er vollzieht verschiedene Rituale, springt zum Beispiel in den Doppelkreis und klopft mit einem Stab auf den Boden. Dann verschreibt er das Pulver.

Er sagt ihr, sie solle nach Hause gehen und es vom Dach bis zum Keller schrubben. Wenn sie mit dem Schrubber »alles Übel« vertrieben habe, solle sie überall »Vermieterinnen-Staub« verteilen. Das Pulver besteht zum größten Teil aus einem starken Duftstoff.

»Es funktioniert«, erzählte der Besitzer des Geschäfts für Voodoo-Bedarf, »weil die meisten Pensionen für einen Fremden abstoßend riechen, während die Zimmerwirtin, die sich ständig in dem Haus aufhält, das überhaupt nicht mehr bemerkt. Der Geruch ist so schlimm, dass die Leute sich dort nicht einmieten wollen. Wenn die Wirtin die Zimmer gereinigt und den Geruch beseitigt hat, lassen sie sich viel leichter vermieten, und das hält sie dann dem Voodoo zugute.«

Pulverisiertes menschliches Gehirn — Laut der neuesten Informationen vom Gesundheitsamt ist es nicht möglich, Bakterien zu töten, indem man bei Neumond in das Horn eines Schafsbocks bläst. Nur interessieren sich Zauberheiler für die neuesten Informationen aus dem Gesundheitsamt nicht. Selbst der armseligste Voodoo-Zauberer geht davon aus, dass er zwanzigmal mehr weiß als der beste Mediziner der Welt.

Nach dem Rezept, das er angeblich von einem unter der dreiarmigen Wurzel des Weltbergs hausenden Dämonen hat, wickelt der Zauberheiler sieben Längen frischer Schlangenhaut um den Bauch eines Menschen mit Magengeschwüren und erklärt ihm, dass sich damit sein Leiden sicher heilen lässt, und natürlich hat die Behandlung keinerlei Wirkung, außer dass der Kranke recht ungewöhnlich riechen wird.

Ein ausgebildeter Voodoo-Heiler glaubt, das nötige Rüstzeug zu haben, um alle Krankheiten oder Schmerzen, unter denen Lebewesen – Mensch, Mulis oder Monster – leiden, heilen zu können. Daher ist Voodoo eine ernsthafte Bedrohung für die Gesundheit des Menschen.

Der Schaden wäre vermutlich nicht allzu groß, wenn Voodoo-Zauberer ihre Verabreichungen auf Liebesleid beschränkten – um zum Beispiel zwei Menschen zusammenzubringen oder einen Mann in den Augen der Angebeteten besser aussehen zu lassen, indem sie Compelling-Pulver verschreiben oder Zauberbeutel mit Adam-and-Eve-Wurzeln oder ähnlichem Zeug füllen. Oft geben die Voodoo-Zauberer dem Liebeskranken Ratschläge, die den Dutzendantworten der Kummerkastentante einer Zeitung in nichts nachstehen.

Mit dergleichen gibt sich der Voodoo-Zauberer jedoch nicht zufrieden. Er will sämtliche Leiden des Menschen, von Tuberkulose bis Tertiäralkoholismus, behandeln. Je schlimmer das Leiden, desto verrückter ist für gewöhnlich das Heilmittel, das er verordnet. Krebskranke bekommen Rattenblut und Epileptiker Goofer-Dust*.

Die Voodoo-Heiler und ihre freiwilligen oder unfreiwilligen Zuarbeiter – die Kräuterweiber, Quacksalber und skrupellosen Drogisten – haben die Gesundheit Tausender ruiniert. Das Gesundheitsamt und die Amerikanische Vereinigung für Sozialhygiene wissen von Dutzenden von Voodoo-Heilern, die Krankheiten behandeln.

Das Zeug, das sie verschreiben, muss an sich nicht gefährlich sein, auch wenn es das oft ist, aber die häufig abscheulich schmeckende vermeintliche Arznei hält die Patienten davon ab, sich einer wirksamen Behandlung zu unterziehen. Ein Angehöriger der medizinischen Abteilung des Gesundheitsamts erzählte eine schlimme Geschichte über ein Mittel, das ein Quacksalber verschrieb.

»Ein Freund von mir, ein Arzt, wollte in einer schmuddeligen Drogerie in Central Harlem im Telefonbuch eine Nummer nachschlagen«, sagte der Mann, »und währenddessen kam ein Kunde herein und bat den Drogisten um pulverisiertes menschliches Gehirn für 2 Dollar.

Ohne mit der Wimper zu zucken, trat der Drogist hinter eine Trennwand im rückwärtigen Teil des Ladens und kam sogleich mit einem gefalteten Papier zurück, wie so ein Heftchen mit Erkältungspulver. Der Mann zahlte und ging.

Mein Freund fand, dass es die 2 Dollar wert war, mehr über dieses Zeug herauszufinden. Er fragte den Drogisten, ob er noch etwas von dem Pulver habe und wofür es gut sei. Der Mann erklärte, dass es bei Nervosität, schlimmen Kopfschmerzen, Syphilis und anderen Hirnleiden wahre Wunder wirke.

Mein Freund kaufte etwas und ging damit zu einem Chemiker. Eine Analyse erbrachte, dass er 2 Dollar für einen Fingerhut voll Talkumpuder bezahlt hatte. Es hatte so gut wie keinen Wert und gewiss keine Heilkraft.

Leute, die dieses Zeug kaufen, gefährden ihr eigenes Leben und die Gesundheit ihrer Familie und der Gemeinschaft, in der sie leben. Während sie nämlich ihr weniges Geld für einen solchen Plunder ausgeben, verlieren sie wertvolle Zeit.«

Die Ärzte und Krankenschwestern des Gesundheitsamtes wissen von Negern, welche die wildesten Wurzel- und Kräutermischungen gegen Übelkeit und Erbrechen einnehmen. Sie wissen von Jamaikanern in East Harlem, die Asthmapatienten mit einer Milchbrühe behandeln, in der sie Eidechsen gekocht haben. Die Heilmittel unterscheiden sich, je nachdem woher der Kräuterkundige stammt. Westinder behandeln die Wassersucht beispielsweise, indem sie den Leidenden in einem Sud von Königskerzenblättern und Salz baden, die Neger aus Alabama dagegen bereiten Wickel aus Rizinusöl und Okrablüten. Beide Verfahren sind gleichermaßen wirkungslos.

Das Harlemer Gesundheitszentrum konnte Kinder oft nicht impfen, weil die Eltern darauf beharrten, die Zauberbeutel, die ihre Sprösslinge um den Hals trugen, wirkten besser als jeder Impfstoff. Solche Beutelchen sind allerdings nicht nur bei Negern beliebt. Menschen verschiedenster Herkunft tragen Beutelchen gefüllt mit Asant- oder Stinkharz-Batzen, einem unangenehm riechenden persischen Pflanzensaft, und italienischstämmige New Yorker führen Knoblauchsäckchen mit sich.

Ein ungewöhnlich intelligenter schwarzer Polizist von der Wache an der 135th Street West ist überzeugt, dass ein Asant-Beutel vor Grippe schützt. Ärzte bekunden, dass diese Beutel tatsächlich einen gewissen Nutzen haben können – ihr Duft kann Leute mit einer ansteckenden Krankheit davon abhalten, sich dem Besitzer zu nähern. Sie fügen allerdings hinzu, dass der Duft auch Leute ohne eine ansteckende Krankheit davon abhalten können, sich zu nähern.

In sämtlichen Bevölkerungsgruppen, in denen Voodoo über einen gewissen Einfluss verfügt, werden Zauberbeutelchen verwendet. Weniger verbreitet sind selbstverständlich Beschwörungen – ein von viel Hokuspokus begleitetes Deklamieren unverständlicher, esoterischer Sprüche, um Dämonen zu vertreiben, die man für die Ursache des jeweiligen Leidens hält. Da für die Beschwörungen eigens erworbene Fledermäuse, Schlangen, Ziegen, Tauben, Hühner und Ähnliches geopfert werden, erhält der Voodoo-Heiler für solche Dienste ein hübsches Sümmchen. Auf diesem Gebiet arbeiten viele Frauen. Marie Bernard ist ein typisches Beispiel. Sie wurde schuldig gesprochen, sich als Arzt ausgegeben, Krankheiten diagnostiziert und Arznei verschrieben zu haben, und zu drei Monaten Arbeitshaus verurteilt.

Marie praktizierte in einer Wohnung in der 109th Street East. Sie arbeitete mit heiligen Schlangen, so berichtete eine Polizistin, die Beweismittel für Sol Ullman gesammelt hat, den für illegale Heilpraktiken verantwortlichen Staatsanwalt. Die Polizistin suchte Marie in ihrer Wohnung auf und erklärte, sie sei krank.

»Das kann man wohl sagen«, erwiderte Marie, wie die Polizistin berichtete. »Ihr Körper ist krank, Ihr Kopf ist voller giftiger Dämpfe und Ihr Blut ist schlecht. [Die Ermittlerin gehörte zu den gesündesten Polizistinnen der Abteilung.] Da kann Ihnen kein Arzt mit seiner Medizin helfen, weil Ihre Krankheiten und das verkrüppelte Bein und der verkrüppelte Arm daher kommen, dass Sie ein böser Geist aus dem Jenseits verflucht hat. Ich sehe da den Geist einer Frau, und Ihnen wird es erst besser gehen, wenn ich Sie heile.«

»Wie viel wird das kosten?«, fragte die Polizistin mit einem Schaudern.

»Für die Behandlung brauche ich eine heilige Schlange«, sagte Marie, nachdem sie eine Zeitlang auf einem Blatt Papier herumgerechnet hatte. »Eine große wird Sie 7 Dollar kosten und eine etwas kleinere kommt auf 5 Dollar 50, aber ich kann auch eine ganz kleine für 4 Dollar besorgen. Je größer die Schlange ist, desto schneller sind Sie Ihre Probleme los.«

Sie entschieden sich für die mittlere Schlange und Marie rechnete aus, dass die Behandlung insgesamt 7 Dollar 25 kosten würde, worin, wie sie sagte, »keinerlei Gebühr für mein Wirken enthalten ist.« Die Polizistin zahlte 3 Dollar im Voraus und Marie erklärte ihr, sie würde etwas »Krafteinflusswasser« zubereiten. Beim nächsten Besuch guckte Marie finster drein.

»Nachdem ich auf die Schlange eingewirkt hatte, ist sie gestorben«, erklärte sie der Polizistin. »Daran sieht man, wie schlimm es um Sie steht. Ich brauch eine Schlange für 7 Dollar. Ihr Fall ist ernster, als ich dachte.«

Sie überreichte der Polizistin eine Milchflasche mit einer Flüssigkeit, eben jenes »Krafteinflusswasser«, und sagte, sie solle nach Hause gehen und zwei Tage schlafen. In der Zwischenzeit würde sie sich der 7-Dollar-Schlange widmen. Nach Ablauf der Zeit solle sie zurückkommen, weil »die Geister Sie wie den Glöckner von Notre Dame verkrüppeln wollen«. Sie weigerte sich, in Gegenwart der Polizistin die Geister zu beschwören oder ihr Werk an der Schlange zu tun.

»Es würde Ihnen überhaupt nichts nutzen, mitzubekommen, was ich tue, wenn ich mit den heiligen Schlangen allein bin«, sagte sie.

Das nächste Mal, als die Polizistin Marie besuchte, nahm sie sie fest, heilige Schlangen hin oder her.

Eine weiter verbreitete Form der Voodoo-Heilkunst ist das »Handauflegen«.

Der Voodoo-Zauberer, der dieses Verfahren anwendet, reibt seine Hände mit einer von einem Dutzend Ölmischungen ein – den Ölen kann auch Tierblut und Kräutersaft beigemengt sein – und macht sich an die Arbeit. Mit Handauflegen heilt er einen Leidenden oder verhilft einem anderen zum Glück. Strebt jemand zum Beispiel nach geschäftlichem Erfolg, dann mischt der Zauberer sechs oder sieben Heilmittel, vermengt sie mit dem Öl und bearbeitet den Kunden mit seinen klebrigen Händen.

Die Handheiler genießen höchsten Respekt, und ein Voodoo-Zauberer würde durch die Hölle gehen, wenn er dadurch die dafür erforderlichen Fähigkeiten erlangen könnte. Wie sehr Neger an das Handauflegen glauben, kann man daraus ersehen, dass am 22. Juni des letzten Jahres der Friedhofswärter Grant Biddle in Baltimore berichtete, der Körper von John D. Johnson, einem berühmten Neger-Heiler, sei ausgegraben und seine Hände seien abgehackt worden.

Der italienische Matrose und die Ektoplasma-Schachtel — Wie tief der Voodoo auf seinem Weg vom Kongo über die Südstaaten in die Seitengassen der Lenox Avenue gesunken ist, kann man daran ermessen, dass heute sämtliche Voodoo-Zauberer, außer den allerbesten, für ihre Unterhandlungen mit den Dämonen Ektoplasma-Schachteln benutzen.

Diese Schachteln werden für faule spiritualistische Medien und humorlose Magier, die sie verwenden, von einer kleinen Fabrik in Chicago angefertigt und von Voodoo-Bedarfsgeschäften in Manhattan und New Orleans für 15 Dollar pro Stück verkauft. Wenn die Schachtel angezündet wird, steigt eine wolkige Gestalt aus Rauch, die entfernt an einen Mann mit Kapuze erinnert, empor. Die Wachsfigürchen wiederum, die an nackte Menschen erinnern und in die Zauberer zur Distanzfolter Nadeln stechen, werden in einer kleinen Manhattaner Fabrik mithilfe von Kerzenmodeln hergestellt.

Man muss sich nicht allzu eingehend mit Voodoo beschäftigt haben, um zu wissen, dass er nicht mehr ist, was er mal war. Um ihr unnützes Wunderwerk zu vollbringen, brauchen die heutigen Gris-Gris-Könige[*] und die januskopfigen Heiler etwas Stärkeres als Hahnenblut oder Buschtrommeln oder Bend-over-Essenz oder Southern-John-the-Conqueror-Wurzel oder Four-Thieves-Essig oder Goofer-Dust, der letztlich nichts anderes als gegen Mitternacht gestohlene Erde von einem frischen Kindergrab ist. Die öffentlichen Schulen haben den Kräften der Zauberer den Garaus gemacht. Der schlimmste Feind des Voodoo ist eine Zunahme der Lesekundigen; nur Unwissende gehen Hexen auf den Leim.

Die Knochen, aus denen die Harlemer Voodoo-Altäre bestehen, sind vermutlich Rinderknochen oder ausgekochte Suppenknochen, und die Schädel, die sie gelegentlich auf dem Schoß halten, kommen höchstwahrscheinlich aus Medizinbedarfsgeschäften. Heute gibt es im ganzen Land keinen einzigen Voodoo-Priester mehr, der über die Kräfte einer Marie Leveau* verfügt, jener unehelichen Terzeronin, auf deren Altar eine fette alte Klapperschlange lag und die Polizisten dazu brachte, sich auf alle viere zu begeben und wie ein Hund zu bellen, wenn sie zu ihrem Haus in der St. Anna Street in New Orleans kamen, um sie zu verhaften. Sie achtete das Gesetz in keiner Weise. Gibt es in Harlem eine Voodoo-Priesterin, die Polizisten von der Wache auf der 135th Street West dazu bringen kann, sich auf alle viere zu begeben und wie ein Hund zu bellen? Nein!

Einige Zauberer in Harlem behaupten, sie hätten Stücke der Haut von Maries alter Altarschlange, aber von Maries Hirnschmalz besitzen sie nicht die Spur. Marie bestellte ihre Zaubermittel nie in einem Versandhaus. Sie suchte in den Malariasümpfen selbst nach Wurzeln und buddelte sie zu der Jahreszeit aus, in der Pflanzensaft und Mond genau richtig standen.

Marie grub grundsätzlich keine Kräuter aus, wenn der Mond am Himmel nicht wenigstens ein wenig blutig war. Und wenn sie sich bereit machte, ein paar Worte mit den Dämonen zu wechseln, dann wollte sie sich nicht von irgendwelchen Ektoplasma-Schachteln ablenken lassen. Aber Marie ist tot (an welchem Tag und in welchem Jahr sie starb, weiß niemand) und ihre Schüler sind die bedeutendsten Voodoo-Zauberer in den Vereinigten Staaten, aber keiner ist so bedeutend wie sie – eines Tages werden die

Legenden, die sich um sie ranken, auf den vordersten Seiten der amerikanischen Volksgeschichte zu finden sein.

Marie, Friede sei mit ihr, hat jedenfalls nichts zu tun mit den Ektoplasma-Schachteln, um die es in diesem Bericht gehen soll und es auch längst ginge, wenn High John the Conqueror endlich aufhören würde, mich zu stören. Mach mal ’ne Fliege, High John!

Wie Ektoplasma-Schachteln benutzt werden, wurde mir von dem Mann mit einem Geschäft für Voodoo-Bedarfsartikel beschrieben, der nicht will, dass sein Name in der Zeitung erscheint, weil er Zweifel hat, dass die orthodoxen Priester, denen er Weihrauch und Kerzen verkauft, genauso tolerant sind wie er selbst. Der Mann ist sehr tolerant; seiner Meinung nach hat ein Voodoo-Anhänger ein Recht auf seine Religion und dieses Recht sei durch die Verfassung garantiert. Er sagte dasselbe wie der alte Mann, der die Ziege küsste – »Jedem nach seinem Geschmack«. Laut eigener Aussage verkauft er relativ selten Ektoplasma-Schachteln, weil sie im Vergleich zu anderen Voodoo-Artikeln recht teuer sind. Viele Jahre wurden sie nur an Medien verkauft, aber heute geht ein großer Teil der in den Vereinigten Staaten produzierten Ektoplasma-Schachteln auch an Voodoo-Heiler.

»Ich weiß von einer Dämonensitzung, bei der eine Ektoplasma-Schachtel zum Einsatz kam«, sagte er und schob einen riesigen Stapel broschierter Exemplare von *The Sixth and Seventh Books of Moses* von seinem Stuhl, um sich setzen zu können.

»Eines Tages kam ein italienischer Matrose und bat mich um Rat. Er sagte, ein Harlemer Drogist habe ihm meine Adresse gegeben. Er sagte, dass er eine Frau und zwei kleine Töchter habe und sich Sorgen um ihre Zukunft mache. Er suchte einen

Zauberer, um die Dämonen wissen zu lassen, dass er sich ihnen im Tausch gegen zehn Jahre Wohlstand opfern würde. Er rechnete sich aus, in diesen zehn Jahren genug Geld sparen zu können, um seiner Familie ein ausreichendes finanzielles Polster zu hinterlassen.

Ich sagte ihm, dass ich nichts für ihn tun könne, dass ich mit solchen Dingen nichts zu schaffen hätte. Ich weigerte mich sogar, ihm die Namen mir bekannter Heiler zu geben. Sie wollen nämlich nicht, dass ihre Namen unter Fremden kursieren. Jedenfalls fand er dann selbst einen, einen Neger, der oft meinen Laden aufsuchte. Dieser Mann kam nun zu mir und wollte eine Ektoplasma-Schachtel kaufen, aber just zu dieser Zeit waren sie mir ausgegangen, und ich hatte keine einzige mehr auf Lager. Er bekam schließlich eine von einem anderen Heiler.

Er brauchte die Schachtel für einen seiner Kunden, diesen italienischen Matrosen. Ich habe mich immer gefragt, warum der Matrose sich mit seinem Wunsch nicht an eine Schwarzmagierin gewendet hat. Wie dem auch sei, irgendwann erfuhr ich, was zwischen diesem Voodoo-Zauberer und dem Matrosen passiert war.

Eines Freitagabends machten sich die beiden auf den Weg. Sie fuhren zu einem Wald in der Nähe vom Lake Hopatcong in New Jersey. Der Heiler hatte ein Automobil. Er hatte eine Tasche dabei und in dieser Tasche steckte eine schwarze Katze. Sie gelangten zu einer dunklen Stelle im Wald, die auf einer Hügelkuppe lag. Es war windig an dem Abend, und sie kamen zu einer Stelle, wo sie ein wenig vor dem Wind geschützt waren.

Gegen Mitternacht zog der Zauberer mit einem Stück Dragon's-Blood-Wurzel einen großen Kreis auf dem Boden. Diese Wurzel sondert einen roten Saft ab. In dem großen Kreis zog er einen kleinen Kreis und zwischen die beiden Kreise schrieb er die fünf Namen Gottes. Er kennt nur die fünf Namen, aber andere kennen die sieben Namen. Die fünf, die er auf den Boden schrieb, waren Tet-rag-ram-maton, Yah, Seleh, Elohim und Yad-he-vey-he. Das dient dem Schutz. Kein Dämon kann einen Kreis durchbrechen, auf dem diese Namen stehen. Das ist völlig unmöglich.

Ich sollte Ihnen wohl sagen, dass ich den Heiler für einen Betrüger halte. Ich persönlich glaube nicht, dass einer dieser Heiler die Dämonen dazu bringen kann, zehn Jahre Wohlstand zu schenken, aber wer weiß. Vielleicht hat er es ehrlich gemeint. Versucht hat er es jedenfalls.

Der Heiler hat drei Kerzen in dem Kreis aufgestellt, die ein Dreieck gebildet haben, und sich und den Matrosen vorbereitet. Er ölte den Matrosen ein. Dann nahm er ein geweihtes Tuch, wickelte ihn darin ein und knüpfte vierzehn Knoten hinein. Sieben Mal wickelte er das Tuch um ihn. Dann hat er ihm ein Band um die Stirn gelegt. Das alles diente ihrem Schutz. Man muss vorsichtig sein. Man weiß nie, wie viele Dämonen man heraufbeschwört. Ich kenne einen Mann, der hat hundertdreißig Dämonen heraufbeschworen, allerdings über einen Zeitraum von fünfzehn Jahren.

Als alles bereit war, streifte der Zauberer seine weißen Beschwörungsgewänder über und pflanzte ein Kreuz in den Kreis. Er holte die Katze aus dem Sack und schnitt ihr die Kehle durch. Er und der Matrose tranken das Blut der Katze. Dann haben sie ein Feuer entfacht und ein Stück der Katze gebraten. Dem Matrosen wurde schlecht, aber er aß genug davon, um geschützt zu sein. Als auch das erledigt war, fing der Zauberer laut kreischend an zu singen und schlug mit seinem Stab auf den Boden. Nachdem er eine Zeitlang in einer sonderbaren Sprache gesungen hatte, drehte er sich zu dem Matrosen um und sagte ihm, dass er jetzt in Verhandlung mit den Dämonen stünde und versuchen würde, eine Vereinbarung mit ihnen zu treffen. Der Matrose sagte ihm, er solle sein Bestes geben. Dann sang der Zauberer weiter. Er sprang wild herum, wand sich und schlug mit seinem Zauberstab auf die Erde. Dabei redete er immerzu in dieser sonderbaren Sprache. Er sprach zu einem Dämon in der nördlichen Hälfte des Kreises, dann drehte er sich um und sprach mit dem in der südlichen Hälfte.

Schließlich wandte er sich an den Matrosen und sagte, er habe alles geregelt, es würden zehn Jahre wunderbaren Reichtums auf ihn warten, aber wenn die zehn Jahre rum wären, müsste er sich den Dämonen anheimgeben. Der Matrose freute sich und sagte, er würde den Dämonen gerne die Hand schütteln. Der Heiler sagte, dass das nicht in Frage käme, aber der Matrose ließ nicht locker. Er bestand darauf, dass er ihnen die Hand schütteln wollte.

Nun, der Heiler war entschlossen, seine Ektoplasma-Schachtel nur im äußersten Notfall zu benutzen. Als der Matrose nun nicht nachgeben wollte, beschloss er, es mit dem Ektoplasma zu versuchen. Er strich ein Zündholz an und hielt es an die Schachtel.

Das Ding stieg in die Luft auf, diese durchscheinende, weiße Gestalt, die wie ein Mann mit einem Umhang aussieht. Sie schimmerte leicht und zitterte ein wenig. Der Heiler drehte sich zu dem Matrosen um und sagte: ›Da hast du's, mein Freund, jetzt schüttel ihm die Hand.‹ Aber der Matrose lag brabbelnd am Boden und krümmte und wand sich. Dann sprang er plötzlich auf und raste aus dem magischen Kreis. Er schrie etwas auf Italienisch und brüllte wie am Spieß. Der Heiler versuchte, ihn aufzuhalten, aber der Matrose entwand sich ihm. Wie gestochen rannte er aus dem Wald und hinterließ dabei eine Schneise im Unterholz.«

»Was ist mit ihm geschehen?«

»Nun, er rannte die ganze Nacht über. Kreuz und quer rannte er durch New Jersey und versetzte alle in Angst und Schrecken. Irgendwann erwischten sie ihn und steckten ihn ins Irrenhaus.«

»Was ist mit dem Heiler geschehen?«

»Der ist offenbar verschwunden. Ich glaube, er hat die Stadt verlassen. Vermutlich ist er irgendwohin nach Westen. Ich hab ihn seit zwei, drei Jahren nicht mehr gesehen.«

EINEN DOLLAR FÜRS BADEN

Im Speisesaal des Heims der New Yorker Vereinigung blinder Juden in der St. John's Avenue Nr. 332 in Yonkers setzten sich dreiundachtzig blinde Männer, Frauen und Kinder nieder, um den hundertneunten Geburtstag von Hirsch Smulowitz zu feiern, einem weißbärtigen Schneider, der eines Abends vor vierzig Jahren seiner mittlerweile verstorbenen Frau aus dem Hinterzimmer ihres Ladens in der East Side erschreckt zurief: »Rebekkah, ich kann nichts sehen!«

Mr. Smulowitz wurde am 29. Februar 1824 geboren und nach dem Gregorianischen Kalender hat er eigentlich nur in Schaltjahren Geburtstag.

Auf die Mitteilung hin, dass in diesem Jahr sein Geburtstag nicht gefeiert werden würde, trommelte Mr. Smulowitz mit den Fäusten auf den Tisch und brüllte, dass er das Heim verlassen und sich Arbeit als Schneeschaufler suchen würde. Mrs. Rose Z. Moschcowitz, die Heimleiterin, erklärte ihm, es gäbe keinen Schnee zum Schaufeln, aber er protestierte so vehement, dass sie ihm eine Feier versprach und unverzüglich drei große Kuchen bestellte.

Stolz und herrisch wie ein Großgrundbesitzer saß Mr. Smulowitz am Kopfende des Tischs und wies einen Bediensteten an, den ersten Kuchen anzuschneiden. Dann bellte er ihm einen Befehl auf Jiddisch zu.

Der Bedienstete ging flugs zu einem Schrank, schloss ihn auf, holte eine Flasche heraus und goss dem betagten Geburtstagskind ein Glas Schnaps ein. Mr. Smulowitz kippte es und rief dem Mann einen neuerlichen Befehl auf Jiddisch zu.

»Auf einem Bein steht es sich schlecht«, sagte er und streckte ihm sein Glas hin. Der Bedienstete füllte es erneut.

»Wie geht es Ihnen heute, Reb Hirsch?«, fragte Mrs. Moschcowitz.

»War schon schlechter«, sagte er und klopfte mit dem Glas auf die Tischplatte.

»Sie wollen ja bloß nicht zugeben, dass es Ihnen besser als uns allen geht«, sagte sie. Jemand drehte das Radio an. Mrs. Moschcowitz fragte ihn, ob er gern Radio höre.

»Ich kann's nicht ausstehen«, rief er mit Nachdruck. »Sagen Sie ihnen, sie sollen es sofort ausstellen. Sagen Sie ihnen, dass dieser Lärm nicht gut ist.«

»Radio interessiert ihn nicht«, sagte Mrs. Moschcowitz. »Hat es noch nie. Am liebsten mag er's, wenn jemand aus einer jüdischen Zeitung Liebesgeschichten vorliest. Wenn die Geschichte zu Ende ist, sagt er: ›Jetzt lest mir was von der Börse vor. Vielleicht wie sie heute steht.‹

Fürs Baden müssen wir ihm einen Dollar zahlen. Drei Mal in der Woche soll er baden, darauf bestehen wir, aber das geht ziemlich ins Geld. In letzter Zeit ist es uns zu teuer geworden – wir haben ein Minus von 40.000 Dollar, müssen Sie wissen –, und so schneiden wir ein Stück Packpapier in der Größe einer Dollarnote zurecht und geben es ihm, wenn er sich weigert, zu baden. Den Unterschied merkt er gar nicht.«

»Wozu braucht er denn das Geld?«

»Er träumt gerne«, sagte Mrs. Moschcowitz, »und manchmal vergisst er, dass er in einem Heim ist. Er erinnert sich, wie sehr er sich abstrampeln musste, um mit der Schneiderei zu überleben, und dann wacht er auf und schreit: ›Ich hab kein Geld für die Kohlen in diesem Monat!‹

Immer wenn ein Besucher ins Heim kommt, streckt Reb Hirsch seine Hand aus und sagt: ›Haben Sie vielleicht ein paar Münzen für mich?‹ Die Wirtschaftskrise interessiert ihn nicht. Er sagt, er habe schon ein Dutzend Krisen überstanden. Er sagt, während des Bürgerkriegs sei es schlimmer gewesen, viel schlimmer als jetzt.«

Außer Schnaps und Wein mag er Schnupftabak.

Er trägt einen Vorrat für sechs Monate in seinen Taschen mit sich herum. Die Schnupftabakbeutel beulen die Taschen aus.

Über die Vergangenheit von Mr. Smulowitz ist wenig bekannt. Er stammt aus dem russischen Riga. Seine Frau starb 1927. Viele Jahre erhielten er und seine Frau eine kleine Rente von der Vereinigung blinder Juden.

Gleich nach der Beerdigung seiner Frau auf dem Friedhof in Brooklyn brachte man Mr. Smulowitz in das Heim in Yonkers.

Er ist ein vergnügter Mann und er kommandiert gerne herum.

Wenn es etwas zu feiern gibt, stellt er sich in die Mitte des Raums und tanzt einen erstaunlich flinken Jig. Er findet, er sollte jeden Tag ein Glas Whiskey bekommen. Nach der Feier gestern stand er auf und fing an zu tanzen. Aus Sorge, er könne sich übernehmen, bat ihn Mrs. Moschcowitz, sich wieder hinzusetzen. Er setzte sich und tastete nach seinem winzigen Schnapsglas.

»Nachfüllen«, sagte er und klopfte damit auf den Tisch.

»SIE SEHEN HEUTE SCHON BESSER AUS«

Der große rothaarige Italoamerikaner hatte nur einen Arm, ein Schrapnell in den Argonnen hatte ihm den anderen am Schultergelenk abgerissen. Der kleine Neger war blind, stockblind, und auf seinem Gesicht waren hässliche tiefrosa Narben.

Der Mann, den sie Jumpy nannten, hatte nur ein Bein, und das Atmen schien ihm Schmerzen zu bereiten, seit er eines Morgens vor achtzehn Jahren in Frankreich ein bisschen Gas eingeatmet hatte. Er sagte, dass man mit einem Zug an der Zigarette vermutlich mehr Rauch im Mund habe als er damals Gas, aber es tue immer noch weh. Er sagte, der Schmerz sei viel schlimmer als Zahnweh oder schreckliches Kopfweh und halte manchmal über Tage, Stunde um Stunde an.

Der Italiener und der Einbeinige spielten Schach auf der Rekonvaleszenten-Station im United States Veteran's Hospital Nr. 81 in der Kingsbridge Road West Nr. 130 im Norden der Bronx. Der blinde Neger saß auf einem der Eisenbetten, den Kopf in die Hände gestützt. So sitzt er stundenlang, ohne sich zu regen. Auf dem Bett lagen zwei Zeitungen, und bei beiden war der Sportteil aufgeschlagen. Die Schachspieler starrten auf das Brett.

Der Krieg zwischen Italien und Äthiopien war gerade ausgebrochen, und ich hatte den Auftrag, herauszufinden, was Veteranen des Ersten Weltkriegs darüber dachten.

»Haben Sie von dem Krieg gelesen?«, fragte ich den Mann, der vor Jahren in Frankreich das Gas eingeatmet hatte.

»Nein«, sagte er.

»Irgendetwas müssen Sie doch davon gelesen haben.«

»Interessiert mich nicht«, sagte der Mann. »Meinetwegen können sie ganz Europa in die Luft jagen. Mir tun nur die armen italienischen Tröpfe und die Tröpfe in Äthiopien leid, denen sie die Eingeweide und die Köpfe wegschießen, nur damit ein Haufen reicher Stinker noch reicher wird. Arme Tröpfe.«

»An einem Tag starben tausendsiebenhundert Mann und dreitausend wurden verwundet«, sagte der Italoamerikaner und schob eine schwarze Schachfigur über das rissige, schmierige Brett.

»Ja«, sagte der vergaste Mann.

»Wo ist Äthiopien?«, fragte der blinde Neger.

»Das sind 'ne Menge Männer für einen Tag«, sagte der Italoamerikaner, »aber das ist erst der Anfang. Sie haben erst damit angefangen.«

»In unserem Krieg haben wir an einem Tag viel mehr getötet«, sagte der blinde Neger. »In unserem Krieg sind Millionen getötet worden. Wir haben die ganze Welt in Blut gebadet.«

»Würden Sie wieder in den Krieg ziehen, wenn Sie könnten?«, fragte ich.

»Bei Gott«, sagte der Einbeinige, »ich würd für nichts und niemanden mehr in den Krieg ziehen. Meinetwegen sollen sie kommen, selbst die Japaner, und sich das ganze verdammte Land unter den Nagel reißen, ich würd jedenfalls nicht losziehen und mir den Kopf wegschießen lassen. Schlimmer als jetzt kann's nicht werden.«

»Besser in der Armee als verhungern, weil man keine Arbeit hat«, sagte der Italoamerikaner.

Der Einbeinige zündete eine Zigarette für den Neger an und reichte sie ihm.

»Wer in ’n Krieg zieht, kann nicht besonders helle sein«, sagte der Neger. »Schlau ist das jedenfalls nicht.«

Ich stellte fest, dass in dem ganzen Krankenhaus kaum über den Krieg geredet wurde. Am ersten Kriegstag zettelte ein Mann einen Streit an, als er von »den verdammten Spaghettifressern« sprach, was ein italienischer Veteran mitbekam. Er schnappte sich eine der Kurbeln, mit denen die Krankenhausbetten hoch- und runtergelassen werden, und rief, er würde ihm den Schädel einschlagen, wenn er den »Spaghettifresser« nicht zurücknehme. Das tat der Mann und augenblicklich kehrte wieder Frieden ein. Auf den Stationen, auf denen die ans Bett gefesselten Männer lagen, wurde mehr über den Krieg geredet. Sie lagen mit Kopfhörern auf den Ohren in den Betten und hörten Radio. Ein solcher Kopfhörer hing an jedem Bett im Krankenhaus.

»Wenn Sie die Männer kennenlernen wollen, die wirklich über den Krieg Bescheid wissen, müssen Sie hoch auf Station 2, Süd«, sagte der Einbeinige. »Die Männer da verlassen das Krankenhaus erst mit den Füßen voran. Kriegsneurose. Und schauen Sie auch auf der 4, Süd vorbei, da sind die ohne Unterkiefer, denen es die Augen und Ohren weggefressen hat, und schauen Sie sich die mit Tuberkulose an, die sie bekommen haben, nachdem ihnen das Gas die Lunge weggebrannt hat. Schauen Sie sich die TBler an und fragen Sie die mal, ob sie wieder in den Krieg ziehen würden.

Diese Männer kriegen die Leute nicht zu Gesicht. Die setzen nie einen Fuß vor die Tür. Von Zeit zu Zeit wird einer von ihnen verrückt und schnappt völlig über, denkt, dass er wieder an der Front ist, und dann verfrachten sie ihn in ein anderes Krankenhaus. Tausende von denen, die hier in den Betten liegen, sind immer noch in Frankreich im Krieg. Aber mehr als hin und wieder einen Mann an Krücken kriegen die Leute nicht zu sehen. Ist auch völlig egal. Sie können zu einem neuen Krieg trommeln und die jungen Kerle marschieren mit einem Grinsen im Gesicht los, um sich in die Luft sprengen zu lassen. Heißa, macht das Spaß.«

Ich bekam die Erlaubnis, die Station 2, Süd zu besuchen, aber ich durfte keine Fragen stellen. Im Korridor stand ein Mann in einem Bademantel. Er starrte vor sich hin und zitterte am ganzen Leib. Ein Krankenpfleger kam und führte ihn zu seinem Bett. Ein Arzt sagte etwas zu ihm. Er brauchte Minuten für die Antwort; die drei, vier Worte brachte er nur unter größten Mühen hervor. Der Arzt sagte, dass er geistig gesund sei, ihm aber seine Nerven nicht gehorchten. Es schien mir nicht viel Sinn zu haben, ihn zu fragen, was er vom italienisch-äthiopischen Krieg halte.

Einige Betten waren vergittert, damit die Männer nicht herausfielen. Sie haben keine Gewalt über sich. Manche können Körbe flechten. Am Ende des Korridors befindet sich ein Raum, in dem sitzen sie und flechten die Körbe. Draußen im sieben Hektar großen Krankenhausgarten hatten sich die Ahornblätter gelb und rot gefärbt, auf der Knightsbridge Road spielten Kinder johlend Ball und auf dem blauen Hudson ruderten zwei junge Männer, und drinnen hockten um die Radiatoren fünf Männer mittleren Alters, denen heulende Granaten die Nerven zerfetzt hatten, und mühten sich mit den Weidenkörben ab. Sie brauchen Stunden für eine Arbeit, die ein Kind im Handumdrehen vollbringt. Wenn man sah, wie ihre zittrigen, fahrigen Hände mit den Weidenruten kämpften, bekam man eine Riesenwut.

Wenn man den Korridor entlangging, sah man Männer in ihren Betten an die Decke starren. Ihre bleichen Wangen waren eingesunken. Ein Mann schrie und fuchtelte wild in der Luft herum. Ein anderer Mann lächelte, aber er hatte die Augen aufgerissen, so als starre er eine Handgranate an, deren Splint gezogen war.

»Hallo, Herr Doktor«, sagte er lächelnd.

Der Arzt tätschelte dem zitternden Mann die Schulter.

»Sie sehen heute schon besser aus«, sagte er.

DIE BÄUERIN IN RED HOOK

Ich verlebte einen vergnügten Vormittag in Red Hook, einem wüsten am Wasser gelegenen Viertel in Brooklyn, wo ich Mrs. Anna di Massa Agnese einen Besuch abstattete. Mrs. Agnese, eine stämmige Bäuerin von der italienischen Insel Ischia, war einundachtzig Jahre alt. Tags zuvor war sie auf dem italienischen Linienschiff *Rex* in New York City eingetroffen. Es war zehn Uhr, als ich das italienisch-amerikanische Lebensmittelgeschäft erreichte, das ihr Sohn Salvatore Agnese in der Court Street Nr. 504 betrieb, aber die alte Frau war noch oben und schlief sanft unter ihrem dicken Federbett. Nach einer Weile kam sie herunter und rieb sich die Augen. Sie hatte einen unangenehmen Geschmack im Mund, aber keinen Kater. Sie habe in den einundachtzig Jahren ihres Lebens noch nie einen Kater gehabt, sagte sie. Dann ging sie zur Ladentür und spuckte auf die Straße. Das amüsierte Salvatore. Er setzte sich auf ein Fass und lachte schallend. Da lachte auch die alte Frau.

Am Abend zuvor hatten sich etwa sechzig ihrer freudestrahlenden Verwandten – Söhne, Enkel und Urenkel plus Angeheiratete – im Hinterzimmer des Ladens versammelt und ihre Ankunft in den Vereinigten Staaten mit einem Festmahl gefeiert. Während des Essens trank die alte Frau eine große Menge des hausgemachten Weins. Sie sagte, der Wein, den sie während der Überfahrt auf der *Rex* bekommen habe, sei für ihren Geschmack zu gut gewesen, genauso wie das Essen. Sie sagte, die Frau ihres Sohnes, Mrs. Salvatore Agnese, sei eine ausgezeichnete Köchin, und dass das Essen – Makkaroni, Stubenküken, Hase und eingelegte Paprika – besser geschmeckt habe als alles auf der *Rex*.

»Es hat wie zu Hause geschmeckt«, erklärte sie laut Salvatore, der für mich alles, was sie sagte, übersetzte.

»Das freut mich, Mamma«, sagte Mrs. Salvatore und strahlte, als sie sich auf den Weg machte, um für ihre Schwiegermutter ein Glas Wein zu holen.

Die alte Dame war enorm stolz auf den Lebensmittelladen ihres Sohnes. Vier ihrer Söhne leben in New York City und jeder von ihnen besitzt einen Lebensmittelladen. Sie spazierte durch Salvatores Laden, bewunderte die im Fenster hängenden Provolone-Laiber und tätschelte sie kennerisch und liebevoll mit ihrer faltigen alten Hand. Dann nahm sie den Deckel von dem Topf mit den schwarzen, reifen Oliven, fischte sich eine Handvoll heraus und aß sie genüsslich, die Kerne warf sie auf den Boden.

Besonders das Regal mit den Spaghetti und Makkaroni hatte es ihr angetan, es war verglast wie ein Bücherschrank und beinhaltete alle erdenklichen Nudelsorten – Muscheln, Korkenzieher, Ellbogen, Samen, Schmetterlinge und die gewundenen namens Spiedini und kleine Kammförmige, die man unter der Bezeichnung Hahnenkämme kennt (*creste di gallo*). Das Regal versetzte sie in Erstaunen.

»Sie sagt, dass mein Laden herrlich ist«, sagte Salvatore, der das Glas seiner Mutter jedesmal nachfüllte, wenn sie es geleert hatte.

»Ich bin froh, dass es ihr gefällt. Seit Jahren habe ich sie zu überreden versucht, uns zu besuchen. Ich hab ihr sicher fünfhundert Briefe geschrieben und sie gebeten, zu kommen. Sie lebt in der Nähe von Neapel auf einem kleinen Stück Land und wollte ihre Hühner nicht allein lassen. Sie hat zehn Hühner.«

Die alte Frau unterbrach uns und erzählte kurz etwas mit lauter Stimme. Sie war bester Laune. Eine ihrer Enkelinnen kam mit einem Trommelstock in der Hand aus dem Hinterzimmer gelaufen. Das Kind kaute an dem Stock herum. Die alte Frau zog es an sich und küsste es auf seine verschmierten Wangen. Das Kind strahlte freudig und kaute weiter vergnügt an seinem Trommelstock. Dann fuhr die Alte fort.

»Sie sagt, sie haben die Straße vor ihrem Haus geteert und jetzt ist es dort nicht mehr so staubig«, sagte Salvatore. »Sie sagt, sie kann das Haus jetzt sauber halten, ohne sich den Rücken krumm zu arbeiten. Sie will meinen Laden kehren, aber das erlaube ich nicht. Sie darf hier keinen Finger rühren. Sie soll sich erholen. Sie soll viel essen und dick werden und den Rest ihrer Tage hier bei mir und meinen Brüdern verbringen.«

Die alte Frau trug ein langes, vorne durchgeknöpftes braunes Kleid im Mother-Hubbard-Stil*, und um ihre Haare hatte sie ein braunes Kopf- oder Halstuch gewickelt. Ihr Gesicht war von Falten zerfurcht, aber ihre alten Augen blickten wach und sie hielt sich gerade. Sie trat an die Ladentür und sah auf die Red Hook Street hinaus. Was sie da sah, verwirrte sie sehr, und so kam sie wieder herein. Ihr Sohn erzählte, dass sie schon der Weg vom Hafen verwirrt habe, aber als sie in den Laden kam, hat sie sich gleich wie zu Hause gefühlt. Das machte der intensive Geruch nach Käse und Olivenöl.

Während Mrs. Agnese durch den Laden spazierte, setzte ich mich auf eine Theke und aß eine Scheibe rohen italienischen Schinken, die mir Salvator abgeschnitten hatte. Als Mrs. Agnese mich essen sah, kam sie, schüttelte mich am Arm und sagte etwas mit großem Nachdruck. Ich hatte keine Ahnung, wovon sie sprach. Salvatore lachte.

»Sie sagt, Sie sollen ein Glas Wein trinken«, erklärte er. »Sie sagt, Sie sollen Wein zum Schinken trinken.«

Sie schenkte mir ein Glas Wein ein und lächelte, als ich einen großen Schluck nahm.

Dann setzte sich Salvatore auf das Fass und zählte auf der Rückseite einer Papiertüte zusammen, wie viele Kinder und Enkel seine Mutter hatte. Nach ausführlichen Berechnungen mit dem Bleistiftstummel reichte er mir die kleine Bevölkerungsstatistik: fünf Söhne, von denen vier in New York City leben, zwei Töchter und ungefähr dreißig Enkel. Erst meinte Salvatore, sie habe dreiundvierzig Enkel, dann betrug die Zahl achtunddreißig, aber zu guter Letzt kam er auf dreißig Enkel und vier Urenkel.

»Und Gott weiß, wie viele Nichten und Neffen«, sagte Salvatore mit gerunzelter Stirn. »Sie ist seit fünfunddreißig Jahren Witwe. Mein Vater war Bauer. Schauen Sie sich ihre goldenen Ohrringe an. Die hat ihr mein Vater geschenkt. Ich hab meine Mutter vor vierzehn Jahren das letzte Mal gesehen. Damals bin ich mit meiner Familie nach Italien, damit sie alle kennenlernt. Sie hat sich kaum verändert. Du siehst noch genauso aus wie früher, Mamma.«

Er erzählte, dass von ihren Söhnen noch Joseph in New York City lebe, der einen Lebensmittelladen in Staten Island führte, und Gennaro und Anthony, die beide Lebensmittelläden in Brooklyn hätten. Die alte Frau würde alle besuchen, als Nächstes wollte sie zu Joseph ziehen. Während Salvatore redete, ging sie durch den Laden, wog Sachen auf der Waage, guckte in Dosen, öffnete Oliventöpfe und rührte die Oliven mit einem großen Holzlöffel durch. Sie machte einen sehr vergnügten Eindruck.

DAVON WEISS ICH REIN GAR NICHTS

Im Dome in der Sixth Avenue Nr. 430, wo sich Literaten, Maler, Studenten der New York University und andere empfindsame Menschen aus dem Greenwich Village treffen, waren alle bis auf zwei elektrische Lampen ausgeschaltet und Prince Childe de Rohan d'Harcourt, gebürtig aus Guthrie in Oklahoma, stand zwei Stunden lang in der Mitte des Raums und sprach vom »kosmischen Ego«, einer Kraft, die er mit der Hirnanhangdrüse, dem dritten Auge und dem unter Wasser liegenden Teil eines Eisbergs verglich.

Der blasse Prinz schien guter Dinge, auch wenn er erzählte, dass er seit der erzwungenen Trennung von Miss Louise Krist, seiner minderjährigen Liebsten, von Schatten und der New Yorker Polizei verfolgt wurde. Nach der Trennung war Miss Krist in die Obhut einer Psychiaterin im Florence Crittenton Home[*] gegeben worden. Der Prinz trug ein violett gemustertes Hemd, eine bunte Krawatte und einen mausgrauen Anzug. Als er den Dome betrat, fragte das Garderobenfräulein, »Wie geht's, Prinz?«, und er verneigte sich und antwortete: »Ausgezeichnet, meine Liebe.«

»Offensichtlich hat man sich gegen mich verschworen«, sagte der Dichter, Kneipenhocker, Ex-Zuchthäusler und falsche Adelige und setzte sich an einen der winzigen Tische der Teestube und seufzte. Er seufzte mehrere Male. Dann steckte er eine Zigarette in eine lange Zigarettenspitze und beugte sich vor, um sich von einem kichernden Mädchen mit einem Zündholz Feuer geben zu lassen.

»Wie dem auch sei«, fuhr er mit einem neuerlichen Seufzen fort, »jedenfalls haben seither ungefähr 10.000 Leute in dieser Stadt von mir und meinen Schwierigkeiten erfahren. Es sind keine Freunde, aber auch keine Bekannten. Ich habe einen neuen Begriff für sie geprägt. Ich nenne sie ›Frekannte‹. Ich finde, das ist ein sehr schönes Wort. Über den Daumen gepeilt, haben hundert junge Frauen mir ihre Sympathie ausgedrückt.

Seit mich das West Side Court von der Anklage wegen Verführung Minderjähriger freigesprochen hat, habe ich viele Gedichte für Miss Krist geschrieben. Das beste heißt ›My Beautiful Bluebird‹. Sie hat nämlich blaue Augen und kleidet sich stets blau. Ich bin in einem höchst bedauernswerten Zustand. Miss Krist ist zwar erst achtzehn, aber sie weiß, dass sie mich liebt. Ich verstehe nicht, was ihre Eltern gegen unsere Heirat einzuwenden haben. Ach, Tränen! Tränen! So saget mir, wie viele Tränen hält die See? Ich glaube, nächsten Donnerstag kommt sie aus diesem Heim. Dann werden wir heiraten.

Ein seltsam Spukgesang erfüllt die Luft. Tränen, Tränen, ach saget mir, wie viele –«

Ein Mann beugte sich zum Prinzen vor und fragte ihn, ob er bereit sei für seinen Vortrag.

»Sie warten ungeduldig«, sagte der Mann und ließ seinen Blick über die sechzig Leute in der Teestube schweifen. Die meisten spielten Schach oder saßen einander zugewandt da. Der Mann, der den Prinzen bei seinen Ausführungen über die Tränen unterbrochen hatte, sagte, er sei William H. Kinnaird, ehemaliger Kommandant der 58. Abteilung der Amerikanischen Legion* in Hunts Point und gegenwärtig Conférencier im Dome. Außerdem sei er Landschaftsmaler, sagte er.

Der Prinz ging in die Mitte des Raums. Gestützt auf seinen Spazierstock mit goldenem Knauf, begann er seinen Vortrag.

»Ich habe« näselte er, »die Urempfängnis schlechthin entdeckt. Ja, in meiner zwanzig, vielleicht auch fünfundzwanzig Jahre währenden philosophischen Kontemplation entdeckte ich ein in unserem Innern verborgenes, okkultes Ding. In den meisten von uns schlummert es tief. In manchen dämmert es. Einmal in vielen hundert Jahren ist es dagegen hellwach und bringt Entitäten hervor wie Jesus Christus.

Nun, leider muss ich mich mit der Sprache dürrer Worte behelfen. Stellen Sie sich vor, wir unterhalten uns mit einem nahestehenden Menschen, eine Begegnung in Liebe, in der wir uns auf physische Weise austauschen. Aber im Grunde tauschen wir uns dabei mit dem kosmischen Ego des anderen aus. Dieses Ego gleicht dem Edelstein auf der Stirn einer Götterstatue. Oder der Hirnanhangdrüse. Es vollbringt wahre Wunder und niemand –«

»Oh, Prinz«, rief ein Mädchen in rotem Kleid. »Soll sie es gestehen?*«

»Niemand«, fuhr der Prinz fort, ohne auf die Frage der jungen Frau einzugehen, »kennt seine Kraft. Es liegt im Verborgenen. Leider zeigt es sich nur ein einziges Mal. Es ist die Liebe. Wenn nun ein empfindsamer Mensch keine Liebe findet, verliert es sich im Nichts. Wie bei einem Bumerang. Mit den armseligen Worten, die uns zu Gebote stehen, lässt sich das nicht ausdrücken. Ich kann Ihnen sogar versichern, dass ich davon rein gar nichts weiß. Denken Sie an einen Eisberg. Angeblich liegen sieben Zehntel des Eisbergs unter der Wasseroberfläche.«

»Soll sie es gestehen?«, rief erneut das Mädchen im roten Kleid.

Der Prinz fuhr fort. Er redete eine ganze Weile und erläuterte den kosmischen Drang aus verschiedenen Blickwinkeln. Egal aus welchem Blickwinkel man den kosmischen Drang betrachte, so erklärte er, immer würde er die Urempfängnis schlechthin bleiben. Nach Beendigung des Vortrags sagte der Conférencier, der Prinz sei gerne bereit, auf Fragen zu antworten.

»Soll sie es gestehen?«, rief das neugierige Mädchen.

Der Prinz sah nicht zu ihr hin.

»Was ist Ihrer Meinung nach der bessere kosmische Drang?«, fragte ein glatzköpfiger Mann. »Der bulgarische oder der amerikanische?«

»Der kosmische Drang ist auf keine Nationalität beschränkt«, sagte der Prinz. »Seine Eigenschaften sind nicht in Worte zu fassen.«

»Soll sie es gestehen?«, wiederholte das Mädchen im roten Kleid.

ES WAREN HEISSE NACHMITTAGE IN MANHATTAN

Die Fähre nach Coney Island legt in fünfzehn Minuten ab — Es ist heiß heute. Die Einwohner der größten Stadt der Welt leiden unter der flirrenden Hitze. Müde Frauen stützen ihre kräftigen Ellbogen auf Kissen in Mietswohnungsfenstern und starren mit leerem Blick auf vorüberratternde Hochbahnen. Die überteuerten Blumen in den Schaufenstern der Floristen an der Fifth Avenue lassen die Köpfe hängen. Die Wachleute in den Untergrundbahnen, die in ihren schweren blauen Mänteln schwitzen, pressen mürrisch schimpfend die Leute in die überhitzten Waggons.

Es braucht zehn Bier, um den Durst zu löschen. Die lang anhaltende drückende Hitze hat unter die Augen der Untergrundbahn-Passagiere blaue Linien gemalt. Die Fahnen auf den Wolkenkratzern hängen schlaff herunter, kein Lüftchen regt sich.

Benommene Bürger stehen in durchgeschwitzten Kleidern unter dem bekanntesten Thermometer der Stadt – dem riesigen vor dem Pulitzer Building an der Park Row – und sehen gebannt zu, wie das Quecksilber unerbittlich auf über 35 Grad Celsius klettert. Der Asphalt auf den Straßen ist so weich, dass die Absätze darin Spuren hinterlassen. Wenn sich zwei Leute treffen, kann man davon ausgehen, dass einer von beiden unnötigerweise fragt: »Warm, was?«

Der Sommer hat die Stadt im Schwitzkasten.

Und die B.M.T.-Züge* sind voll mit Leuten auf dem Weg nach Coney Island*. So gut wie alle Passagiere in den Sea-Beach-Expresszügen haben ein kleines Bündel mit Badeanzug und Handtuch dabei. Mütter, umgeben von erwartungsfrohen Kindern sind darunter, und jede Mutter hat ausreichend Essen für den Tag in eincm Paket auf dem Schoß. Kurz bevor der Zug den letzten Bahnhof erreicht, schmieren sich flotte junge Frauen das Gesicht mit Sonnenöl ein.

Jede Stunde verlässt eine Fähre der Rainbow Fleet den großen Anleger gegenüber dem Hauptquartier der Hafenpolizei am Battery Park.

Am Haupttor des Fähranlegers steht den ganzen Tag ein Mann. Hört ihm nur zu. »Die Fähre nach Coney Island legt in fünfzehn Minuten ab«, brüllt er in sein Megafon. Es dauert noch gut vierzig Minuten, bis die Fähre Battery überhaupt erreicht.

»Aber er hat keine Ruhe gegeben und mich immer wieder gefragt, ob ich mit ihm ausgehen will«, sagt ein Mädchen und lacht schrill, »und ich hab ihm gesagt, dass ich Männer wie ihn kenne. Jedes Mal, wenn das Telefon geklingelt hat, war er dran. Und jedes Mal, wenn er gesagt hat, dass er mich liebt, hab ich gesagt, dass er ein ganz Schlimmer ist*. Ehrlich, ich dachte, ich sterb.«

Kinder betteln um Eiscreme und die Mütter geben ihnen einen Klaps und sagen: »Sei still! Auf der Fähre kriegst du dein Eis.« In dem Moment kommt die Fähre in Sicht und nähert sich schleichend dem Anleger. Kaum werden die Tore geöffnet, hetzen die Leute an Bord. Sie drängeln sich um die sonnigen Plätze auf dem Oberdeck. Binnen Kurzem ist die alte Fähre bis auf den letzten Platz voll. Schon legt sie ab und macht sich auf die einstündige Fahrt an der frischen Luft. Kaum haben die Reisenden es sich bequem gemacht, fangen die Händler an zu rufen.

»Sonnenbrillen!«, schreit ein Junge mit schlechter Haut und weißer Jacke. »Schöne Sonnenbrillen!«

»Kaltes Bier, kalte Limonade!«

»Schokoladenriegel vier Mal so groß wie im Laden, jetzt zum Probierpreis für zehn Cent das Stück. Kaufen Sie Schokolade!«

Auf der Fähre befindet sich eine erstaunlich große Zahl alter Leute. Schon als Kinder sind sie nach Coney Island gefahren und diese Gewohnheit haben sie beibehalten. Alte Männer mit steifen Strohhüten sitzen auf Campingstühlen und lesen Zeitung. Dicke blonde Frauen mit weichen Hüten und schwarzen Sonnenbrillen spielen Bridge, während die Fähre durch das schmutzige Wasser tuckert.

Als die Fähre am Coney-Island-Anleger festmacht, der weit vor den Brechern ins Meer ragt, eilen die Passagiere von Bord, als wäre ein Feuer ausgebrochen.

Hier bietet sich ihnen einer der weltweit erstaunlichsten Anblicke, ein Spektakel, das einem den Atem verschlägt wie die Niagara-Fälle, ein Waldbrand bei Nacht oder das Meer selbst. Man sieht auf den fünf Kilometern lehmfarbenen Strands mehr als eine Million erhitzter, glücklicher Menschen. Überall wimmelt es auf dem Sand, er ist bedeckt mit brauner, roter, rosa und weißer Haut.

Männer mit Bäuchen wie Bierfässer liegen flach auf dem Rücken und wackeln mit den Zehen. Die Sonne brennt ihnen auf die fetten Leiber, und vor Lust grunzen und gähnen sie. Grazile groß gewachsene Frauen mit gebräunter Haut sind zu sehen, weit schöner als die weiß gepuderten Tanzmädchen aus den Nachtclubs, daneben Frauen, die breiter sind als lang.

Auf einmal wird man gewahr, dass all diese Menschen reden. Eine Geräuschkulisse wie im Theater, kurz bevor der Vorhang aufgeht. Man muss nur einmal die Augen schließen und zuhören. Es ist schier überwältigend.

Jetzt schau dir die Familie im Sand an. Sie sitzen um eine Zeitung herum, auf der belegte Brote und sauer Eingelegtes und gekochte Eier und Bananen ausgebreitet sind. Schau, wie die Mutter Senf auf den Broten verstreicht und sie dann verteilt. Schau, mit welch gesegnetem Appetit sie essen. Wie sie Brotrinde und fettiges Papier und Bananenschalen um sich herum verstreuen.

Das ist die Sommerfrische für all jene, die nicht mehr als ein paar Cent haben für Sonne und Meer.

Wer vor zehn Jahren schon einmal auf Coney Island war, der wird jetzt vermutlich nichts Neues entdecken. Die Attraktionen auf den drei Hauptstraßen des Ferienorts – dem Boardwalk, der Bowery und der Surf Avenue – sind zeitlos. Die dicke Frau* stirbt und eine neue tritt an ihre Stelle. Unerschütterlich widerstehen die Varietés der kleinmütigen Empörung von Eiferern und Handelskammer.

»Verehrte Herrschaften, das wollen Sie sich nicht entgehen lassen«, verkündet der Ausrufer der World Circus Sideshow* in der Surf Avenue. »Wenn Sie Zeitung lesen, dann wissen Sie, dass die Medizin fassungslos staunend vor dem Wunder von Serpentina, dem Mädchen ohne Rückgrat, steht. Gehen Sie nicht weiter, verpassen Sie das nicht. Sie sind hierhergekommen, weil Sie sich einen schönen Tag machen wollen. Stimmt's oder hab ich recht? Eben. Daher müssen Sie, verehrte Herrschaften, Serpentina sehen. Das Mädchen ohne Rückenmark. Wie lebt es?«

Drinnen findet die Menge dann einen Magier vor, eine fette Frau, einen tätowierten Mann, einen Mann ohne Arme. Wenn man Serpentina sehen möchte, muss man extra zahlen. Die drei Mitglieder der Sex Family verkaufen die Geschichte ihres lasterhaften Lebens in einem Blanko-Umschlag für einen Dime.

Auf der Surf Avenue gibt es eine Ausruferin. Sie ruft für die Wonderland Sideshow aus. Sie heißt Ray Burns. Sie ist dreiundzwanzig. Sie hat ein kleines Kind, Esther-ann, achtzehn Monate, und ihr Mann, Dave Burns, fährt einen der Luna-Busse. Sie stand einmal mit Pluderhosen und Schleier auf der Bühne des Oriental, der wildesten Damenshow von Coney Island, und führte einen Schlangentanz vor. Heute ist sie eine erstaunlich gewandte Ausruferin.

»Sie wollten mich für eine Burlesque-Show drüben in New York«, sagte Mrs. Burns, »aber lieber mach ich auf Coney die Eröffnungsnummer. Ich finde, die Arbeit hier ist richtig prima.«

Ein Prediger hat sich an der Surf Avenue niedergelassen. Er nennt seinen Andachtsraum »Kraftwerk Gottes«. Nachts wird das Schild von der Leuchtreklame für Würstchen und Eiscreme überstrahlt. In dem grellen Schaufenster hängen Plakate in allen möglichen Sprachen, auf denen die Kranken, Blinden und Lahmen aufgefordert werden einzutreten, um sich heilen zu lassen. Und auf dem Boardwalk gibt es eine neue Show, die in großen Lettern mit »Leben« angekündigt wird. Drinnen sieht man eine Reihe in Alkohol eingelegter menschlicher Föten.

Die eine Million Besucher, die an heißen Nachmittagen nach Coney Island fahren, sind an Freaks allerdings erst in zweiter Linie interessiert. Das Meerwasser lockte sie. Viele von ihnen werden den Tag und den Abend hier verbringen und nicht mehr als fünfundzwanzig Cent ausgeben. Sie sind mit dem Badeanzug unter den Kleidern gekommen oder haben sich verstohlen unter dem Boardwalk umgezogen. Vielleicht haben sie Sandwiches dabei. Oder sie kaufen sich ein paar Würstchen.

Hunderte schlafen jede Nacht am Strand. An den Wochenenden sieht man die ganze Nacht über junge Männer und Frauen um Lagerfeuer tanzen, die sie im Sand errichtet haben. Einer spielt die Mandoline. Zwei springen auf und tanzen den Apachentanz*. Andere verziehen sich und setzen sich ans dunkle Wasser. Die Strandpolizei erklärt, dass es Jugendliche gibt, die den ganzen Sommer am Strand verbringen und keinen Cent dafür zahlen.

Ein nackter Schlachter auf einem Dach in der Hester Street — Die vielen Bewohner der Lower East Side sitzen auf der Schattenseite ihrer heruntergekommenen Straßen und rühren sich nur, wenn sie müssen.

Kein Lüftchen regt sich. Selbst die Straßenhändler auf den Bürgersteigen machen nur sparsame Gebärden. Das Essen an den Buden und den Handkarren ist am Nachmittag billiger, und gerade kehren die Frauen vom Markt heim – heim in ihre heißen kleinen Küchen. Jede trägt eine schwere Tüte vom Markt, eine mit welkem, angestoßenem Gemüse angefüllte braune Papiertüte.

Eine alte Frau, die in jeder ihrer faltigen Hände die Henkel einer Einkaufstasche umklammert hält, geht langsam die Eldridge Street hinauf. Hier bleibt sie stehen und wechselt mit einer anderen Alten ein paar Worte über das Wetter. Dort bleibt sie stehen und feilscht kurz mit einem Straßenhändler, der Pfannen verkauft.

Kurz oberhalb der Delancey Street bleibt sie stehen und blickt in ein Café, das rumänische Brathühner anbietet. Das Lokal brummt. Männer sitzen um die nackten Tische herum und spielen fleißig Stoß, Binokel und Russian Bank*. Schon den ganzen heißen Tag lang sitzen sie hier, streiten, spielen um Pennys und trinken Kaffee aus henkellosen kleinen weißen Tässchen. Der dicke Wirt sitzt an der Kasse, trinkt Weißwein mit Sodawasser und schnauft. Die alte Frau geht zum Eingang und sieht mit strengem Blick hinein. Sie entdeckt ihren Mann, einen gebeugten alten Kerl mit einem abgetragenen Käppchen, das er sich aus der kahlen Stirn geschoben hat.

»Und?«, ruft sie. »Du willst wohl gar nicht mehr nach Hause kommen?«

Der alte Mann grunzt und legt eine Karte ab.

»Willst du etwa den ganzen Tag da sitzen bleiben?«, sagt sie verärgert. »Warum? Was ist der Grund? Suchst wohl noch ein Zuhause?«

»Geh weg«, befiehlt der alte Mann.

Schimpfend entfernt sich die alte Frau. Stunden später sitzt der alte Mann immer noch über die Karten gebeugt an dem kleinen Tisch. In dem Gastraum wird nicht viel geredet. Ein Streit bricht aus. Er hält nicht lange an. Die Hitze lässt ihn versiegen. Die meisten der Männer sind dick, aber der dickste ist Abe Haimowitz. Sommers wie winters schleppt er drei Zentner mit sich herum.

Haimowitz betreibt den Roumanian Grill im Keller der Forsyth Street Nr. 106, dem beliebtesten Varieté der Lower East Side. Richter, Politiker, Schauspieler und andere Persönlichkeiten gehen dorthin, um sich die Vorstellungen der schwer arbeitenden Mädchen anzusehen und mit den sechs Kellnern zu streiten, die alle Itzig heißen. Auf die Frage, wie er und seine Nachbarn den Sommer verbringen, schaut Haimowitz, der auch Bürgermeister der Forsyth Street ist, verdrießlich drein.

»Das ist die rechte Zeit, um mich das zu fragen«, sagt er und wischt sich mit einem feuchten Taschentuch über die breite Stirn. »Genau so verbringen wir ihn. Binokel. Stoß. Binokel. Stoß. Den ganzen Tag. Sehen Sie sich den Knaben dort an. Er spielt seit geschlagenen drei Tagen und hat elf Cent verloren und jetzt jammert er rum. Hier in der Gegend gibt es Millionen von Cafés und im Sommer sind sie voller Kartenspieler. Was soll man sonst auch tun? Vielleicht an den Strand gehen? Da holen Sie sich nur einen Sonnenbrand. Abends haben Sie Sand im Bett und können nicht schlafen. Ihnen ist schlecht. Besser, man bleibt hier und spielt Binokel.«

Der Bürgermeister der Forsyth Street spritzt etwas Sodawasser in seinen Weißwein. Er findet die Bläschen so hübsch.

»Tagsüber ist es hier stickig heiß, wohl wahr, aber nachts, da schläft man auf dem Dach. Darüber geht nichts. Wenn's dunkel ist, breiten wir Decken aus und legen uns schlafen, alle, die ganzen Familien. Letztens ist auf einem Dach in der Hester Street was Schreckliches passiert. Da wohnt ein dicker Mann, beinahe so dick wie ich, ein Schlachter. Er hat zu viel getrunken. Er geht heim und zieht sich aus. Er weiß, dass seine Frau auf dem Dach ist.

Er stolpert nach oben und hebt eine Decke hoch. Es ist die falsche Decke, aber das merkt er nicht. Darunter liegt eine andere Frau, jedenfalls nicht seine. Sofort schläft er ein und schnarcht mächtig laut. Die Frau wacht auf und erblickt ihn. Schreiend und kreischend springt sie davon und fällt beinah vom Dach. Dann kriecht seine richtige Frau unter ihrer Decke hervor und sieht ihn. Sie schreit. Sie versetzt ihm einen Tritt, aber es hilft nichts. Er schnarcht. Sie rufen einen Polizisten und zusammen ziehen sie ihn zu seiner eigenen Decke. Er wacht nicht mal auf. Immer weiter schnarcht er und träumt dabei. Die ganze Nachbarschaft wacht auf, nur er nicht. Auf dem Dach schläft man gut. Da ist es kühl. Noch besser als am Strand.«

Die rheumageplagten alten Männer mischen die Karten, Mütter tragen Küchenstühle auf die Straße und setzen sich seufzend, die Kinder spielen zwischen den Karren. Im Sommer findet das Leben in der Lower East Side auf der Straße statt. Die jungen Mütter lieben die Sonne, die alten sitzen im Schatten. Die Säuglinge dösen in ihren Kinderwägen und wimmern und spielen mit ihren Zehen. Die alten Mütter murren unaufhörlich, aber die jungen sitzen in frisch gewaschenen Blumenkleidern in der Sonne und lesen wahre Geschichten in Frauenmagazinen.

An einer Ecke am Aufgang zur Hochbahnstation steht ein Melonenhändler. Er hat gerade eine längliche, gestreifte Wassermelone zerteilt, eine wahre Schönheit. Ein ganzer Schnitz kostet 5 Cent, ein halber 3 Cent. Ein kleiner Junge rennt zu seiner Mutter und bettelt um einen Nickel. Sie sagt ihm, er solle seinen Pa fragen. Also rennt er in eines der Ladengeschäfte, und sein Pa gibt ihm, was er will. Gleich darauf verschwindet sein Gesicht hinter dem Melonenschnitz.

Und vor jedem der schmuddeligen Geschäfte mit Schreibwaren und Süßigkeiten stehen dickbäuchige Automaten mit Sonnenblumenkernen. Und die Handkarrenverkäufer haben Schüsseln voll mit Kokosnussschnitzen. Die weißen Schnitze schwimmen im Eiswasser. Und Kinder springen in die Betontränken, aus denen die Fuhrkutscherpferde saufen, und kühlen sich ab. Und Kinder, Schuhputzkästen über die mageren Schultern geschlungen, lassen sich auf den Stufen der Bank of United States an der Ecke

Allen und Delancey Street nieder. Die Fenster sind verstaubt, innen ist der Boden mit Papier übersät und die Bankdirektoren sitzen im Gefängnis.

Die Händler auf der Mulberry Street haben eine Wanne mit Eis und mehrere Sirupflaschen. Sie füllen zerstoßenes Eis in Pappbecher und gießen den gewünschten Geschmack über das dampfende Eis. Das ist Gelati. Und Limonade ist hier beliebter als in den jüdischen Straßen. In jedem Laden steht eine mit Limonadeflaschen gefüllte Eistruhe.

Angelo Rizz sitzt in der nachmittäglichen Ruhe unter einem elektrischen Grablicht im Empfangsraum seines Bestattungsinstituts in der Mulberry Street Nr. 178. Er raucht Zigarre und spielt mit einem Kater.

»Von hier gehen nicht viele in die Sommerfrische«, sagt Rizzo, der Bürgermeister der Mulberry Street. »Höchstens nach Coney. Oder für einen Tag in den Palisades Park*. Ein paar Familien haben auch Verwandte auf Farmen in Connecticut und besuchen sie. Die jungen Leute, die ein Auto besitzen, fahren zum South Beach und Midland Beach auf Staten Island. Die Juden hier, die fahren alle hoch in die Catskills. Sie haben dort überall Ferienlager. An jeder Ecke auf der East Side halten die Busse, mit denen sie in die Catskills fahren. Aber die Leute aus den Straßen hier bleiben fast alle daheim.

Die meisten Straßenfeste und Feiertage gibt es im Winter. Bei dem heißen Wetter ess ich Broccoli und Schafskopf, trinke Barbera und bewege mich möglichst wenig, so kann ich die Hitze gut aushalten. Barbera ist der Sommerwein. Man geht in ein Grotto, eines der kühlen Kellerrestaurants, wo sie eine Flasche Wein für einen bereithalten. Sie haben ein Fach für Eis und eines für

Wein. Du legst die Flasche an und kühlst dich von innen mit dem eiskalten Wein. Wein bringt viel mehr als ein Ventilator.«

Vor den Fenstern ihrer Wohnungen sitzen bärtige Gelehrte auf Stühlen mit gerader Lehne und lesen in den heiligen Büchern der Juden. Sie trinken heißen Tee aus Gläsern. Der Tee ist so heiß, dass um die Gläser Servietten gebunden sind, damit man sich nicht die Finger verbrennt. Hier auf der East Side herrscht seit jeher die Überzeugung, dass ein Getränk umso besser kühlt, je heißer es ist.

Und in den Weinläden verkauft man offenen Muskateller für 1 Dollar 50 je Gallone und auf den Handkarren, die sich auf der First Avenue zwischen Fifth und Fourteenth Street krumm und schief aneinanderreihen, türmen sich große Zwiebeln, bundweise Löwenzahn, dicke Schnecken und Behälter mit Venusmuscheln, große Holzeimer mit eingelegten Gurken, die in der lauwarmen Salzlake schwimmen, mit getrockneten Bohnen in Wasser und zwanzig verschiedenen Sorten getrocknetem Fisch und Trauben und Birnen und duftenden Kräutern.

Abends wird auf der Allen Street flaniert. In der Abenddämmerung ist sie eine der schönsten Avenuen der Stadt. Der Platz in ihrer Mitte ist von zwei grünen Baumreihen und zwei Bankreihen gesäumt. Darüber rattert die Second-Avenue-Hochbahn. Abends füllt sich die Straße mit jungen Männern und Frauen, die untergehakt oder Arm in Arm die Fourteenth Street hochgehen, um sich einen Film anzusehen oder sich in einen der neuen rasch eingerichteten Biergärten zu setzen oder einfach herumzuspazieren. Die Jungs, die ein Auto haben, fahren mit ihren Mädchen zur South Street. Bürgermeister Rizzo sagt, dass die ersten paar

Blocks der offizielle Liebestreff der East Side sind. Jeden Abend stehen hier die Autos Stoßstange an Stoßstange.

Und überall in den Straßen wird Kwaß verkauft, das aus Brot zubereitete russische Bier. (»Kwaß wie in Odessa, liebe Leute«, rufen die Händler.) Und Knisches*. Und Eistorten. Und bis sie vor Müdigkeit nicht mehr aus den Augen sehen können, sitzen die alten Männer in den Cafés, trinken Kaffee und spielen Stoß. Und die Rabbis in ihren glänzenden schwarzen Mänteln, die an den Cafés vorbeilaufen, wo die alten Männer in ihre schmierigen Karten vertieft sind, werfen einen versonnenen Blick hinein. Und so in etwa verbringen die Leute auf der East Side die heißen Tage.

Auf der Battery spielen breitbeinige Kleinkinder im grünen Gras — Es ist Samstagnachmittag in der Metropole und jeder, der kann, flieht aus der Stadt.

Der Finanzdistrikt ist verwaist. Ab und zu sieht man in der Wall Street einen hemdsärmeligen Polizisten gehen, der seinen Knüppel am Lederriemen schwingen lässt. Es ist so still, dass man beim Gang durch eine enge Gasse das Stakkato einer Schreibmaschine aus einem der wenigen Büros hört, in denen noch gearbeitet wird. An keiner der vielen Fahnenstangen flattert eine Fahne. Die Juweliere auf dem unteren Abschnitt des Broadway haben ihre ordentlich drapierten Schaufensterauslagen übers Wochenende weggeräumt und die Rouleaus heruntergelassen. Alle Restaurants sind geschlossen. Sie werden erst Montagmorgen wieder öffnen.

Die engen Straßen der Firmen und Fernschreiber sind ausgestorben.

Dann läuft man über das Bowling Green und kommt auf der Battery heraus. Auf dem schmutzigen, stahlblauen Wasser der Bucht, das zwischen den grünen Bäumen hindurchschimmert, liegt die Sonne. Ein alter Syrer verkauft an der Straße geröstete Riesenerdnüsse in Papiertüten für fünf Cent das Stück. Fröhlich zischend entweicht der Rauch dem engen Kupferrohr des Rösters, und die heißen Erdnüsse riechen gut.

Die Frau am Zeitungsstand wirft Körner auf das Pflaster und vom Sims auf dem Zollamt flattern die fetten Tauben hinunter und picken hässlich gurrend den Maisschrot auf.

Und das grüne Gras des Battery Park ist bedeckt mit Menschen. Selbstverliebte Kleinkinder rennen breitbeinig und mit vorgestreckten Armen über das grüne Gras und lachen.

Obdachlose liegen im Schatten der Statuen und schlafen ihren Rausch aus. Hin und wieder zieht einer von ihnen eine der Viertelliterflaschen hervor, in denen die Uferkneipen Whiskey an die Armen verkaufen, und nimmt einen Schluck. Er schneuzt sich, schüttelt den Kopf und schläft wieder ein. Hier und da stolpert man auf dem Rasen über eine leere Flasche.

Und der Spielplatz unter den Hochbahngleisen an der Ostseite des Parks wimmelt von Kindern. Büroangestellte setzen ihre Kleinkinder auf die Schaukeln und schubsen sie unermüdlich an. Kinder winden sich durch das skelettartige Klettergerüst aus Stahlrohr. Kleine Mädchen sitzen auf den Holzbänken und spielen Dame und Karten.

Etwas abseits in einer Ecke spielt ein Haufen Kinder Going to Town, ein altes Straßenspiel. Ein Kind steht da und stellt Fragen. Die anderen tänzeln mit verschränkten Armen vor und beantworten sie.

»Warum seid ihr da?«, singt das Kind.

»Zum Heiraten sind wir da«, singen die anderen und machen einen Schritt nach vorne. »Hagel, Schauer, Niederschlag trübt im Nu den schönsten Tag.«

Und die Parkgärtner säubern die Hecken. Sie haben unter den Hochbahngleisen einen großen Haufen dürrer Büsche aufgeschichtet. Und Händler in weißen Kitteln eilen mit umgehängten Bauchläden durch den Park.

»Alaska-Limo«, rufen sie. »Eiscreme-Sandwich. Nur fünf Cent.«

Und alle Bänke am Rand der Grünfläche sind besetzt. Die Leute hatten ihr samstägliches Bad und sind sich ihrer Sauberkeit peinlich bewusst. Die Kleider der Mädchen auf den Bänken zeigen alle Farben unter der Sonne.

Und unter den beiden bronzenen Seepferdchen am Eingang zum Aquarium unterhalten sich aufgeregt Leute von außerhalb der Stadt. Das sind die Leute, die meinen, Manhattan sei ein idealer Ort für die Sommerferien, und sie haben recht. Man wundert sich über die Dialekte, wenn man sie sprechen hört.

Jede Stunde kommt einer der Stadtbesichtigungsbusse aus Uptown und hält unweit des Diner auf der Nordseite des Parks, und die Leute steigen aus, gehen auf die andere Straßenseite und betrachten staunend die Fische. Wenn sie dann aus dem Aquarium heraustreten, stürzen die Fotografen und die Wimpelverkäufer und die alten Frauen mit Körben voll Postkarten und vergoldeten Souvenirs auf sie zu.

»New-York-Souvenirs«, rufen die alten Frauen und strecken ihnen die Körbe mit vergoldeten Aschenbechern, verziert mit der

Freiheitsstatue oder der Stadtsilhouette, entgegen. »Ein Andenken für daheim. Nur einen Dime.«

Und die New Yorker drängen sich auf den Staten-Island-Fähren zum Midland Beach, New Dorp Beach und South Beach und den anderen Stränden von Staten Island.

Und die Fischerboote sind alle schon längst von der Battery losgefahren. Um sieben Uhr morgens ist die *Edith* von Kapitän Dan Bailey mit einem ganzen Schwung erwartungsfroher Angler los, gerüstet mit Sandringelwürmern, Borstenwürmern und Rye-Whiskey. Neunmal am Tag verlassen die weißen Schiffe der Rainbow-Flotte Pier 1 in Richtung Coney Island und zweimal am Tag in Richtung Rockaway Beach. Und sobald die Sonne untergeht, treten die Ausrufer für die Ausflugsboote an.

»Hier geht's zur *Mandalay*«, ruft einer. »Hier geht's zur Mondscheinfahrt auf der *Mandalay*.«

Auf allen Booten spielen Musikkapellen.

»Hier geht's zur *Americana*. Machen Sie eine Mondscheinfahrt auf dem Hudson und erleben Sie eine Broadway-Show-Boat-Revue auf der *Americana*.«

Auf dem Dampfer *Bear Mountain* wirbt ein Banner für das *Cotton Blossom Show Boat*. Die Decks der Ausflugsboote füllen sich rasch. Und direkt darunter, auf dem betonierten Strand, schlagen zerlumpte Kinder Rad und betteln die Passagiere um ein paar Münzen an.

»Werfen Sie mir einen Nickel runter«, ruft ein Kind und schlägt ein Rad.

Jemand wirft eine Hand voll Pennys hinunter. Die Kinder balgen sich darum. Sie zanken sich so erbittert wie streitende Affen. Wenn eines der Kinder zu viele Münzen erwischt, rotten sich die anderen zusammen und verprügeln es. Wie die Jungen, die vom Day-Line-Pier in Poughkeepsie nach Münzen tauchen, stecken auch diese hier die Pennys in den Mund. Wenn die Ausflugsboote schließlich ablegen, sind ihre Münder voll.

Und wenn die Boote den Pier verlassen, bewegt sich die Menge zum Musikpavillon in der Mitte der Battery. Es ist ein altmodischer Musikpavillon von 1900, nach der Mode der Zeit mit einem Lattenzaun und Schneckenverzierungen. Um den Pavillon herum stehen grüne Bäume mit abblätternder Rinde, und die Straßenlaternen werfen die Schatten der grünen Blätter auf die betonierten Wege.

Und der Besitzer des Erfrischungsstands hat Tische aufgebaut und Drahtgeflechtstühle, wie man sie nur von den Drugstores unweit seines Stands kannte, und die Leute sitzen da und trinken aus Pulver angerührten Orangensaft und hören der Musik zu. Und die Matrosen und ihre Mädchen spazieren herum und küssen sich unbeholfen beim Gehen.

Und zwei Männer fangen an, sich laut fluchend zu schlagen. Sie kämpfen verbissen. Eine Menge schart sich um sie und feuert sie an. Da kommt ein Polizist gemessenen Schritts, er hat keine Eile. Mit seinem Knüppel treibt er die beiden auseinander. Leise schimpfend gehen sie in entgegengesetzte Richtungen davon. Die Menge verstreut sich.

»Die neuesten Schlager!«, ruft ein Händler. »Nur fünf Cent.«

KEINE SÜNDE AUF DER NACHTLINIE

Eines Samstagnachts im Mai erhielt ich den Auftrag, herauszufinden, ob zutrifft, was man sich über die Nachtlinie erzählt. Ich fuhr den Fluss hoch mit dem Seitenraddampfer *Trojan*, der zu der ältesten noch existierenden Dampfschifflinie gehört, der Hudson River Navigation Corporation von Sam Rosoff. Es war die erste Fahrt der *Trojan* in dieser Saison und ich verbrachte darauf einen sittsamen, nüchternen Abend.

Gemächlich fuhr der knarrende alte Raddampfer die neunundvierzig gesetzten, biertrinkenden Passagiere und seine Fracht aus Häuten und Zellstoff von Pier 52 in Manhattan, direkt neben den Hühner- und Entenställen am Gansevoort Market, zum Steamboat Square in Albany. Die *Trojan* verfügt über 229 Privatkabinen und kann 2000 Ausflügler aufnehmen, und so hatten die neunundvierzig Menschen, die auf der ersten Fahrt dabei waren, eine Menge Beinfreiheit. Offensichtlich war es zu früh im Jahr für eine sündige Samstagnacht auf dem Hudson. Zu keiner Zeit saßen mehr als sieben Leute an der langen Bar des Dampfers und John Quinn, der Barmann, nahm um elf Uhr abends seine Schürze ab, trank ein Guinness als Schlummertrunk und schloss seinen Flaschenvorrat ein. Die Passagiere waren überwiegend mittleren Alters und um Mitternacht lagen alle im Bett, so dass keiner an Bord einen Kater hatte, als der Dampfer am Sonntag um sechs Uhr morgens in Albany festmachte.

In Anbetracht des Rufs der Nachtlinie war ich enttäuscht. In Burlesque-Theatern ist die Nachtlinie ein anderes Wort für Ausschweifung. Die vielen Vaudeville- und Burlesque-Witze über das lüsterne, zügellose Treiben der Nachtlinien-Passagiere im Kopf, spazierte ich stundenlang einsam und verloren über die windigen

Decks und konnte nichts Liederlicheres als eine rauchende Frau entdecken, so ein Luder. Um zehn Uhr lagen die Decks verwaist da. Verwundert über die Sittsamkeit der Passagiere zog ich mich in die Deckskneipe zurück und spielte mit dem Zahlmeister Pinball um einen Dime pro Spiel.

Der Zahlmeister gewann achtmal hintereinander. Dann ging ich zum Ruderhaus, wo George H. Warner, der glatzköpfige, redselige Kapitän, auf seinem Hochstuhl saß und dem zweiten Lotsen, William Burlingham, zusah, wie er dem gewundenen Hudson-Kanal folgte und den Dampfer von einer Flussseite zur anderen steuerte. Während der alte Raddampfer – er wurde 1909 in Hoboken gebaut – mit sechzehn Meilen die Stunde den Fluss hochschipperte, wies er mich auf einzelne Landmarken hin. Er deutete auf ein kleines rotes Licht in der Mitte des Flusses und sagte: »Da hängt eine Laterne an einer der Stangen eines Maifischnetzes. In diesem Jahr wimmelt's im Fluss von Maifischen. Ein guter Fisch, nichts geht über einen Teller Maifisch zum Frühstück.«

»Ich mag den Rogen«, sagte Mr. Burlingham. »Ich hab's noch nie geschafft, mich an Maifischrogen zu überfressen.«

Vor Tarrytown deutete der Kapitän zu einem in der Ferne liegenden Hügel. Damals lebte John D. Rockefeller noch und der Kapitän sagte: »Da droben wohnt irgendwo der gute alte John D. Ein feiner Kerl! Dem sitzen die Dimes locker in der Tasche. Ein feiner Kerl!« Vor Ossining deutete er auf die heiteren Lichter von Sing Sing, kicherte und sagte: »Da drüben, das ist der Country Club.« Bestimmt war das ein uralter Witz, aber der Kapitän und Mr. Burlingham schienen ihn trotzdem lustig zu finden. Sie sahen zu den Gefängnismauern hoch und lachten.

Der Kapitän ist Hudson-River-Schiffer in dritter Generation. Er wohnt in Troy. Seit fünfundvierzig Jahren fährt er auf der Nachtlinie. Er redet gern und viel und rezitiert vor seinen Offizieren oft Gedichte in der Art von Edgar Guest*, und an eine Wand des Ruderhauses hat er einen aufmunternden Spruch geheftet, der erklärt: »Freu dich des Lebens.« Über den Ruf, den die Nachtlinie den Vaudeville-Komikern zu verdanken hat, regt er sich fürchterlich auf.

»Die Leute denken, die Nachtlinien-Dampfer sind voll mit losen Frauenzimmern, Spielern und Säufern, es ist ein Skandal«, sagte er und schlug mit der Faust auf die Armlehne seines Hochstuhls. »Gerade solche Elemente versuchen wir von den Booten fernzuhalten. Man kennt die Frauen, die den Fluss rauf- und runterfahren und Männern schöne Augen machen. Wir nennen sie Schiffsbräute. Wenn der Wachmann mitkriegt, dass eine Frau Nacht für Nacht die Strecke mitfährt, bittet er sie höflich, das sein zu lassen.

Früher bin ich öfter mal in Vaudeville-Shows gegangen und hab die Witze über die Nachtlinie gehört. Sie mussten nur ›Nachtlinie‹ sagen, schon brüllten die Leute los. Es hat mich zur Weißglut gebracht. Das ist wie bei Brooklyn. Wenn in einer Show Brooklyn erwähnt wird, lachen die Leute, dabei ist an Brooklyn überhaupt nichts lustig, wenn man mal da ist. Das hat mich immer fürchterlich geärgert. Wenn mir die Nachtlinie gehören würde, dann würde ich die Leute, die dreckige Witze darüber machen, auf Schadensersatz verklagen.

All das Gerede über wilde Partys und Glücksspiele auf unseren Schiffen ist völlig übertrieben. Das erinnert mich an eine Geschichte. Eines Abends ging ein Wachmann an einer Kabine vorbei und er hörte eine Frau darin weinen und ›Hör auf! Hör auf!‹ schreien. Der Wachmann dachte, dass womöglich ein Mann eine Frau in seine Kabine gezerrt hätte. Er klopft also an die Tür und fragt, was da los ist. Der Mann ruft heraus: ›Nichts ist los, außer dass dieses Ding los muss! Ich zieh meiner Frau ein Pflaster vom Rücken!‹ Da ging der Wachmann schnell weiter.«

Kapitän Warner erzählte, dass Father Divine und 2000 seiner Anhänger einmal auf der *Trojan* einen Ausflug unternommen hatten und es eine der wüstesten Fahrten war, die er je gemacht hatte.

»Es war die Hölle«, sagte er schnaufend. »Sie versammelten sich auf den Decks, hüpften auf und ab, klatschten in die Hände und riefen dazu ›Friede! Wie herrlich!‹ und solches Zeug. Ich bin also zu dem Father gegangen und hab gesagt: ›Ich find's ja gut, wenn Ihr Leute den Heiland anbetet, aber ein solches Bohei müsst ihr wirklich nicht dabei machen.‹ Ich hatte Angst, dass von dem Gehüpfe die Planken brechen. Sonst war es ein ganz friedlicher Haufen. Die machen beim Gottesdienst keine halben Sachen.«

An diesem Abend jedenfalls war auf der Nachtlinie so wenig los wie in der Lobby eines Ferienhotels außerhalb der Saison. Die schwarzen Kellner standen in frisch gestärkten Jacken im Speisesaal herum und starrten missmutig auf die unbesetzten Stühle. Die paar wenigen Gäste aßen schweigend gekochtes Rindfleisch mit Meerrettichsauce oder Huhn in Sahnesoße oder Makrelen, die traditionellen Hudson-Dampfer-Gerichte, und wirkten nicht besonders ausgelassen, während die *Trojan* flussaufwärts fuhr.

Einige gingen aufs Deck und beobachteten die Nachtzüge der New York Central*, die am Ostufer des Hudson Richtung Manhattan brausten. Andere gingen nach vorne zum Ruderhaus und sahen zu, wie Kapitän Warner seinen Suchscheinwerfer über die Sand- und Kieskähne gleiten ließ, die schläfrig den Fluss hinuntertuckerten. Ein paar saßen an der Bar und tranken Bier und Cream Ale – von den neunundvierzig Passagieren tranken nur fünf Whiskey.

Es war offensichtlich, dass sie die Nachtlinie nicht nahmen, um eine sündige Nacht zu erleben. Sie nahmen sie wegen der frischen Luft, wegen ein paar Stunden wohligen Schlafs oder um nach Albany zu kommen.

HINRICHTUNG Ein trostloses Häuflein von Verwandten dreier Mörder, auf die der Tod durch den elektrischen Stuhl wartete, versammelte sich gestern Abend auf den Stufen von Sing Sing Prison. Leise flüsternd reichten sie eine große Schnapsflasche herum. Sie hockten immer noch dort, als Robert Elliott*, der schmale gebeugte kleine Scharfrichter des Staates New York die Stufen hochstapfte und die verlassene Vorhalle betrat.

»Das ist Elliott«, flüsterte ein Taxifahrer, der bei ihnen saß. »Das ist der Mann, der den Schalter umlegt.«

Die Verwandten drehten sich um und starrten ihm hinterher. Elliott rüttelte am Tor und ein Wärter ließ ihn herein. Der Scharfrichter hatte eine kleine schwarze Reisetasche in der Hand. Er nickte dem Wärter zu und ging nach oben, um alles Nötige zur Tötung jener drei Männer vorzubereiten, die die unglaublichsten Schwierigkeiten überwanden, bis sie Michael Malloy*, »den zähen Zecher«, endlich umgebracht hatten.

Elliott verdiente gestern Abend nicht so viel wie erwartet, da nur drei der vier Männer, für die der Tod durch Stromschlag vorgesehen war, auf dem elektrischen Stuhl landeten. Zwei Stunden vor seinem geplanten Todeszeitpunkt erhielt der Vierte einen Aufschub von zwei Wochen, weil ihn irgendwer für schwachsinnig hält. Daher zahlte der Staat dem Scharfrichter nur 450 Dollar statt der vereinbarten 600 für die abendliche Arbeit.

Die übrigen drei, die gerade auf »den heißen Stuhl« warteten, wie man in Sing Sing immer noch sagt, waren die drei Hauptverantwortlichen des Versicherungsmordkartells, jene Männer also, die einen Säufer ermordeten, um die 1.290 Dollar einzustreichen, für die sie sein Leben versichert hatten. Das war im Februar 1933.

Die Tat war in einer schmuddeligen kleinen Flüsterkneipe in der Third Avenue Nr. 3804, wo sich jetzt ein verlassenes Ladengeschäft befindet, verabredet worden.

Anthony Marino, 28, der klamme Wirt, sagte eines Abends: »Das Geschäft läuft mies.« Frank Pasqua, 25, ein Bestatter aus der Bronx, der an der Bar stand, dachte kurz darüber nach. »Warum versichern wir nicht Malloys Leben und murksen ihn ab?«, fragte er.

Joseph Murphy, 29, der mit richtigem Namen Archie R. Mott heißt, ein Barmann von Marino, und Daniel Kriesberg, 30, ein Obsthändler und Stammgast in der Kneipe, wurden als Helfershelfer ausgewählt.

Malloy, ein ehemaliger Maschinenwart, der seit vielen Jahren dem Alkohol anheimgefallen war, wurde versichert. Dann fingen die Mörder an, ihn mit vergiftetem Whiskey abzufüllen. Malloy schmeckte er.

Sie gaben ihm in Methanol eingelegte Austern. Malloy schmeckten sie.

Dann gaben sie ihm einen Teller vergifteter Sardinen, unter die sie gemahlenes Zinn gemischt hatten. Malloy schmeckten auch die Sardinen.

Der Säufer war zäh. Sie verabreichten ihm weiter Methanol und eines Nachts packten sie den Sturzbetrunkenen, brachten ihn zu einem Park, zogen ihn bis auf die Hosen aus, gossen mehrere Eimer Wasser über ihn und ließen ihn liegen, in der Hoffnung, dass er erfror. Am nächsten Morgen kam Malloy in die Kneipe und sagte: »Gib mir ein Glas von deinem guten Whiskey. Ich erfriere gleich.«

Zweimal überfuhr ihn ein Taxi. Auch das führte zu nichts.

Am Abend des 22. Februar verfrachteten die Herrschaften den Säufer also in ein möbliertes Zimmer in der Bronx, das sie eigens gemietet hatten, und hielten ihm ein Gasrohr in den Mund.

Das brachte ihn um. Pasqua, der Bestatter, besorgte einen Arzt, der einen Totenschein ausschrieb, nach dem der Säufer an einer Lungenentzündung gestorben sei. Dann begruben sie Malloy in Pasquas billigstem Sarg.

Aber das Versicherungsunternehmen ließ den Leichnam des Säufers exhumieren, und so kam es, dass gestern Abend vier Männer in den Zellen des Todestrakts warteten. Sie sollten um elf Uhr nachts hingerichtet werden. Um neun Uhr klingelte das Telefon, und M. William Bray, der amtierende Gouverneur, gewährte Murphy einen zweiwöchigen Aufschub auf Grundlage der Erklärung von dessen Anwalt, er habe neue Beweise, dass Murphy weit unterdurchschnittlich intelligent sei.

Aber weder für Pasqua noch für Marino oder Kriesberg gingen Telegramme ein. Daher hielten um kurz vor elf zwei Gefangenentransporter am Hintereingang des Verwaltungsgebäudes, das innerhalb der Gefängnismauern stand.

Die ungefähr dreißig Männer, die von Amts wegen zu Zeugen der Hinrichtung von drei Mitbürgern ernannt worden waren, kletterten in die Transporter. Die Verwandten harrten stur auf den Steinstufen aus.

Langsam rollten die Transporter durch den Gefängnishof und blieben an einem Durchgang stehen, der zu dem Hinrichtungsgebäude führte. Die Zeugen stiegen aus und standen unter der grellen Lampe. Man befahl ihnen, einer hinter dem anderen den Gang hinunterzulaufen. Am Ende des Gangs nahmen sich zwei Wachmänner jeden Zeugen vor und durchsuchten ihn fachmännisch. Dann drängelten sich die Zeugen in den Hinrichtungsraum, bedacht darauf, einen der begehrten vorderen Plätze zu erwischen.

Der Raum ist klein. Rechts von der Tür stehen fünf Bänke für die Zeugen. Der elektrische Stuhl befindet sich in der Mitte des Raums. Er steht auf drei Lagen Gummimatten.

Über der Tür, durch welche die drei Todgeweihten eskortiert werden, hängt ein Schild. Darauf steht »Ruhe«. An dieser Tür wartete der Oberwärter John J. Sheehy. Er stand dort mit ernstem rotem Gesicht und fingerte an dem Schlüsselbund an seinem Gürtel herum. Neben dem Stuhl war ein weißer Operationstisch. Auf der anderen Seite stand ein Holzeimer.

Frank Pasqua, der Bestatter aus der Bronx, war als Erster dran. Er trug Pantoffeln, einen grauen Pullover und ungebügelte Flanellhosen. Neben ihm ging der katholische Gefängniskaplan Vater John McCaffery.

Die Zeugen rutschten unruhig auf ihren Plätzen herum, als der blasse, vor sich hin starrende Mensch mit schlurfendem Gang in den Raum kam, und ein Wärter sagte: »Ruhe, bitte.« Pasqua setzte sich auf den Stuhl. Er sagte nichts. Er starrte nur vor sich hin.

Der Kaplan hielt ein Kreuz vor Pasquas aschfahles Gesicht. Pasqua beugte sich ein wenig vor und küsste es.

Elliott, der Scharfrichter, betrat den Raum. Methodisch machte er sich an die Arbeit. Er zog das Kopfteil, eine Maske, über Pasquas Gesicht. Dann machte er sich daran, ihn am Stuhl festzuschnallen. Ein Wärter kniete sich vor Pasqua und befestigte die Elektrode an seinem Bein.

Elliott verließ den Raum. Die Schalter befinden sich in einem anderen Raum. Die Zeugen konnten sehen, wie Pasquas Finger die hölzernen Armlehnen des elektrischen Stuhls umklammert hielten. Er klammerte sich so fest daran, dass seine Knöchel weiß hervortraten.

Die Zeugen konnten hören, wie Elliott den Schalter umlegte.

Es dauerte nicht lange – nur drei Minuten.

Sie legten den blassen kleinen Mann, der noch immer vor sich hin starrte, auf den weißen Operationstisch und schoben ihn in den Obduktionsraum.

Dann führten sie Anthony Marino herein, den Kneipenwirt, der Geld gebraucht hatte. Elliott tauchte die Maske in den Eimer mit Kochsalzlösung. Er zog sie tropfend heraus. Einen Teil der Lake wrang er wieder aus. Dann setzte er sie Marino auf den Kopf.

Marino lächelte schwach. Er küsste das Elfenbeinkreuz, das der Kaplan ihm hinhielt. Er lächelte immer noch. Dann schlug er die Beine übereinander, aber ein Wärter stupste ihn an und er stellte sie wieder gerade auf den Boden, damit die Elektrode an seinem rechten Bein befestigt werden konnte.

Elliott, der pedantische kleine Scharfrichter, eilte hinaus und legte den Schalter um, der 2200 Volt durch Marinos Körper jagte. Es dauerte drei Minuten.

Es dauerte nur zwei Minuten, um Daniel Kriesberg zu töten, den Obsthändler mit dem schiefen Gesicht. Er kam herein, weniger blass als seine Kameraden, und setzte sich. Ihn begleitete Rabbi Jacob Katz, der jüdische Seelsorger.

Kaum fuhr der Strom in den Mann auf dem Stuhl, verließ der Rabbi den Raum, das Alte Testament fest an seine Brust gedrückt.

»Alle raus«, sagte ein Wärter. »Aber leise.«

Die Verwandten hockten noch immer auf den Gefängnisstufen. Jetzt erhoben sie sich und standen etwas abseits in den Schatten, als die Zeugen wegfuhren. Eine der Frauen stöhnte.

Einer der Männer trank den Rest Whiskey und warf die Flasche fort.

Die Verwandten warteten darauf, die Leichname der drei Männer mitnehmen zu können, die einen Säufer wegen 1.290 Dollar umgebracht hatten. Sie hatten lange gebraucht, um Malloy zu töten. Der Staat hatte gerade einmal sechzehn Minuten gebraucht, um sie zu töten.

EXISTENZEN

DER GELBE ZETTEL VERZEICHNET DREIUNDFÜNFZIG VERHAFTUNGEN

Harry Lewis ist ein höflicher und zurückhaltender Zeitgenosse aus der Lower East Side und gehört seit fünfunddreißig Jahren zu den versiertesten Taschendieben des Landes. Bei seinen Besuchen von belebten Orten wie Theaterfoyers, Untergrundbahnen zu Stoßzeiten und Aufzügen von Wolkenkratzern am Nachmittag hat er heimlich tausende von Geldbörsen aus Taschen gezogen. Er ist diesem Geschäft in vielen Städten an der Ostküste nachgegangen und ein »gelber Zettel«* im Polizeipräsidium belegt, dass er mindestens dreiundfünfzig Mal festgenommen wurde; die Akte ist keineswegs vollständig.

Er ist achtundvierzig Jahre alt, sieht aber wesentlich jünger aus, auch wenn er beinahe kahl ist. Die knapp gehaltene Akte besagt, dass er unter sechs Tarnnamen gearbeitet hat. Bei seiner ersten Festnahme nannte er sich Noah Berns. Das war 1901, als er als verwahrlostes Kind* aufgegriffen wurde. Bei seiner letzten Verhaftung nannte er sich Harry Lewis. Da stand er in einem Gang vor dem Senderaum der National Broadcasting Company im siebten Stock des RCA Building im Rockefeller Center. Laut Strafanzeige hatte er zum Zeitpunkt der Verhaftung »die linke Hand in der linken Hosentasche eines unbekannten Mannes«. Er wurde des versuchten Taschendiebstahls beschuldigt.

Ein Gerichtsstenograph rief mich wegen Lewis an. Er sagte, dass er Lewis für »ungewöhnlich klug für einen Taschendieb« hielt. Um mit dem Taschendieb zu reden, ging ich in das Seventh District Prison; das düstere Gefängnisgebäude liegt unter den Hochbahngleisen der Sixth-Avenue-Linie in der Fifty-third Street

West Nr. 317. Lewis saß in einer Zelle und wartete auf das Urteil. Als er dem Amtsrichter Michael A. Ford im West Side Court vorgeführt wurde, weigerte er sich mehr zu sagen als: »Dann bin ich wohl schuldig«. In seiner Zelle hatte er zwei abgegriffene Wild-West-Zeitschriften und vier Schachteln Zigaretten. Der Stenograph sagte, dass Lewis eine Seite in einer seiner Zeitschriften umgeknickt hatte, um die Stelle zu markieren, als der Wachmann in seine Zelle gekommen war und ihn abholte. Nachdem er sich schuldig erklärt hatte, ging er zurück in seine Zelle und las weiter.

Ich schickte eine Nachricht hinein und Lewis willigte ein, sich mit mir zu unterhalten. Er kam heraus und saß ein paar Minuten auf einer schmutzigen Bank gegenüber einer Reihe von Käfigen, in der Neuzugänge untergebracht wurden. Er war ein kräftiger, sich gerade haltender Mann mit braunen Augen und ebenmäßigem Gesicht. Ihm drohten drei Jahre Zuchthaus, doch schien er darüber nicht sonderlich beunruhigt; später erfuhr ich, dass er aufgehört hatte, sich über eine Inhaftierung Gedanken zu machen. Im Film werden Taschendiebe meist als kriecherisch und mit unstetem Blick dargestellt, aber Lewis sah mir gerade in die Augen und er sprach ganz nüchtern darüber, wie er seinen Lebensunterhalt verdiente. Ich sah seine großen Hände und bemerkte, dass er nicht langfingrig war. Er trug einen blauen Anzug von der Stange, der aber sichtlich von guter Qualität war. Schuhe und Hemd waren neu.

»Ich hab noch nie im Leben mit einem Reporter gesprochen«, sagte er. »Was wollen Sie wissen?«

»Ich würde mich freuen, wenn Sie mir von Ihrem Geschäft erzählen«, sagte ich.

»Ach was, Geschäft«, sagte der Taschendieb. »Da gibt's kein Geschäft. Das ist nichts als ein kleiner Diebstahl. Ich hatte nie ein Geschäft. Taschendiebstahl lohnt sich sowieso nicht mehr. Die Beamten vom Taschendiebstahlsdezernat kennen mich, und jedes Mal wenn sie mich sehen, buchten sie mich ein. Da kann ich genauso gut mit dem Kopf gegen die Wand rennen.«

Zur Betonung schlug der Taschendieb gegen die schmutzige Gefängniswand. Das Gespräch wurde von einer jungen Frau in einem der Käfige unterbrochen, die um eine Zigarette bat. Der Taschendieb steckte eine durch das Gitter, gab der Frau Feuer und schenkte ihr die Schachtel.

»Ich würde mich gern mal von einem Psychiater untersuchen lassen, weil irgendwas mit mir nicht stimmen kann«, sagte er. »Vielleicht ist was mit meinem Gehirn. Vielleicht liegt's sogar am Milieu. Ich bin aus der East Side und zu Hause waren wir zu siebt und ich musste irgendwie was zu futtern kriegen. Aber wenn ich Kies hab, bin ich kein Taschendieb mehr. Dann wette ich. Und wenn ich pleite bin, fängt das Ganze wieder von vorne an.«

Gefragt, ob er vorführen würde, wie er Taschen leert, lehnte er ab.

»Der Taschendieb gilt als die unterste Stufe der Verbrecher«, wurde gesagt. »Sind Sie irgendwie stolz auf ihre Arbeit?«

»Nicht besonders«, sagte er. »Lieber wär ich Buchmacher. Das Wetten gefällt mir besser. Ich bin eher Zocker als Taschendieb. Ich weiß schon, dass man mich für die mieseste Sorte Ganove hält, aber das kümmert mich nicht. Na ja, die Polente nennt mich nur Ratte und quatscht davon, dass ich den Armen den Lohn klaue. Aber da bin ich ja wohl nicht der einzige. Jeder beklaut die

Armen. Es gibt einen Haufen Bankdirektoren, die sind keinen Deut besser als ich.«

Der Taschendieb hatte ein sonnengebräuntes Gesicht und sah aus, als wäre er gerade ein paar Wochen am Strand in Florida gewesen.

»Ich war in der Sonne«, sagte er, »aber ich verrate nicht wo. Ich halte mich in Form. Was die meisten Taschendiebe zur Strecke bringt, sind die Drogen. Schnaps ja. Frauen auch. Aber Drogen, nein. Die machen einen fertig. Wenn ein Taschendieb Bammel bekommt, fängt er mit den Drogen an. Meine längste Zeit im Kittchen waren fünfzehn Monate, und wenn ich könnte, würde ich den Mist sofort sein lassen.«

»Der Beamte meinte, dass Sie bei der Festnahme immer sagen, dass Sie aufgehört haben«, sagte ich.

»Das würde ich nie sagen«, sagte er mit zornbebender Stimme. »Ich weiß, dass Taschendiebstahl falsch ist und den ganzen Schmonz, aber darum geht's nicht. Von irgendwas muss ich ja leben.«

Ich stellte dem Taschendieb noch weitere Fragen, aber er wurde mürrisch und gab keine Antwort mehr. Stattdessen erzählte er vom Gefängnisleben.

»Ich schlafe«, sagte er. »Ich kann wochenlang durchschlafen. Wahrscheinlich bin ich da nicht ganz normal. Ich kann meine Strafe abschlafen.«

Einen Augenblick musterte mich Lewis und sagte dann: »Ich glaub, das führt zu nichts, Kumpel. Also, ich verabschiede mich jetzt besser …« Ich fragte, ob ich ihm Zigaretten schicken solle, aber er schüttelte den Kopf und sagte: »Ich hab Freunde draußen. Sie kümmern sich drum, dass ich Tabak kriege und Zeitungen und so.« Danach gab er mir die Hand und ging zurück zu seinen Wild-West-Zeitschriften. Ich verließ das Gefängnis und ging zum Polizeipräsidium, um Captain William J. Raftis, den Chef des Trick- und Taschendiebstahldezernats, zu besuchen. Ich wollte ihn fragen, wie er Lewis als Taschendieb einschätzte. Der Captain sagte, dass Lewis gut war.

»Er ist kein Fledderer«, sagte er. »Das heißt, er hat noch nie Betrunkene ausgeraubt. Er geht nur auf Hosentaschen. Jeder kann einen Betrunkenen in der Untergrundbahn ausnehmen oder einen Nachtarbeiter, der auf dem Weg zur Arbeit ein Nickerchen macht. Manche Leute schlafen in den Bahnen so tief und fest, dass man ihnen die Beine absägen könnte. Lewis arbeitet oft mit einem Komplizen, der sich als Betrunkener ausgibt und das Opfer ablenkt. Dann räumt Lewis die Taschen des Opfers aus.«

Captain Raftis sagte, dass die meisten professionellen Taschendiebe in jungen Jahren anfangen. Lewis hatte seine Laufbahn um 1904 begonnen.

»Damals«, sagte Captain Raftis, »gab's noch keine Schulpflicht und die Kinder konnten auf den Straßen herumstreunen und in schlechte Gesellschaft geraten. Außerdem gab's keine spezielle Gesetzgebung gegen Taschendiebstahl. Heute haben wir kaum mehr neue Taschendiebe. Meine Männer und verschiedene neue Gesetze machen ihnen die Arbeit fast unmöglich. Unsere Beamten sind überall in der Untergrundbahn und beobachten große Menschenansammlungen. Genau wie Lewis gesagt hat, rennen die Taschendiebe heutzutage mit dem Kopf gegen die Wand.«

DIE TRETMÜHLE*

Am Rand der Bühne des Alvin Theatre saßen zwei großgewachsene Tänzerinnen in Bloomers* bei einer Probenpause auf einer Bank, aßen dick belegte Brote und schlürften Kaffee mit viel Milch aus einem Pappbecher. Die beiden Frauen tranken aus demselben Viertelliterbecher und schmierten mit jedem Schluck ihren Lippenstift an den Becherrand. Dabei sprachen sie mit vollem Mund.

Ein Schauspieler kam herein und stellte sich unter ein Schild mit der Aufschrift: »Rauchen feuerpolizeilich verboten«. Dort nahm er ein Streichholzheftchen heraus und zündete sich eine Zigarette an. In jeder Ecke der Bühne wurde geprobt. Einige Schauspieler sangen, andere brüllten einander ihren Text zu. Zwei Stepptänzer standen etwas abseits und warfen kleine Münzen in Richtung eines Spalts im Bühnenboden. Derjenige, dessen Münze dem Spalt am nächsten liegenblieb, steppte nach vorne und hob seinen Gewinn auf.

Im Orchestergraben klimperte ein Klavierspieler vor sich hin, den Hut in den Nacken geschoben und eine Zigarette im hochgezogenen Mundwinkel. In der Bühnenmitte stand in einem langen weißen Pelzmantel Ethel Merman*. Auf der Bühne war es kalt. Ab und zu stemmte eine Tänzerin ihre Arme in die Hüfte, beugte sich nach vorne und schüttelte sich. Es wurde gerade »Red, Hot and Blue!« geprobt.

Der Star der Show, Jimmy Durante*, saß auf einem wackligen, gegen die blanken Ziegel der rückwärtigen Bühnenwand nach hinten gekippten Stuhl. Er sah aus, als wollte er zu allen anderen menschlichen Wesen möglichst viel Abstand halten. Als er die Zigarre aus seinem großen schiefen Mund nahm, zitterten ihm die Hände.

»Ich vertrag's einfach nicht«, sagte er fröstelnd. »Nur aus Pflichtbewusstsein bin ich heute überhaupt in der Tretmühle. Ich darf einfach nichts trinken. Es ist in Ordnung, wenn ich ein Glas Wermut oder ein bisschen Rotwein trinke. Ja, das ist ganz in Ordnung. Aber gestern Abend hatte ich einen solchen Durst, dass ich in die Kneipe gegenüber bin und zum Barkeeper sag: ›Was empfehlen Sie mir denn?‹ Da gibt er mir was, das er Alexander nannte. Ich hatte sechs von diesen Alexandern und danach hatt' ich einen sitzen. Daheim plumps ich ins Bett und das dreht sich wie ein Ventilator. Ich wurde sogar seekrank. Mir geht's überhaupt nicht gut. Am liebsten würde ich sterben.

Das ist mir schon wochenlang nicht mehr passiert. Ich lass jetzt die Finger vom Schnaps. Ich beiß die Zähne zusammen und halt mich zurück. Außer vielleicht ein bisschen Wein zum Essen. Rotwein – den, den man früher Guinea Red* nannte, bloß dass ich den Namen nicht so mag. Die Franzosen, die mögen Rotwein genauso gern wie die Italiener.«

Eine Tänzerin ging vorbei, eine schöne rothaarige Frau mit langen weißen Armen.

»Glauben Sie dem ja kein Wort«, rief sie.

Durante sprang auf und gab der Tänzerin einen herzhaften Klaps auf das, was man ihre Hüfte nennen könnte. Sie kreischte lachend auf.

»Du bist doch ein echtes Schätzchen«, sagte Durante und vergaß seinen Kater.

Er stand auf, ging zum Orchester und setzte sich in einen Sitz in den vorderen Reihen, auf einen der Plätze zu fünf Dollar fünfzig. Dort legte er die Füße auf die Lehne des Sitzes vor sich. Er wirkte schon fröhlicher. Zwei Tänzerinnen saßen hinter ihm. Eine sprach, die andere ließ Kaugummiblasen platzen.

»Da sagte er zu mir: ›Du bist genau das, was mir mein Arzt verschrieben hat‹«, sagte die Tänzerin. »Und ich: ›Dein Arzt ist wahrscheinlich Zahnarzt, du Rindvieh, patsch mich nicht an.‹ Kannst du das glauben? Ich kenn ihn kaum eine halbe Stunde und schon will er mich küssen.«

»Ja«, sagte ihre Kollegin. »So ein Rindvieh.«

»Das ist mein Leben«, sagte Durante. »Als ich noch ein kleiner Junge war und in der Catherine Street wohnte, war ich noch Zeitungsjunge. Beim Austragen schnappte ich mir immer einen Packen mit fünfhundert Zeitungen, die Nachtausgabe, ja? Damit stieg ich in die Hochbahn und brachte sie zu den vier Zeitungskiosken in der Third und der Fourteenth Street. Damals hatte eine Zeitung bloß zwölf Seiten, und selbst ein Knirps konnte fünfhundert tragen. Heute würde er zusammenbrechen, wenn man ihm so viele aufhalsen würde. Da wird er drunter begraben.

Ich bring also die Zeitung da hin. Und als Nächstes flitze ich zu den Spelunken im Viertel. Ich guckte unter den geflochtenen Schwingtüren durch, die sie vor den Kneipen hatten, und sah Männer mit diesen Damen tanzen und sie tranken und der Klavierspieler haute wie wild in die Tasten, und ich dachte: ›Hach‹, dachte ich, ›wenn ich hier einen Job kriegen könnte, dann käm ich mir vor wie im Himmel.‹ Und das denke ich heute immer noch. Für manche ist die Bühne nur eine Tretmühle, aber für mich ist es das reinste Paradies. Schauen Sie sich nur mal die Blonde da an. Junge, Junge!«

Wie er da im dunklen Zuschauerraum saß und seinen Kater pflegte, begann der Komiker mit der großen Nase von seiner

Kindheit zu erzählen, der Zeit, als er durch die Catherine Street stromerte und mit anderen Jungs wilde Streiche ausheckte, der Zeit, als er gern barfuß lief und man ihn jeden Winter einfangen musste, um ihm Schuhe anzuziehen, der Zeit, in der er lernte, dass er, wenn er die Nase hoch trug und redete und immer weiter redete, eigentlich stets etwas Lustiges erzählte. Das ist noch heute seine Masche. Er hat damit angefangen, als er mit seinen bereits verstorbenen Brüdern in der Catherine Street Nr. 90 wohnte – Michael, einem Photograveur, und Albert, der Polizist wurde. Sein Vater, der rüstige siebenundachtzigjährige Bartholomeo Durante, der in der Catherine Nr. 87 einen Barbierladen hatte, hielt ihn für verrückt, wenn er hereinkam und unzusammenhängend von seinen Erlebnissen auf der Straße erzählte.

»Wir Jungs hatten viel Spaß«, sagte er. »Das Haus, in dem wir wohnten und mein Vater seinen Laden hatte, wurde abgerissen. Sie haben es abgerissen und so ein schickes Wohnhaus da hingestellt, dieses Knickerbocker Village*. Die meisten früheren Bewohner sind schon lange weggezogen. Manchmal spaziere ich abends allein runter und besuche das Volk da, die die noch übrig sind. Zum Beispiel schau ich bei Eddie De Rosa vorbei. Er hat einen Drugstore in der Catherine Nr. 94.

Hach, zu Eddie bin ich immer hin, wenn mir ein anderer Junge eins auf die Nase gegeben hat oder ich mir einen Nagel in den Fuß getreten hab, und dann tat er mir Iod drauf und ein Pflaster. Wenn ich da runter gehe und Eddie besuche, reden wir über die alte Zeit, als die East Side noch die East Side war.

Ich bin in die Public School Nr. 1 gegangen. In der sechsten oder siebten Klasse bin ich runter. Früher hab ich den Leuten erzählt, dass ich auf der High School war, aber wozu das Geschwindel? Jeder weiß, dass ich nicht gebildet bin.«

Der Komiker hatte seinen Kater völlig vergessen. Er sagte, dass er gerne in Pizzerias gehe und Pizza esse oder eine dieser großen Käse-Tomaten-Pasteten, die man in den Auslagen italienischer Restaurants sieht. Oder einen Teller Spaghetti mit drei großen Schöpfern Fleischsoße. Er ist so unprätentiös wie ein Untergrundbahnschaffner, und wenn er einmal vom Essen angefangen hat, ist er durch nichts mehr zu bremsen. Er kann sich mit einer aus seiner Manteltasche ragenden Ausgabe von *Variety* in ein kleines Café setzen, und zehn Minuten später erklärt er dem Mann am Tresen, wie der Betrieb zu laufen hat.

Der Komiker schnippte mit den Fingern.

»Übrigens«, sagte er, »Sie sollten mal meinen Paps essen sehen. Mit seinen siebenundachtzig ist er ein alter Herr. Er lebt jetzt bei meiner Schwester Mrs. Lillian Romano in der Palmetto Street drüben in Brooklyn, aber er war mit mir zwei Jahre in Hollywood. Was für einen Spaß ich mit ihm hatte!

Er trinkt gern Wein. Als wir dort hinfuhren, aßen wir im Speisewagen zu Abend und ich nahm den Kellner beiseite und sagte, dass er Paps eine Flasche Wein bringen, sie aber wieder mitnehmen soll, wenn er ihm ein Glas eingeschenkt hat. Das wollte er auch. Doch als er nach der Flasche griff, schnappte Paps sie sich. Er riss sie dem Kellner aus der Hand. Meine Güte, wie er da zulangte. Ich wär vor Lachen beinahe vom Sitz gefallen. Der Negerkellner sagte: ›Herr Jimmy hat gesagt, ich soll Ihnen Wasser bringen.‹ Da ist Paps explodiert. Er sagt: ›Mit Wasser wäscht man sich's Gesicht. Wein wäscht den Magen.‹ Junge, stieß der einen Schrei aus, als er dachte, dass der Wein wieder wegkommt. ›Wohin wollen Sie mit dem Wein?‹, brüllte er den Kellner an.

Mein Paps ist Barbier, müssen Sie wissen. Er kam aus Salerno in Italien, um hier an der Hochbahn in der Third Avenue mitzubauen. Er war nur ein einfacher Arbeiter, aber er hatte was im Kopf. Er hat gespart und einen Barbierladen aufgemacht. Jetzt ist er schon viele, viele Jahre im Ruhestand, aber das Barbierbesteck hat er immer dabei, seine Schere und das Rasiermesser. Er hat einen Haarschneide-Tick.

Wenn Leute zu mir zu Besuch kommen, geht er zu ihnen hin und fasst ihnen in die Haare und sagt, dass sie zum Friseur müssen. Wenn sie sich nicht wehren, dann lässt er sie sich auf der Stelle hinsetzen und schneidet ihnen die Haare. Geld nimmt er keins dafür. Einmal war ein Filmteam bei mir und er sieht Johnny Weissmuller mit seinen langen Haaren. Da hätte Paps fast der Schlag getroffen. Er geht zu Johnny hin und sagt: ›Was ist denn mit Ihnen los? Warum lassen Sie sich nicht die Haare schneiden? Los, hinsetzen, dann schneid ich sie Ihnen.‹ Ich musste ihn fast wegzerren. Jeden Morgen geht er in ein Pfarrhaus nach Ridgewood und rasiert einen Pfarrer, der da wohnt. Keinen Cent will er dafür. Das macht er nur zum Zeitvertreib.«

Der Komiker stand auf und zündete sich eine Zigarre an. Draußen regnete es. Er ging zur Bühnentür. Da stand eine Gruppe Tänzerinnen dicht zusammengedrängt und wartete, dass der Regen nachlassen würde und sie über die Straße laufen konnten, um im Drugstore auf der anderen Seite Kaffee zu trinken. Sie trugen Polo Coats* über ihrer Probenkleidung. Zwei von ihnen sangen ein Lied aus der Show.

»Schau dir diese Schätzchen an«, sagte Durante und klatschte in die Hände. »Wer kann's mir da verdenken, dass ich diese Tretmühle liebe? Ach, es ist doch ein Privileg, hier zu arbeiten. Eigentlich sollte ich dem Boss was zahlen, dass ich hier arbeiten darf. Junge, Junge.«

STADTBEKANNTER ANARCHIST GENIESST RUF ALS SCHURKE

An einem der letzten Abende des jüngsten Wahlkampfs in der Stadt hielt Max Steuer* im Radio eine nie enden wollende, scharfe Rede, während der er brüllte: »Nun, ich sage Ihnen, was für eine Sorte Mensch La Guardia ist. Er verkehrt mit Kriminellen. Er verkehrt mit Leuten wie Carlo Tresca.«

Als sie diese Anschuldigungen vernahmen, wuchsen bei vielen anständigen Bürgern, die bislang nicht wussten, wem sie ihre Stimme geben sollten, die Sympathien für Fiorello La Guardia. Sie empfanden Mr. Steuers Bemerkung als Empfehlung für den Fusionisten*.

Jener Carlo Tresca* ist ein stadtbekannter Anarchist. Er lebt seit 1904 im Exil in den Vereinigten Staaten – die meiste Zeit davon in New York – und ist einer der dienstältesten politischen Flüchtlinge der Stadt. Schon lange vor Mussolinis Machtantritt emigriert, wurde er nach 1922 zu einem Führer der italienischen Flüchtlinge in den Vereinigten Staaten, die zu tausenden von der faschistischen Diktatur vertrieben wurden. Während der zwölf Jahre, in denen die Auseinandersetzungen über Mussolinis Politik die Italiener hierzulande entzweit und in hunderten Italienervierteln zu Mord, Bombenanschlägen und bürgerkriegsähnlichen Zuständen geführt haben, hat Carlo Tresca unablässig den Mann bekämpft, den er manchmal »Klein Benito« nennt.

Als eleganter Italiener mit schwarzem Hut und dichtem Bart ist er eine gepflegte Erscheinung. Bisweilen nimmt er sich für das Abendessen sechs Stunden Zeit und er möchte lieber als Schurke denn als Held gelten. Über Jahre verdächtigte ihn die Polizei –

vielleicht auch zu Recht –, einer der gefährlichsten Männer im Lande zu sein und viele Bomben gelegt zu haben. Doch er ist ein schlauer Anarchist.

So wurde nach dem Bombenanschlag in der Wall Street 1920* sein Foto mit der Aufschrift »Die Polizei sucht diesen Mann« verteilt. Mitglieder des Bombenräumkommandos stöberten ihn schließlich im People's House* in der Fifteenth Street East Nr. 7 auf, wo er in einem Büro saß und mit müden Augen ein Buch über politische Ökonomie las. In seiner Manteltasche entdeckten die Beamten ein Päckchen. Als sie es öffneten, fanden sie darin drei Käsebrote.

»Die Jungs sind nett«, sagt er über das Bombenräumkommando. »Seither kommen sie immer zu mir, wenn sie irgendwo eine Bombe finden. Sie fragen mich, was ich darüber weiß, aber ich weiß nie etwas. Also trinken wir Wein.«

Mittlerweile ist sein Leben vergleichsweise ruhig. Der ewig unter Bombenlegerverdacht stehende Tresca, ein Antifaschist und kämpferischer Redakteur, ein Agitator der Industrial Workers of the World* und Mitstreiter der scharfzüngigen Elizabeth Gurley Flynn* und der dicken Emma Goldman* bei Arbeitskämpfen, wurde schon seit Jahren keines Verbrechens mehr verdächtigt, das die Welt in ihren Grundfesten erschütterte. Von nostalgischen Gefühlen übermannt, sitzt er in einem Lokal an einem Tisch, raucht Pfeife, trinkt tiefroten Wein und erinnert sich an die Schlagzeilen früherer Jahre: »Tresca bestätigt versuchten Anschlag auf Rockefeller«*, und »Polizei schnappt Tresca erneut: In Waterbury mitverhaftet«, und »Anklage gegen Haywood, Tresca, Miss Flynn und zwei weitere Personen«.

Oft spricht er von Gefängnissen und Festen früherer Jahre. Da gab es den Roten Reigen der Anarchisten 1915. Er fand im Harlem Casino statt und Emma Goldman kam als Nonne. Das Fest begann mit einem Walzer namens »The Anarchists' Slide«, der aus zwei kurzen und einem Gleitschritt bestand sowie aus dem, was Miss Goldmans Manager Ben Reitman als »den immerwährenden Schwung« bezeichnete.

»Sieht das nicht famos aus!«, soll Reitman geschrien haben, als sich Miss Goldman vergeblich an den beiden kurzen und dem Gleitschritt versuchte. »Leg los, Emma.«

»Ich hab mich prächtig amüsiert an dem Abend«, sagte der von den Anarchistinnen stets angebetete Tresca.

Und dann war da der Vorfall, als ein Polizist Tresca bei einem Aufruhr an der Ecke Sixth Avenue und Forty-first Street das Jackett runterriss und dabei eine Romanze enthüllte. Das an drei Stellen zerrissene Jackett wurde in eine Polizeiwache gebracht. In einer Tasche fanden die rücksichtslosen Beamten einen kleinen abgegriffenen Band Liebesgedichte von Elizabeth Barrett-Browning. Eine Gedichtzeile – »Und deiner Seele sag, dass ihre Wurzeln noch in meiner sind« – war unterstrichen, und darunter stand geschrieben »Ich liebe dich, Carlo. Elizabeth Gurley Flynn, 12. Dezember 1912«. Miss Flynn, bekannt als die Jeanne d'Arc der Industrial Workers of the World und Anführerin vieler Streiks in den Seidenwebereien von New Jersey, war eine verheiratete Frau. Tresca war ebenfalls verheiratet. Eine Zeitlang hießen sie in den Zeitungen nur »die galanten Gewerkschafter«.

Mit einem sarkastischen Lächeln erinnert sich Tresca an eine andere Schlagzeile: »Tresca erklärt seinen Bankrott«. Vor einem Jahr ging seine Zeitung *Il Martello* (Der Hammer), in dem jede

Woche ordentlich auf Mussolini eingeschlagen wurde, in Konkurs. Trescas Hang, sich früherer Zeiten zu erinnern, ist kein Zeichen der Schwäche. In jener Woche kehrte er von einer Agitation in den Italienervierteln Neuenglands zurück, die er mit Athos Terzani* unternommen hatte, jenem Antifaschisten, der während einer Versammlung von Art J. Smiths Khaki Shirts of America* in Queens angeblich einen anderen Antifaschisten ermordet hat. Im Dezember wird er aufs Neue mit der Herausgabe von *Il Martello* beginnen.

Tresca hält sich an drei Orten bevorzugt auf. Man kann ihn im obersten Stock eines Speicherhauses in der Fifteenth Street West Nr. 52 antreffen, im Büro von *La Stampa Libera*, der führenden antifaschistischen Zeitung des Landes, für die er gelegentlich einen Beitrag schreibt. (Es ist dieselbe Zeitung, deren Namen Steuer in seiner Radioansprache voller Verachtung falsch aussprach. Sie unterstützte La Guardia.)

In das Büro gelangt man mit einem langsamen, schmutzigen Aufzug. Die meisten Redakteure und Reporter sind wegen Mussolini emigriert. Besuchern gegenüber sind sie argwöhnisch. Mittags stellen sie Käse und Wein auf ihre Tische. Wenn Tresca da ist, macht er ein paar bissige Bemerkungen über Mussolini.

Daneben lässt sich Tresca täglich im Manhattaner Büro der Industrial Workers of the World sehen, das sich in der Fifth Avenue Nr. 94 im zweiten Stock eines jener von Graphikern, Schildermalern und radikalen Organisationen bevölkerten Gebäude befindet. Eine Etage höher liegt das Büro seiner derzeit eingestellten Zeitung. Im Gang vor dem Büro steht eine Bankreihe, und unzähligen antifaschistischen Emigranten dient der Raum als Anlaufstelle. Tresca schenkt ihren Klagen Gehör, gibt ihnen gute Ratschläge.

»Aber mit Vergnügen«, sagte Tresca, »ich erzähle Ihnen alles über die italienischen Emigranten. Seit die Fascisti die Macht, übernommen haben, ungefähr 20.000 Menschen haben verlassen das Land und es kommen jeden Monat viele, viele in die Vereinigten Staaten. Seit Jahren kommen sie. Ihre politischen Ansichten waren unerwünscht, sie waren Freimaurer oder ihnen hat nicht gefallen, wie sich die Dinge entwickelten. Die berühmtesten und die Reichen gehen nach Paris oder in die Schweiz. Die große Masse kommt hierher.

Der berühmteste hier ist Professor Gaetano Salvemini*, ein Historiker und früher Mitglied der Abgeordnetenkammer – das ist wie ein Kongressabgeordneter hier. Ehe er hierhergekommen ist, hat Salvemini Station in London gemacht. Dorthin senden sie die Nachricht, dass all sein Besitz konfisziert ist. Er lacht. ›Was für ein Witz!‹, sagt er. ›Das ist Schmeichelei. Mein ganzer Besitz sind einige staubige Bücher und das bisschen Holz meiner Möbel.‹ Jetzt ist er angesehener Geschichtsprofessor in Yale. Setzt er nur den Fuß in den Schmutz von Italien, muss er für dreißig Jahre ins Gefängnis, aber wer weiß, vielleicht reduziert Mussolini die Strafe ja auf fünfundzwanzig.

Bekannt ist auch Vincenzo Vacirca*. Auch er war Abgeordneter. Und auch sein kleines Haus wurde konfisziert. War früher bekannter Redakteur hier und ist zurzeit Olivenölhändler in Brooklyn. Eine andere war Virgilia D'Andrea*, ganz wichtig für die italienische Arbeiterbewegung und auch eine gute Dichterin. Sie wurde geschlagen und beleidigt und ihre Wohnung zerstört.

Flucht war einzige Rettung für sie. Sie ist vor einem Monat hier gestorben.

Es gab noch viele andere hochberühmte Leute. Um die kümmert man sich, irgendwie, das wissen Sie ja, aber die Massen, die Arbeiter und solche Leute? Nicht gut. Schrecklich. In New York leben 15.000 militante Antifascisti, mindestens. Alle hassen sie Mussolini. Wirklich, ich kenne mindestens 3.000, die sind ohne Papiere hier. Sie leben jeden Tag in Angst, wie alle Emigranten. Zweimal, dreimal im Monat ziehen sie um. Wer ohne Papiere, ist unerwünscht, richtig? Ausländer. Werden sie ausgewiesen, ist das der sichere Tod in Italien. Also leben sie in schrecklicher Angst. Und mit dieser Angst macht man Geschäfte. Fascisti stöbern die Emigranten auf.

Einer findet also einen Ausländer. Bald klopft nachts ein Mann an die Tür. Er kommt rein und sagt: ›Ich komme vom Justizministerium. Wir müssen Sie ausweisen.‹ Dann sagt er, mit zweihundert Dollar lässt sich die Sache aus der Welt schaffen. Das ist Erpressung, oder? Dreimal hab ich diese Geschäfte schon gestoppt, aber es fängt immer wieder an. Eine Zeitlang ist alles ruhig, und dann kommt einer meiner Leute zu mir, meint, dass sie wieder unterwegs sind in der Bronx, in Staten Island, überall, wo italienische Emigranten sind. Wer ohne Papiere ist, findet schwer Arbeit. Ist kein gutes Leben. Sie sind die unbekannten Soldaten des Antifaschismus.

Aus Italien muss man manchmal schon fliehen, wenn man sagt: ›Uns geht es nicht gut. Hier sind dauernd schwere Zeiten.‹ Das heißt dann Verbrechen gegen den Anstand und die Gesundheit der italienischen Finanzwelt. Einmal verkündet Mussolini, er begnadigt alle Emigranten. Mein Freund Anthony Vellucci beschließt also heimzukehren. Wir wollen es ihm ausreden, aber ohne Erfolg. Er glaubt, Mussolini sagt die Wahrheit. Er geht. Als er zuhause ankommt, verhaften sie ihn und sagen: ›Du musst fünf Jahre ins Gefängnis auf der Insel. Danach ist alles in Ordnung.‹ Prima Sache. Fünf Jahre auf dieser Malariainsel und danach landest du sowieso im Himmel.«

Tresca liebt die Geschichte seiner Begegnung mit Mussolini im Jahr 1904.

»In Italien«, sagte er, »hab ich für die sozialistische Gewerkschaft der Eisenbahnarbeiter gearbeitet. War auch Redakteur bei *Il Germe (Der Keim)*. Das ist eine mächtige Zeitschrift. Plötzlich werde ich für etwas verhaftet, was ich geschrieben hab, und zu achtzehn Monaten Zuchthaus verurteilt oder zehn Jahre Verbannung. Also nehme ich Verbannung. Auf dem Weg hierher fahre ich über Basel in der Schweiz. Da lebt ein anderer Flüchtling. Er heißt Benito Mussolini. Er ist voller Angst und eitel, ein Mann, der sich in den Vordergrund spielt, damit ihm Leute applaudieren. Ich diskutiere mit ihm die ganze Nacht. Er sagt, er ist sehr radikal, ein extremer Sozialist. Am nächsten Tag verabschiedet er mich am Bahnhof und da sagt er: ›Tresca, du bist nicht radikal genug.‹

Können Sie sich das vorstellen? Ich bin heute Anarchist; und was ist Mussolini, der so radikal war? Ein Verräter an der Sache. Er erinnert sich genau an den Vorfall, und wenn ich nur in die Nähe der italienischen Grenze komme, lebe ich nicht mehr lang.«

Nach der Ankunft in New York war Tresca zunächst Redakteur bei *Il Proletario*. Dann ging er nach Pittsburgh und gründete eine antikatholische Zeitung, *La Plebe (Der Pöbel)*. Jeder italienische Revolutionär ist antikatholisch.

»Ach«, sagte er, »die Kirchen dort taten sich zusammen und gründeten ein Blatt gegen mich. Das ist aber nichts und so fangen sie an mit Verleumdungsklagen gegen mich. Das ist auch nichts. Also schicken sie jemand, mich zu töten, und zahlen fünfhundert Dollar Vorschuss. Er kommt mit aufgeklapptem Rasiermesser. Sehen Sie die Narbe da?«

Tresca hat eine lange Narbe vom Mundwinkel bis zum rechten Ohr. Sie sieht recht schmuck aus.

»Aber ich erwischte das Rasiermesser. Daher hat er mich nicht umgebracht, sondern nur aufgeschlitzt. Da sie mich nicht töten können, bringen sie die Postbehörden gegen mich auf. Ein kluger Schachzug. Das gelingt. Aber ich gründe eine andere Zeitung.«

Dann verließ er Pittsburgh, eilte zur Verteidigung von Ettor und Giovannitti* nach Lawrence, Massachussetts, unterstützte die Streiks in den Seidenwebereien in New Jersey und den Hotelstreik 1912 in New York. 1916 war er ein Anführer der Bergarbeiterstreiks in der Mesabi Range im Norden Minnesotas und wurde des Mordes an einem Hilfssheriff verdächtigt und verhaftet, aber nie dafür vor Gericht gestellt. Während des Ersten Weltkriegs gründete er im Verborgenen und unter größten Schwierigkeiten *Il Martello*. Im Jahr 1917 wurden nur siebenundzwanzig Ausgaben der Zeitung verboten.

1925 wurde er wegen der Veröffentlichung einer zweizeiligen Anzeige für die Geburtenkontrolle zu einem Jahr Haft im Bundesgefängnis in Atlanta verurteilt. Präsident Calvin Coolidge verkürzte die Strafe auf vier Monate. Tresca gefiel es im Gefängnis in Atlanta. Er sammelte Beweismaterial über einen Drogenring, der zwischen den Gefängnissen arbeitete, und schmuggelte es zwischen seinen Schuhsohlen heraus. Das Justizministerium bat um das Material, aber er lachte nur und sagte: »Mich interessiert nur der Sturz Ihrer Regierung.« Auf dem Heimweg machte er Halt in Washington und folgte einer Gruppe Studenten ins Weiße Haus.

»Sie gingen zum Händeschütteln dorthin«, sagte er. »Also stellte ich mich in die Schlange und schüttelte dem Präsidenten die Hand. Ich wollte sagen, ›Mr. Coolidge, ich bin derjenige, den sie vom Zuchthaus begnadigt haben. Meinen ganz herzlichen Dank.‹ Aber ich tat es nicht. Ich hatte Angst, dass eine Wache, sobald sie meinen Namen hört, herbeistürzen und schreien würde: ›Um Gottes Willen, Herr Präsident, passen Sie auf. Der hat vielleicht eine Bombe in der Tasche.‹«

Ein paar Jahre nachdem er aus dem Gefängnis entlassen worden war, endete auch Trescas Laufbahn als Bombenleger. In einigen Wochen wird er *Il Martello* erneut herausgeben und sein Leben wird erneut turbulent werden.

ASCAP-KONTROLLEUR

In dieser schnelllebigen Metropole schießen Kneipen wie Unkraut aus dem Boden.

In einem Anflug von Größenwahn hebt ein ehemaliger Hilfskellner seine gesamten Ersparnisse ab und mietet einen leerstehenden Laden, Keller oder Raum in einem Obergeschoss. Tischler bauen eine gebrauchte Bar mit kaputter Zapfanlage auf und nageln abgetretene Bretter zu einem Tanzboden zusammen. Einige Kartons mit sogenanntem erlesenem Wein und Schnaps werden herbeigeschafft und karierte Tischdecken auf zwei Dutzend wacklige Tische gelegt. Die Frau des Besitzers kauft ein paar Pfannen und Töpfe und zwei Gläser eingemachter Kirschen und übergibt dem »Koch«, einem unrasierten ehemaligen Klempner, die Küche. Für zwölf Dollar fünfzig wird Miss Lucy de Lulu, eine Fächertänzerin in Ausbildung, angeheuert und eine aus Klavier, Geige, Saxophon und Schlagzeug bestehende Kapelle engagiert. Neonschilder beginnen zu flackern, und El Clippo erblickt das Licht der Welt.

Noch ehe sich an der Registrierkasse Gebrauchsspuren entdecken lassen, hört ein Kontrolleur der ASCAP, der American Society of Composers, Authors and Publishers an der Rockefeller Plaza Nr. 30, von dem Lokal, das sich El Clippo nennt. Sobald ein Nachtcafé mit Musik eröffnet wird, wird von ihm erwartet, dass er sich an die Arbeit macht. Er fährt in der Nacht vorbei und sieht das Neonschild oder liest eine Annonce.

El Clippo mag weit oben in der Bronx liegen, sich unter der Third-Avenue-Hochbahntrasse ducken oder im Herzen Harlems versteckt sein, aber schon nach wenigen Abenden macht sich der ASCAP-Kontrolleur auf einem Kärtchen Notizen. Er hat die Aufgabe, den zornbebenden Wirt davon zu überzeugen, dass er sich eine ASCAP-Lizenz besorgen muss, ehe seine Kapelle künstlerisch wertvolle Stücke wie »It's a Sin to Tell a Lie« oder »These Foolish Things (Remind Me of You)« rechtmäßig aufführen darf.

»Es ist ein harter Job«, sagte Russell W. Rome, ein ehemaliger Football-Spieler im Team der Wesleyan University und einer der findigsten ASCAP-Kontrolleure. Mit den meisten Musiklokal- und Tanzhallenbetreiber in New York ist nicht zu spaßen. Natürlich sind nicht alle schwere Jungs, aber brave Kirchgänger sind auch nicht viele darunter. In der Prohibitionszeit waren manche Schnapsschmuggler, andere waren Gangster oder Spieler.

»Wenn man da reingeht und sagt, die ASCAP vertritt Komponisten und Verleger, die das Urheberrecht an den meisten Liedern halten, die hier gespielt werden, und dass sie eine Lizenz der ASCAP brauchen, ehe sie sie aufführen dürfen, dann antworten sie für gewöhnlich: ›Du willst uns doch nur übers Ohr hauen. Zisch ab und lass dich hier nicht mehr blicken, du Gauner, du Schnüffler, du Trottel.‹

Es dauert ziemlich lang und ist ziemlich mühsam, ihnen die Lage klarzumachen. Nehmen Sie das El Clippo. Theoretisch gibt es den Mindestsatz von zweihundertzehn Dollar im Jahr, mit dem der Wirt das Recht erwirbt, alle unsere Lieder zu spielen, aber in so einem Lokal würde das Tarifkomitee vermutlich einen Satz zwischen sechzig und achtzig Dollar festlegen, je nachdem wie viele Sitzplätze es gibt, wie lange die Kapelle spielt und dergleichen. Es gibt Lizenzen für Hotels mit Orchestern, für Theater, Tanzhallen, Cafés und Restaurants, Radiosender, für alles, wo Musiker spielen.

Wenn ein Lokal aufmacht, schicken wir einen Standardbrief, der erklärt, was die ASCAP ist, und dazu auffordert, sich eine Lizenz zu besorgen. Der fliegt in neunundneunzig von hundert Fällen geradewegs in den Papierkorb. Wir warten eine Woche und schicken dann einen weiteren Brief, der ebenfalls in den Papierkorb wandert. Danach geht ein Kontrolleur hin. Bei den meisten dieser Wirte dient der Tresen auch als Büro, und da steht man dann und versucht die Angelegenheit zu klären. Jetzt heißt es, sie hätten keinen solchen Brief bekommen.

Der Wirt sagt, er hat doch die Noten gekauft und teures Geld dafür bezahlt, und nun kämen wir daher und wollten ihm erklären, dass er das, was er gekauft hat, nicht benutzen darf? Darauf nehmen wir so ein Notenblatt und zeigen ihm die Stelle mit dem Hinweis: ›Alle Rechte vorbehalten, auch das der öffentlichen Aufführung zu gewerblichen Zwecken.‹ Das versteht er nicht. Wenn er der Wirt ist, tut er so, als wäre er Barkeeper und meint: ›Ich sag's dem Boss.‹ Oder er sagt, dass er mit seinem Anwalt spricht oder mit irgendeinem Politiker. Die müssen immer mit irgendwem reden. Und dann sagt er: ›Und jetzt raus hier!‹«

Der nächste Schritt ist ein Einschreiben. Wird auch das nicht beachtet, macht sich der ASCAP-Kontrolleur ernsthaft an die Arbeit.

»Er geht an den Tresen des Lokals und bestellt sich ein Bier«, sagte Mr. Rome, »oder er nimmt zur Tarnung eine Frau mit und setzt sich und bestellt sich was zu essen. Wir trinken immer Bier oder Kaffee. Ich weiß gar nicht, wie viele Tassen Kaffee ich im Dienst für die ASCAP schon getrunken hab. Manchmal geh ich in bis zu zehn Lokale pro Nacht. Die meiste Arbeit muss man nach Mitternacht erledigen.

Der ASCAP-Kontrolleur sitzt eigentlich nur ruhig da und hört sich die Musik an. Er notiert jeden Titel, der gespielt wird, und meistens sind es Lieder unserer Mitglieder. Spielt die Kapelle ›Is It True What They Say About Dixie?‹, dann ist das von uns. Spielt sie ›All My Life‹, ist es auch von uns.

Er notiert sie alle. Außerdem beschreibt er das Lokal, falls es Fragen gibt, wenn wir schließlich vor Gericht gehen und er als Zeuge aussagen muss. Nach einer Weile lässt er dem Wirt sein Kärtchen bringen. Der hat natürlich alles vergessen und man muss ihm den Mist noch mal erzählen. Aber er kapiert's noch immer nicht. Stattdessen sagt er: ›Das ist Betrug.‹ Man redet ihm noch ein bisschen gut zu und dann brüllt er: ›Raus hier!‹ Als Nächstes übergibt man seinen Bericht dem Büro. Man hat ihn bei einer Urheberrechtsverletzung ertappt und kann ihn verklagen.«

Mr. Rome berichtete, dass noch weitere Briefe versandt werden. Zuletzt wird der Inhaber benachrichtigt, dass er sich einer Übertretung des Urheberrechtsgesetzes von 1909 schuldig gemacht hat, dass die ASCAP die Angelegenheit ihren Anwälten übertragen hat und dass bei einem amerikanischen Amtsgericht gegen ihn Klage erhoben wird, wenn er keine Lizenz beantragt.

»Und jetzt kommt das Kniffligste«, sagte Mr. Rome. »In New York City ist es sehr schwer festzustellen, wem ein Musiklokal oder eine andere Lokalität eigentlich gehört. Der Name des Besitzers, den sie einem nennen, kann genauso gut der des Türstehers sein. Man muss aber den Namen des Eigentümers rausbekommen, damit ein Vollzugsbeamter dem Richtigen die gerichtliche Verfügung übergeben kann. Am besten sieht man sich wegen des Namens die Ausschankkonzession an. Wir könnten uns auch an die State Liquor Authority* wenden, die die Konzessionen vergibt, aber das dauert. Also holen wir uns den Namen von der Konzession, die irgendwo in der Kneipe aushängen muss.

Meistens wird sie irgendwo knapp unter der Decke aufgehängt, wo man sie gar nicht lesen kann, oder hinter dem Herd in der Küche. Da muss man ein bisschen auf Zack sein. Zum Beispiel kann man so an den Namen auf der Ausschankkonzession kommen: Ich gehe in das Lokal und fange mit dem Barkeeper einen Streit über Bier an. Dann geht's weiter damit, dass wir uns gegenseitig Blindheit vorwerfen. Ich sage: ›Ich wette um ein Bier, dass ich sogar den Namen auf der Konzession dort oben an der Wand lesen kann.‹ Er schlägt ein und ich nenne irgendeinen Namen, der mir gerade einfällt. Da lacht er auf und sagt triumphierend, das stimmt überhaupt nicht. Ich lass ihn die Konzession runterholen, um es zu beweisen, und dann schreib ich den Namen ab.

Ein anderer Weg ist folgender: Frederick C. Erdman, unser Geschäftsführer des Distrikts von New York, hat ein Fernglas bei sich im Schreibtisch, das er für Sportveranstaltungen nutzt. Das nehm ich mit in die Kneipe und sag zum Barkeeper: ›Schauen Sie mal, das hab ich für fünfzig Cent bei einer Versteigerung bekommen.‹ Er schaut es sich an und guckt damit im Lokal rum. Irgendwann wird ihm das langweilig und ich nehm es wieder an mich und gucke selbst damit rum und schließlich schaue ich auf die Konzession. Meistens kann man den Namen so lesen.

Sobald wir den Namen haben, stellt ein Vollzugsbeamter die gerichtliche Verfügung zu, begleitet von einem ASCAP-Kontrolleur, der ihm den Wirt zeigt. Ich erinnere mich an einen Abend in einer wilden kleinen Hafenkneipe im Navy Yard von Brooklyn, die voller philippinischer Seeleute und ihren Mädchen war. Der Wirt hatte mir schon angekündigt: ›Kamerad, wenn ich deine Visage noch mal hier sehe, massier ich damit die Wand.‹ Ich hatte den Eindruck, dass er das ernst meinte, daher überließ ich dem Vollzugsbeamten das Reden.

Er reichte ihm das Schriftstück. Der Wirt zerriss es und schlug den Vollzugsbeamten zu Boden. Ich hob die Schnipsel auf, drückte sie dem Wirt in die Hand und rannte zur Tür. Ich hab mir angewöhnt, zwischen Wirt und Tür zu bleiben. Nur so zur Vorsicht. Der Vollzugsbeamte rief die Polizei, und zuletzt wurde der Wirt umgänglicher und beschloss, eine Lizenz zu beantragen. Er gab sogar eine Runde aus.«

Ist die gerichtliche Verfügung zugestellt, suchen die meisten Wirte ihren Anwalt auf und am Ende wird ihnen klar, dass sie sich eine Lizenz beschaffen und zahlen müssen. Sie brauchen eine ganze Weile, um zu begreifen, dass die Musik nicht kostenlos ist. Wenn jemand vor Gericht geht, dann wird er für jeden Verstoß so um die zweihundertfünfzig Dollar zahlen müssen, und es ist jedesmal ein Verstoß, wenn ein Lied gespielt wird. Aber zu einem Verfahren kommt es nur selten. Ehe ein Wirt, der es auf ein Verfahren angelegt hat, eine Lizenz bekommt, muss er auch die Gebühren für den Vollzugsbeamten und die anderen Gerichtskosten zahlen.

Im New Yorker ASCAP-Büro arbeiten neun Kontrolleure. Jeder von ihnen ist mit Unterhaltungsmusik bestens vertraut, und die meisten haben einen Universitätsabschluss. Die ASCAP unterhält Büros in den größten Städten des Landes, und von dort ziehen ihre Kontrolleure los. Wenn eine Bierhalle mit Musik in Ashpole, North Carolina, eröffnet oder ein Hotel in Claremont, Texas, eine Kapelle engagiert, dann tauchen dort ASCAP-Kontrolleure auf, noch ehe die Bar alle Alkoholvorräte angelegt hat.

»Wir verkaufen etwas Immaterielles«, sagte Mr. Rome, »und man kann den Leuten nur schwer klarmachen, dass es kein Betrug ist und dass die Autoren der Lieder ein Recht darauf haben, Geld für ihre Arbeit zu bekommen. Sie kaufen etwas, das man nicht essen und nicht in die Hand nehmen kann, und das ist für sie eine seltsame Sache.

SALZWASSERFARMER

Kapitän Jacobus Kwaak[*] steuerte seine alte kupferbeschlagene *Willie K.*, das Flaggschiff der Bluepoint[*]-Austernflotte, in einen seichten, tiefblauen Bereich der Great South Bay, der durch vier Stangen gekennzeichnet war. Als er in der Mitte angekommen war, drosselte der Kapitän den Motor und zwei Austernfischer in hüfthohen Stiefeln rannten zum Bug und ließen die Backbord-Dredsche zu Wasser. Die schwere Dredsche pflügte über den Boden und riss körbeweise große, fünf Jahre alte Austern aus ihrer Ruhe.

Nach ein paar Minuten wurde die Dredsche eingeholt und ihre tropfende Ladung klatschte an Deck. Zusammen mit den Austern kommt immer auch eine Menge Beifang an Bord, und dieses Mal waren es einige kleine Krabben, mehrere Handvoll Meersalat, ein hässlicher Froschfisch, eine Auswahl an Meeresschnecken, ein Seestern und drei Klumpen dreckigen Meerschwamms. Der alte Kapitän rief einem der Männer zu, er solle das Ruder übernehmen. Dann kletterte er schnaufend an Deck und beugte sich über die Ladung tropfender Austern. Er warf eine Handvoll Beifang über Bord, griff in den Muschelhaufen und zog eine Auster, ein große Auster heraus.

Er zückte ein rostiges altes Messer und öffnete die Auster. Prall und dick lag sie in der linken Schale. Mit der Schneide des Messers tippte er auf das schmale Ende der Auster, das dicke Ende, an dem sich der Magen, die Verdauungsorgane und das Herz befinden. Das Fleisch wabbelte unter den Stupsern der Klinge. Nachdem er die Auster ausgiebig begutachtet hatte, hob Kapitän Kwaak die Muschel in die Höhe und ließ das Fleisch mit einer geübten Bewegung in seinen Mund gleiten.

»Das wird ein gutes Austernjahr«, sagte er. »Die ganze Ernte ist gut. Wir hatten eine solch stürmische See, dass das Wasser am Grund der Bänke umgewälzt wurde und die winzigen pflanzlichen Stoffe, von denen sich die Austern ernähren, aufgewirbelt wurden. Die Austern sind dick, sie schmecken salzig und es gibt reichlich davon. Von ihren Schädlingen, dem Seestern und dem Austernbohrer, hatten wir kaum welche in den Bänken. Diese Austern sind die besten, die ich je gegessen habe, und in den vergangenen sechsundfünfzig Jahren hab ich jeden Tag mindestens ein Dutzend gegessen.«

Das Austernkonsortium, für das der Kapitän arbeitet, die zur General Foods Corporation gehörende Bluepoints Company, Inc., erntet und liefert in dieser Saison ungefähr einhunderttausend Fass Austern in der Schale und etwa dreihunderttausend Gallonen Austern ohne Schale in Büchsen. Die Bluepoints Company und ihre Tochterunternehmen, Austernfarmen in Connecticut, Rhode Island und Long Island, haben ungefähr fünf Millionen Scheffel Austern unterschiedlichen Alters in der Great South Bay und anderen seichten Buchten liegen.

Dieses Jahr verspricht eine Rekordernte. Allein im Gebiet von Long Island wird der diesjährige Ertrag aller Austernbetriebe zusammen, der unabhängigen wie der im Konsortium, eine Million fünfhunderttausend Scheffel übersteigen. Nach vier warmen Laichmonaten wird in dieser Woche die eigentliche Ernte beginnen, und an der gesamten Atlantikküste mit den besten Austernfarmen der Welt nehmen ungefähr fünfundzwanzigtausend Männer ihre Arbeit wieder auf, ernten die Austern in den Bänken, schaufeln sie in Fässer, sortieren sie nach den verschiedenen

Größen und Güteklassen, setzen sie in Klärbecken, holen sie für den Versand an ferne Kunden aus der Schale.

Das Klopfen der Sortierer mit ihren Hämmern ist aus hunderten von Lagerhallen in Long Island zu hören, und in blitzsauberen, aber muffigen Schuppen öffnen Austernknacker, überwiegend kräftige Männer holländischer Abstammung und Neger von den Austernbänken Virginias und Marylands, Tag für Tag tausende Austern. Bis nächsten Mai wird ihnen die Arbeit nicht ausgehen.

Die meisten Austern, die diesen Winter verzehrt werden, wurden vor mindestens fünf Jahren ausgesät. Austernzucht und Gemüseanbau weisen viele Ähnlichkeiten auf. Wie Tomaten werden Austern zunächst in Saatbänken ausgesät, dann sortiert und verpflanzt. In den drei bis fünf Jahren, die Austern zur Marktreife brauchen, werden sie sogar drei- oder viermal verpflanzt. Eine an sich unbewegliche Auster kann vor Rhode Island geboren werden, dann in Austernbänke in Connecticut versetzt werden und ihre letzten beiden Lebensjahre in Long Island verbringen.

»Die Verpflanzerei und die nötige Schädlingsbekämpfung machen Austern viel teurer, als sie eigentlich sein müssten«, sagte Joseph B. Glancy, ein Vertreter der Bluepoints Company, der sich seit zehn Jahren mit der Austernzucht an der ganzen Atlantikküste befasst.

»Das Geschäft bindet ungeheuer viel Kapital. Zum Beispiel besitzt meine Firma wegen des Uferrechts ungefähr fünftausendsechshundert Hektar Grund in der Bay, doch davon taugen nur etwa tausendzweihundert Hektar für Austernbänke. Wenn der Boden zu schlammig ist, eignet er sich nicht dafür, denn die Austern versinken und ersticken im Schlamm, und ein lockerer, sandiger Boden eignet sich nicht, weil da die Austern bei Sturm in die Bänke anderer Züchter gespült werden.

Unsere Austernbänke sind selbstverständlich alle markiert und kartiert. Wir haben dreißig Schiffe mit unterschiedlichen Ladekapazitäten, die zwischen fünfhundert und viertausendfünfhundert Scheffeln Austern liegen. Kapitän Kwaak kennt den Meeresboden in der Great South Bay so gut, wie ein Farmer seine Felder kennt. Er behält sie die ganze Zeit im Auge, und bei Saisoneröffnung fährt er von Bank zu Bank, fischt hier ein paar Körbe voll raus und da ein paar und prüft, ob sie schon marktreif sind, und er behält die Seesterne und die Austernbohrer im Auge.

Sie waren ja vor einiger Zeit dabei, als die Fischer auf der *Willie K.* ein paar Körbe aus Bett Nr. 21 geholt haben, und der Kapitän hat sie für gut befunden. Wenn er wieder in die Fabrik kommt, sagt er bestimmt, dass die Austern dort erntereif sind, und dann holen sein Schiff und die anderen hunderte von Scheffeln herauf. Alle Austern in der Great South Bay dürfen Bluepoints genannt werden, wenn sie wenigstens drei Monate dort waren. So lange muss eine Auster nach den Gesetzen des Staates New York in der Bay gewesen sein, damit sie rechtmäßig den Namen Bluepoint führen kann.«

Die sturmfesten Schiffe von Kapitän Kwaak verlassen die Reifebänke (jene Austernbänke, in denen die Austern zwischen sechs Monaten und zwei Jahre leben, ehe sie angelandet werden) und machen an einem Anlegeplatz neben den Schuppen der Bluepoint Company in West Sayville, Long Island, fest. Die Austern werden vom Schiff in einen Speicher gehievt und dort in Fässer gesetzt. Neben diesen Fässern stehen Männer in Stiefeln und mit Rupfensäcken um den Beinen, die jede Auster mit einem Hammer abklopfen, um festzustellen, ob sie ganz ist. Danach sortieren sie sie, indem sie die Muscheln in eines der im Halbkreis aufgestellten Fässer werfen.

Es gibt Austern in vielen verschiedenen Größenordnungen. Die Bluepoint ist eine kleine runde Auster, von denen bis zu tausend Tiere ein Scheffel ergeben. Mittelgroße Austern, die zu groß sind, um sie zu schlürfen, lassen sich gut braten und kommen auch als Cape Cods in den Handel; von ihnen machen etwa siebenhundertfünfzig einen Scheffel. Die Rockaways oder Lynnhavens sind die größten. Davon lassen sich nicht mehr als fünfhundert in ein eisgekühltes Fass packen.

Mr. Glancy sagte, dass die Austernfischer sehr gut auf ihre Bänke acht gäben, sie aber dennoch häufig mit Dieben zu kämpfen hätten.

»Da draußen liegen Austern in einem Wert von mehreren Millionen Dollar auf dem Meeresgrund«, sagte er. »Diebstähle sind da unvermeidlich. Die Diebe rücken in nebligen Nächten an und klauen alles, was sie erwischen. Manchmal haben sie kleine Motorboote und holen die Austern mit Rechen rauf, manchmal haben sie auch Dredschen an Bord.

Ganz ausschalten kann man die Diebe nicht. Der einzige, der sie je von seinen Austernbänken fernhalten konnte, war Stanley Lowndes, ein Millionär und Austernfischer, der vier Zentner wog. Der ist mittlerweile gestorben.

Er hatte viel Scherereien mit Dieben, die ihm die Bänke vor der Staten-Island-Küste leerräumten, wo die Bedingungen für Austern früher ideal waren. Eines Tages fuhr er zu den Bänken hinaus und ertappte die Diebe auf frischer Tat. Die Ganoven zogen sie aus dem Wasser, als wären es ihre eigenen. Mr. Lowndes war wirklich wütend.

Er drehte neben dem Diebesboot bei und machte daran fest. ›Ihr wollt also Austern, wie?‹, brüllt er den Dieb an. Tja, er selbst hatte einen Berg Austern an Bord, und so ließ er seine Leute diese Austern alle in das Boot des Diebs werfen. In kurzer Zeit sank es auf den Grund der Bay. Der Dieb und seine Helfer mussten an Land schwimmen. Mr. Lowndes fuhr ihnen nach und ab und zu brüllte er: ›Euer Boot behalte ich als Beweis.‹ Danach hatte er keinen Ärger mehr mit Piraten.«

Die tatkräftigen und sparsamen Long Islander mit holländischen Namen und geräumigen Mägen, die Austern pflanzen und ernten, vereinen in sich die Fähigkeiten von Seeleuten, Biologen und Farmern. Kapitän Jacobus Kwaak ist ein Austernfischer wie aus dem Bilderbuch; er raucht eine der mächtigsten Pfeifen aus schwarzem Bruyèreholz auf der westlichen Halbkugel und stapft bei jedem Wetter über das Deck seines Austernschiffs mit der Munterkeit eines Mannes von vierzig Jahren und nicht wie einer, der sich den fünfundsiebzig nähert; seine Konstitution führt er darauf zurück, dass er jeden Tag in den letzten fünfundsechzig Jahren zwischen einem Dutzend Austern und einem ganzen Scheffel verspeist hat.

Der Kapitän kam im Alter von drei Jahren aus Seeland in den Niederlanden hierher. Nach einem neunmonatigen Schulbesuch auf Long Island fand er sich gebildet genug und fing in einem Austernschuppen an. Seither hat er seinen Lebensunterhalt stets mit Austern verdient und wurde eine Autorität in Sachen ihres Verhaltens, ein Verhalten, das schon Generationen von Biologen in Erstaunen versetzt hat. Zwischenzeitlich hat er auch zehn Kinder großgezogen. Außerdem wurde er einer der angesehensten Bürger seiner Heimatstadt West Saville und einer der besten Laienwetterpropheten Amerikas, der seine Vorhersagen darauf stützt, wie sich die Austern ernähren und fortpflanzen. Lustvoll verzehrt er eine anständige Portion jeder Austernernte entlang der Atlantikküste, und wenn er in ein Restaurant geht und sieht, wie die Menschen statt Austern Fruchtpunsch und Tomatensaft bestellen, ist er erschüttert und glaubt, dass Irre aus den Anstalten ausgebrochen sind.

»Die Austern laichen in den Sommermonaten ohne ›r‹ im Namen. Deswegen raten wir ab, in diesen Monaten welche zu essen. Sie schaden einem zwar nicht, aber vor dem Laichen schmecken sie nicht so gut und sie sind klein und zäh. Vom Aussehen alleine kann ich nicht sagen, ob eine Auster männlich oder weiblich ist. Die meisten Austern sind anfangs männlich und manche werden später weiblich. Man kann aber davon ausgehen, dass das Geschlechterverhältnis in einer Zuchtbank ungefähr halbe-halbe ist.

Wenn das Wasser warm genug ist, stoßen die weiblichen Austern zwischen zehn und sechzig Millionen mikroskopisch kleine Eier aus und die Männchen geben Samenfäden ab. Im Wasser schwebend vermischen sie sich und bilden Larven aus, die zwei Wochen lang im Wasser schwimmen oder auf dem Meeresgrund liegen. Dann heften sie sich an das ›Gelege‹, die alten Muschelschalen, die wir über Bord geworfen haben. In wenigen Monaten können wir sie heraufholen und abschätzen, wie unsere Ernte in etwa fünf Jahren aussehen wird. Sie brauchen fünf Jahre, um sich zu entwickeln.

Ein paar Jungaustern setzen sich auf einer alten Schale fest, und wir lösen sie ab und verteilen sie, damit sie mehr Platz zum Wachsen haben, genau wie's ein Farmer mit seinen Pflanzen macht. Und genau wie Farmer Unkraut jäten müssen, müssen wir die beiden Austernfeinde rausfischen, die Seesterne und Austernbohrer.«

Kapitän Kwaak und die anderen Austernfischer verbringen einen Teil jeden Jahres damit, die Seesterne auszurotten. Diese Tiere legen sich ganz eng um eine Auster und stemmen die Schale auf. Dann stülpt der Seestern den Magen in die Schale, überzieht die Auster mit Magensäften, frisst sie und nimmt schließlich seinen vagabundierenden Magen wieder an sich.

Einmal hat ein Vertreter der Bluepoints Company, die das größte Austernunternehmen der Welt ist und deren Flaggschiff *Willie K.* Kapitän Kwaak befehligt, einen Austernknacker gehört, der den Kapitän fragte, wie viele Austern er je auf einmal gegessen habe.

»Eines Abends haben ein Freund und ich uns zusammengesetzt und ein ganzes Fass großer Austern aus der Schale geschlürft«, sagte der Kapitän. (In ein Fass passen ungefähr eintausend große Austern.)

»Danach haben Sie wohl kein Abendbrot mehr gebraucht, was, Kapitän?«, fragte der Austernknacker.

»Von wegen«, sagte der Kapitän, »das war doch nach dem Abendessen.«

Je nach Stimmung hält sich der Kapitän für einen Farmer oder einen Biologen.

»Unsere Farmen sind unter Wasser«, sagte er, »und genau wie andere Farmer müssen wir den Boden bestellen. Um den Boden in der Bay für die Austernsaat vorzubereiten, werfen wir Tonnen von alten Austernschalen über Bord. Mindestens fünfhundert Scheffel alter Schalen werfen wir auf einen halben Hektar Meeresboden. Die alten Schalen nennen wir ›Gelege‹. Die kleinen Austern setzen sich auf den alten Schalen fest.«

In ihrem Kampf gegen die Seesterne fegen die Austernfischer ihre Bänke mit langen Mopps. Der Schädling verheddert sich in den Mopps und wird an Bord gehoben. Dort wird er rasch mit kochendem Wasser überbrüht. Das ist teuer, und jeder, der sich billigere Austern wünscht, sollte Seesterne hassen.

Verteilt über den durchschnittlich drei Meter tiefen Grund der Great South Bay, filtert eine Auster mit ihren Kiemen literweise Salzwasser und frisst mikroskopisch kleine Pflanzen und Tiere, etwa die Larven von Schnecken und Muscheln. Die Auster ist ein Kannibale und frisst auch die eigene Brut. Die meisten Austernzüchter rühmen mit Recht, dass die Auster eines der gesündesten Nahrungsmittel der Welt ist. Die von den Unternehmen angestellten Biologen haben ermittelt, dass Austern eiweißreich sind und viel Jod und Mineralien enthalten, insbesondere Eisen, Kupfer und Mangan. Wem so etwas wichtig ist, erfährt womöglich gern, dass die Auster sich durch »eine ausgewogene Nährstoffverbindung der Vitamine A, B, C und D« auszeichnet. Sie enthält auch Vitamin G, das der Pellagra vorbeugt.

Die meisten Austernfischer essen die Austern roh und ohne Soße. Die einzigen in der Austernbranche Tätigen, die sich nicht allzu sehr für die Auster als Nahrungsmittel begeistern können, sind die Austernknacker, jene Männer, die den ganzen Tag vor den Tonnen stehen und die Austern für das Einmachen in Büchsen öffnen. Nur wenige von ihnen essen mehr als ein Dutzend am Tag.

Austernknacker müssen geschickt sein. Ein Anfänger schneidet sich beim Versuch, eine Auster zu knacken, schnell in beide Hände. Es gibt zwei Arten, Austern zu öffnen. Die erste ist das Knacken, bei der der Arbeiter die Spitze der Schale abschlägt, das Messer hineinsteckt und die Schale aufhebelt. Die zweite, als »Seitenschnitt« bezeichnete Art ist einfacher, aber sie erfordert etwas Kraft. Der Arbeiter nimmt die Auster mit eisernem Griff in die Hand, steckt das Messer zwischen die Schalen und stemmt sie mit einer Drehung des Handgelenks auf.

Die Schuppen, in denen die Austern geöffnet, gereinigt und in Büchsen verpackt werden, sind makellos sauber. Alle Werkzeuge werden sterilisiert und die Bänke, an denen die Austernknacker arbeiten, werden jeden Abend mit Heißdampf abgesprüht. Austernknacken ist Akkordarbeit. Momentan beträgt der Lohn fünfundzwanzig Cent die Gallone. Der höchste Verdienst, den ein Mann im vergangenen Jahr erzielte, waren elf Dollar für einen Tag Arbeit, wobei er vierundvierzig Gallonen oder achttausendachthundert Austern geöffnet hat.

Kapitän Kwaak ist der Meinung, dass man Austern nur frisch aus der Schale schlürfen sollte. »Eine Sauce kann man sich sparen«, sagte er. »Ein Salzkräcker schmeckt manchmal ganz gut zu einer Auster, aber Meerrettich und ähnliche Sachen passen nicht. Am besten isst man Austern aber natürlich draußen in den Bänken. Ich muss mich immer zurückhalten, wenn ich sie einhole. Wenn wir Austern fischen, wächst der Haufen an Deck bis auf die Höhe meines Steuerhauses. Wenn er so hoch ist, greife ich nach draußen und fange zu essen an.

Ich hab's mir angewöhnt, jeden Tag meines Lebens Austern oder Venusmuscheln zu essen, und jetzt brauch ich sie fast wie

Wasser. Diesen Sommer bin ich nach Denver, um eine meiner Töchter zu besuchen, und ich wollte ein paar Muscheln essen. Dort ging ich in ein Restaurant und auf der Speisekarte standen sechs Venusmuscheln für einen Dollar. Da hab ich zum Ober gesagt, dass ich lieber verhungere, als so viel für ein halbes Dutzend Muscheln zu zahlen.«

Die Austernfischer an der Ostküste blicken verächtlich auf die Pazifische Auster und finden sie bitter und ungenießbar und vermuten oft, sie stammen aus einer japanischen Zucht. Die berühmten Colchester-Austern aus England und die grünen Marennes-Austern aus Frankreich mögen sie, und sie sind stolz darauf, dass die Europäer so viel Geschmack an den Austern der amerikanischen Ostküste gefunden haben, dass tausende Fässer jedes Jahr dorthin verschifft werden. Allerdings sind viele Austernfischer in der Great South Bay überzeugt, dass die mit Abstand beste Auster der Welt eine gutgenährte dicke Bluepoint oder Cape Cod aus dem Mattituck Creek in der Great Poconic Bay ist.

»Man kann alle sieben Weltmeere durchfahren«, sagte Kapitän Kwaak und nahm sich eine Bluepoint aus dem Haufen direkt vor seinem Steuerhausfenster, »aber nirgends findet man bessere Meeresfrüchte als die Austern aus dem Long Island Sound.«

NEUE FOLGEN DER WITZZEICHNUNG

Peter Arno — »Nichts macht mir mehr Spaß, als eine eingebildete Person zu packen und zu schütteln, bis aller Dünkel von ihr abfällt«, sagte Peter Arno, der die aufgeblasene, großbusige Matrone zum Abbild einer zerfallenden Gesellschaftsordnung gemacht hat.

Es war später Nachmittag und der elegant gekleidete Zeichner war eben in seinem unaufgeräumten Atelier erschienen, das ein ganzes Geschoss der Fifty-sixth Street Nr. 15 einnimmt. Beim Reden verschlang er sein Frühstück, ein Virginia-Schinken-Sandwich mit Kaffee aus einem Pappbecher.

Der Boden um sein Zeichenbrett war übersät von Kohleskizzen, die er gestern spätnachts gemacht und dann beiseite gefegt hatte, um sie später zu überarbeiten. Es waren mit größter Sorgfalt gezeichnete Skizzen, die aber aussahen, als wären sie wie nebenbei aufs Papier geworfen worden.

In einer Ecke des großen Raums stapelten sich drei Holzkisten mit dem Aufdruck »Berry Bros. & Co., Wine Merchants«. »In Nassau hab ich noch zehn Kisten. Bester alter Rye-Whiskey. Hab ich für fünfunddreißig die Kiste bekommen, weil die keine Ahnung hatten, wie gut er ist. Jetzt wollen sie ihn für achtzig die Kiste zurück. Nichts zu machen.«

Im Gespräch wechselte der Zeichner unruhig von Thema zu Thema. Gleich neben ihm auf dem Tisch stand ein Telefon, das alle paar Minuten läutete. Beim Abheben sprang er jedes Mal auf, und während des Gesprächs klapperten seine Schuhe auf dem Boden wie bei einem kleinen Stepptanz.

»Noch nie in der Geschichte der Menschheit«, sagte er und ließ den Kaffee im Pappbecher hin und her schwappen, »waren so viele Trottel an einem einzigen Ort versammelt wie im heutigen New York. An jedem beliebigen Abend in den großen Nachtclubs. Die Stadt wimmelt nur so von ihnen. Dumme Dinger mit mehr Schnaps als Verstand in den Schädeln. Sind in jedem Nachtclub und mittags in den schicken Restaurants zu besichtigen.

Die Sorte Mensch mit dickem Bankkonto, die dasitzt und denkt: ›Mann, was bin ich doll, ich bin überhaupt das Dollste weit und breit.‹ Aufgeblasen. Die alten Fettwänste, die durch die Stadt gockeln, als würde ihnen die Welt samt Inventar gehören. Die schweinsäugigen Schreckschrauben, die mit Wabbelbacken in ihren Operlogen hocken und die Stirn runzeln …«

Das Telefon klingelte wieder ganz dringlich. Ein Freund rief an, um ihn wegen eines Verkehrsverstoßes und der damit verbundenen Gerichtsverhandlung zu beraten.

Es hat den Anschein, dass Mr. Arno nach wie vor gerne Benzin in hohes Tempo verwandelt und sich in dieser Hinsicht nicht geändert hat seit den Zeiten, da er sich bei der Packard Motor Car Company darüber beschwerte, dass sein Automobil keine hundert Meilen pro Stunde lief. Nun fährt er einen Duesenberg, einen echten Schlitten. Beim Vanderbilt Cup Race in Westbury hat er sich prächtig amüsiert; einige der besten Rennfahrer des Landes zählen zu seinen Freunden.

»Ja«, sagte er und knallte den Hörer auf die Gabel, »diese Leute bringen mich wirklich zur Weißglut und die Jungen noch mehr als die Alten. Wer sich nicht aufregt, bringt in diesem Beruf nichts Vernünftiges zustande. Davon bin ich überzeugt. Mehrere Jahre lang hab ich mich überhaupt nicht aufgeregt. Ich ging nach Hollywood und hab mich vergnügt. Für meine Arbeit war das nicht gut. Die war keinen Pfifferling wert.

Ich war immer schon gegen die herrschende Ordnung, wenn Sie verstehen, was ich meine. Wenigstens teilweise. Als ich erwachsen wurde, wurde daraus Unzufriedenheit mit der Welt um mich herum. Überall sah ich diese albernen, lachhaften Leute auf Straßen und Plätzen, in Nachtclubs, wo ich mit meiner Kapelle spielte, in Eisenbahnen und an Stränden, in Cafés und auf Partys, und ihr Gerede und Getue hat mich fürchterlich aufgeregt. Ich konnte einfach nicht anders, als ihre albernen Züge zu nehmen und zu überzeichnen. Diese Wut, wenn Sie's so nennen wollen, gab meinen Arbeiten den Pfeffer und machte sie lebendig. Ja, wie soll man's sonst nennen, wenn nicht Wut?«

»Warum waren Sie denn wütend?«, wurde er gefragt. »Sie selbst hatten doch immer ein ebenso gutes Auskommen wie die Leute, die sie karikieren. Sie leiten eine erfolgreiche Jazz-Band. Eine ihrer Shows [*The New Yorkers* von 1930 mit den rabiaten Clayton, Jackson and Durante[*], der bezaubernden Frances Williams[*] und Ann Pennington[*] mit den tollen Beinen] zählt zu den besten Revuen, die je in den Vereinigten Staaten produziert wurde. Sie hatten von Anfang an als Zeichner Erfolg. Warum sind Sie dann nicht selbst feist und zufrieden geworden?«

»Ach zum Kuckuck, woher soll ich das wissen?«, sagte Mr. Arno, knüllte das Wachspapier, in das sein Brot eingeschlagen war, zusammen und warf es in die Luft. »Wem nützen denn solche Allgemeinplätze über sich selbst?«

Der Zeichner schwieg etwa zehn Minuten lang und dachte nach. Dann kam er zu dem Schluss, dass seine Verachtung für die Blasierten und Albernen wahrscheinlich aus seinem Interesse für den Bürgerkrieg und seiner Vorliebe für die Karikaturen von Honoré Daumier entsprang, die er in Büchern der Bibliothek seines Vaters Curtis A. Peters, eines Richters am Obersten Gerichtshof, entdeckt hatte.

Arno begeisterte sich für Daumier, der für die dem *New Yorker* ähnlichen Zeitschriften *La Caricature* und *Charivari* gearbeitet hatte, der wegen einer Karikatur von Louis Philippe als Gargantua sechs Monate im Gefängnis gewesen war und der bei seinem Tod 1879 als blinder alter Mann der dankbaren Nachwelt ein Vermächtnis von 3.958 Lithographien hinterließ.

Arnos Interesse für den Bürgerkrieg blieb nicht ohne Folgen. Obwohl er kaum darüber spricht, beschäftigt er sich viel mit dem Krieg. Er besitzt eine Sammlung von Biographien und Geschichtswerken und sein Held ist General Nathan Bedford Forrest[*], der 31.000 Gefangene nahm. (Arno ist parteiisch und sympathisiert mit dem Süden, auch wenn seine Familie väterlicherseits aus Neuengland stammt und seine Mutter Engländerin war.)

Er führt an, dass er von »Anmut und Anstand und Sitten der Kultur des Südens« beeindruckt war und dass er das, was er darüber gelesen hatte, bei der Beobachtung seiner Zeitgenossen als Maßstab heranzog. Der Vergleich sei natürlich ungerecht. Dennoch fand er, dass seine Zeitgenossen zu wünschen übrig ließen.

Die treffsicheren Lithographien Daumiers und das Interesse am Bürgerkrieg sowie der Umstand, dass er in einer Zeit aufwuchs, in der der Ruhm hunderter Helden plötzlich nichts mehr galt, sind also der Grund, warum Arno das, was man früher als »liebenswürdige ältere Dame« bezeichnete, genauer unter die Lupe nahm und darin eine »wabbelbackige alte Matrone, die beim Platznehmen grunzt« sah und einen schnauzenden General, an dessen Rock pfundweise Orden baumeln, als komische Figur betrachtete. So seine eigene Erklärung.

Mittlerweile ist Arno dreiunddreißig Jahre alt und stellt fest, dass sein Zeichenstil und seine Auffassung die meisten zeitgenössischen Witzzeichner beeinflussen. Sein Werk erfüllt ihn aber keineswegs mit Zufriedenheit. Er hat aufgehört, die Whoops Sisters zu zeichnen, zwei im Jahr 1926 geschaffene schrille, ungebärdige Damen, weil er befürchtete, dass das Publikum die beiden allmählich abgedroschen fand. Jüngst hat er sich eine Kleinbildkamera gekauft, wie sie auch anderen Karikaturisten gute Dienste leistet. Seine Fotos entwickelt und vergrößert er selbst.

»Zeichnungen sind für mich Reportagen«, sagte er, »und ich glaube, ich komme einer wahrheitsgemäßen Berichterstattung immer näher. Ich mag es, wenn die Leute in meinen Zeichnungen so verblüfft aussehen, wie manchmal auf Fotos mit Blitzlicht. Zur Gedächtnisstütze mache ich oft Schnappschüsse. Ich fotografiere in Foyers von Theatern, in Nachtclubs, am Nachmittag auf der Fifth Avenue und ähnlichen Orten. Die Fotos liefern mir viele Anregungen.

Ich fotografiere auch, wenn ich auf Martha's Vineyard oder auf den Bahamas Ferien mache, und ich habe auch schon gestellte Aufnahmen mit Kunstlicht gemacht. Auch in Flugzeugen sind mir schon ein paar ziemlich gute Bilder gelungen.

Ich glaube, ich verändere mich als Künstler, aber ich kann nicht sagen wie. Ich halte mich bei der Arbeit immer mehr an regelmäßige Zeiten. Seit letztem Jahr ist mein Leben ziemlich ruhig. Allerdings darf ein Karikaturist nicht nur zuhause sitzen. Ich muss nachts durch neue Lokale ziehen und nach seltsamen Vögeln Ausschau halten. Es gibt nie nur eine einzige Person als Vorbild für meine Figuren, da bin ich sicher. Ich sehe mir vielleicht zwanzig oder dreißig Menschen eines Schlags an und bei jedem finde ich ein kleines bisschen, das ich gebrauchen kann.

Junge Leute zeichne ich nicht so gerne. Die finde ich nicht lustig. Zu einer komischen Szene gehören bei mir meist Ältere. In dem, was sie tun oder sagen, liegt einfach mehr Gewicht. Die Jungen haben nicht genug erlebt und das, was sie sagen, finde ich eher lächerlich als lustig. Lieber zeichne ich den alten Kauz, der tagein tagaus in der Fensternische seines Clubs sitzt, oder Variationen des Obersten mit weißem Schnurrbart oder den zaghaften Ehemann einer schönen Frau, ein kleines Männchen mit schlaffem Schnauzer und kindlichem Blick.

Am liebsten arbeite ich nachts. Natürlich arbeite ich manchmal auch tagsüber, aber lieber komme ich nach dem Abendessen her, wenn alles ruhig ist und ich mich konzentrieren kann. Oder ich gehe nach einer Theatervorstellung gegen Mitternacht ins Atelier und verliere mich in der Arbeit und bleibe bis fünf oder sechs Uhr morgens vor meinem Zeichenbrett. Ich trinke auch kaum noch und mir wär's sehr recht, wenn das Gerede über mein wildes Leben endlich aufhören würde.«

Arno ist ein fleißiger Zeichner. Er hat schon fünf Bücher mit Karikaturen veröffentlicht. Er sagt, dass der *New Yorker* als Erstes Zugriff auf seine Werke hat und dass er vertraglich verpflichtet ist, mindestens vierzig Zeichnungen im Jahr zu liefern. Er fertigt auch Reklamezeichnungen für Agenturen an und einmal im Monat zeichnet er eine doppelseitige Geschichte für *College Humor*. Für Zeitschriften macht er einen Schwung Skizzen, und sobald die Redakteure ihre Auswahl getroffen haben, arbeitet er sie aus. Er sagt, dass ihm achtzig Prozent der Witze selbst einfallen, aber er greift auch Anregungen von Redakteuren auf oder übernimmt Vorschläge, die ihm mit der Post zugesandt werden.

An politischen Karikaturen hat er kein Interesse; Politiker sind für ihn zu uninteressant, um lustig zu sein. Jemand mit Verbindungen zum Wahlkampfkomitee der Demokraten bat ihn, eine seiner Zeichnungen verwenden zu dürfen – ein Bild Arno-typischer New Yorker mit der Bildunterschrift »Schauen wir uns doch die Wochenschau im Trans-Lux-Kinopalast an und zischen Roosevelt aus« –, doch er lehnte ab. Er ließ sich nicht für die Wahl registrieren, weil er nicht unbedingt für Roosevelt stimmen wollte und Landon* für eine »erbärmliche kleine Marionette« hielt.

Allerdings freute er sich, als ihn Heywood Broun* »den einflussreichsten proletarischen Künstler im heutigen Amerika« nannte. Mr. Broun befand: »Wenn der *Daily Worker* über die ihm verhassten Wirtschaftskapitäne berichtet, setzt er gern ein ›Mr. Schmerbauch‹ vor ihre Namen. Mit einer geschwungenen Linie macht Arno dasselbe, nur wesentlich prägnanter.«

Er ist stolz darauf, dass seine akademische Ausbildung äußerst beschränkt ist. »Ach, ich war ungefähr einen Monat lang an der Yale Art School und hab sie dann angewidert verlassen«, sagte er. »Als Nächstes war ich für einen Monat an der Art Students' League und hab sie ebenfalls verlassen. Meine Lehrer waren genauso angewidert. Sie wollten mir genau das austreiben, was meine Arbeit ausmacht. Nur um denen in Yale zu zeigen, was ich kann, hab' ich ein paar konventionelle Stillleben gemalt.

Das mag großsprecherisch klingen, aber eines Tages standen sie hinter mir und sahen mir beim Arbeiten zu, und ein Lehrer sagte, was ich da geschaffen hatte, könnte auch von George Luks* sein.

Danach malte ich etwas mit Farbtupfern und sie verglichen es mit Monet. Es hängt in der Dauerausstellung der Yale Art School.«

Diese Erinnerung schien den Karikaturisten zu erfreuen. »Ich hab ihnen gezeigt, was in mir steckt«, sagte er.

Helen Hokinson — Die lustigsten Menschen weit und breit sind für Helen E. Hokinson, die aus Mendota in Illinois stammende Tochter eines Vertreters der Moline Plow Company*, die Damen mittleren Alters, die in den vornehmen Landstädtchen von Westchester County, in den Oranges* oder um den Gramercy Square* herum leben und deren wohlanständige, mehr oder weniger belanglose Leben sich um den Garten- oder den Kulturverein, den Schönheitssalon und den Kriminalroman drehen.

Es sind Frauen mit Kredit bei den Händlern, viel Muße, Pudeln, Chauffeuren, Opernlogen und dem Anrecht, im Gramercy Park zu sitzen. Sie haben regelmäßige Friseurtermine und die Summen, die manche von ihnen in Schönheitssalons ausgeben, wären geeignet, die eine oder andere Bank zusammenbrechen zu lassen.

Ihre Ehemänner sind Prokuristen und Makler. Sie selbst sitzen im Vorstand privater Wohlfahrtsorganisationen und eine ganze Schar von ihnen kann sich Frau Präsident nennen lassen.

Das alles ist ein Quell des Vergnügens für Miss Hokinson, die mit scharfem Blick, trockenem Humor und großer Kunstfertigkeit im Kohlezeichnen und Lavieren vermutlich die beste Witzzeichnerin der Vereinigten Staaten ist.

Miss Hokinsons Werke sind persönlich und weiblich. Sie beschäftigt sich fast ausschließlich mit Frauen und seziert sie, doch wenn sie sich einem Mann zuwendet, kratzt sie bloß an der Oberfläche.

Im Grunde ist Dorothy McKay so ziemlich die einzige Zeichnerin, die nicht immer nur die »weibliche Sicht« zeigt.

Szene der meisten Witzzeichnungen von Barbara Shermund, Alice Harvey und Mary Petty, der Kolleginnen von Miss Hokinson, sind das Boudoir, der Umkleideraum eines eleganten Modegeschäfts und der Salon.

Für Miss Petty ist zum Beispiel die Zeichnung einer bebrillten Dame in einem Abendkleid mit Schleppe charakteristisch. Die neben ihr stehende Verkäuferin sagt: »Ich würde sie gerne von Miss Moak ansehen lassen, Madam. Miss Moak ist unsere Frau für schwierige Fälle.«

Miss Shermund zeichnet unbedarfte, schlaksige junge Frauen. So sieht man beispielsweise zwei Frauen in einem Zimmer, eine im Nachthemd, die andere in einem Abendkleid. Letztere sagt: »Ich habe ihm gesagt, dass es Dinge gibt, die ich nicht mitmache, und eins davon sind Museumsbesuche.«

Miss Hokinsons Charaktere haben eine größere Bandbreite.

»Ich entdecke meine Frauen auf Blumenschauen, Hundeausstellungen und Ähnlichem«, sagte sie. »Ich treffe sie bei Konzerten, wo sie sich alle Mühe geben, von der Musik berührt zu sein, weil das so kultiviert ist. Und auf Blumenschauen höre ich sie, sich über Blumen unterhalten und sie bei ihren lateinischen Namen nennen, was mich amüsiert, denn ich habe einen hübschen Blumengarten und mag Blumen ebenso gern wie sie, nur kenne ich keinen einzigen lateinischen Namen.

Ich will nicht, dass die Leute denken, ich ärgere mich über sie. Ich finde sie einfach lustig. Bösartige Typen zeichne ich selten – die reizen mich ganz und gar nicht. Am liebsten mag ich die, die unabsichtlich lustig sind.«

Ihre Witzzeichnungen streichen die Frivolität der Vereinsdamen heraus. Da ist die dicke Gastgeberin in einem Raum voller Frauen, die eine andere dicke Dame zu einer Gruppe führt und sagt: »Mrs. Purvis ist gerade aus Spanien zurückgekommen. Sie sagt, dort trägt man die Röcke ZIEMLICH knapp.«

In einer anderen kommen zwei Damen mittleren Alters – es ist nicht ganz klar, wann Miss Hokinsons Damen mittleren Alters und wann sie ältere Damen sind – in einem schäbigen Wohnblock die Treppe herunter. In einem Fenster hängt ein Schild »Mrs. Digby, Spiritistin, Medium«. Beide sehen ein wenig enttäuscht aus. Eine wendet sich zur anderen und sagt: »Irgendwann gehe ich doch mal zu einem *Fünf*-Dollar-Medium.«

Viele ihrer Karikaturen spielen in Schönheitssalons oder eleganten Modegeschäften, und eine wiederkehrende Figur ist die einfältige, auf einen Verkauf erpichte Verkäuferin, die eine Kundin mit ihrem Geschmack beeindrucken möchte. Sie sagt beispielsweise zu einer Vereinsdame vor einem Spiegel: »Wenn das Kleid Madame einen Bauch macht, können wir ja was abnehmen.«

»Einmal schrieb mir ein Zeitungsreporter aus Boston einen Brief und sagte, dass er meine Zeichnungen von Vereinsdamen mochte, aber lange nicht glauben konnte, dass es diese Frauen wirklich gibt«, sagte Miss Hokinson. »Er hatte dem Brief eine Abbildung aus einer Tiefdruckbeilage beigelegt, in dem eine Versammlung solcher Damen abgebildet war, und die war fast ein Spiegel einer meiner Karikaturen erbaulicher Vereine.«

Eine der besten ihrer Karikaturen zeigt die Dichterin Edna St. Vincent Millay* auf der Bühne eines Wohlfahrtsvereins sitzend (es ist eine gute Karikatur von Miss Millay). Ein altes Fräulein springt ungeduldig winkend auf und ruft: »Frau Präsident, ich beantrage, dass wir Miss Millay unsere Gedichte vorlesen, wenn sie zum Ende gekommen ist.«

Miss Hokinson lebt den größten Teil des Jahres in einem niedrigen Haus, das sie Columbine Cottage nennt. Es gehört zu einer Künstlerkolonie am Dishpan Creek in Silvermine, Connecticut. Sie arbeitet in einem kleinen, fast ganz aus Fenstern bestehenden Holzhaus, das im Wald am Rande einer Wiese gebaut ist. Wenn sie von ihrem Zeichenbrett aufblickt, kann sie einem überfütterten Pferd namens Charley zusehen, wie es grast und mit dem Schweif die Fliegen verscheucht. Neben ihrem Zeichenbrett steht ein Aktenschrank mit hunderten von Zeichnungen.

Im Schrank sind die Entwürfe abgelegt, die sie auf Konzertprogramme, Briefumschläge, Zeitungsränder und die Innenseiten von Streichholzbriefchen gezeichnet hat.

»Von überallher schicken mir Leute ihre Einfälle«, sagte sie. »Wenn ich so eine Idee verwende, bekommen sie von mir eine Vergütung. Eine Frau aus New Jersey schickt mir sehr viel. Ich hab sie noch nie getroffen. Wenn sie eine Verkäuferin etwas Lustiges sagen hört, schreibt sie es mir. Ich freue mich über ihre Briefe.«

Auch bei kirchlichen Armenspeisungen und Wohltätigkeitsbällen in ihrer Gemeinde findet Miss Hokinson Vorbilder für ihre Zeichnungen.

Gegenüber ihrem Haus auf der anderen Seite des Silvermine River lebt ein alter Sägemühlenbesitzer, von dessen Frau sie Lose für die Bälle kauft.

Miss Hokinson heißt eigentlich Haakonson. Ihr Vater ist Schwede und ließ den Namen amerikanisieren, kurz nachdem er sich in Illinois niedergelassen hatte. Sie hat Mendota verlassen, um an der Academy of Fine Arts in Chicago zu studieren, weil sie Modezeichnerin werden wollte.

»Ich wollte meinen Lebensunterhalt selbst verdienen«, sagte sie. »Ich wollte nicht nach Mendota zurück, obwohl es ein hübscher Ort ist. Meine Mutter lebt noch immer in Sterling, Illinois, und jedes Weihnachten fahre ich dorthin.«

Nach dem Kunststudium lebte sie zwei Jahre in Chicago und arbeitete als Modezeichnerin für Marshall Field's* und andere Geschäfte. Danach ging sie nach New York City; sie glaubt, »es muss so um 1922 herum gewesen sein, weil ich schon ein paar Jahre hier war, bevor der *New Yorker* gegründet wurde.«

Mehrere Jahre war sie feste Modezeichnerin. Einmal in dieser Zeit zeichnete sie eine Geschichte für eine Tageszeitung und nannte sie »Sylvia in the Big City«.

»Sie war schrecklich«, sagte sie. »Ein Redakteur kam zu mir und sagte: ›Hören Sie, Ihre Leser sind Leute, die Kaugummi kauen, und die müssen Sie ansprechen.‹ Ich hab nur fünf oder sechs Monate durchgehalten, aber in der Zeit konnte ich so viel Geld sparen, dass ich mich ein Weilchen umsehen konnte.«

Der Wendepunkt in ihrer Laufbahn war die Entdeckung der Theorie der dynamischen Symmetrie, die besagt, dass allem geometrische Formen zugrunde liegen – einer Schneeflocke, einem Blatt, dem menschlichen Körper – und dass ein Künstler »die Zeichenfläche in mehrere gleichförmige Felder gliedern soll, die sich aus einer symmetrischen Aufteilung in Dreiecke ergeben, damit sich das Bild entsprechend natürlicher Wachstumsprozesse entwickeln kann.«*

Diese Theorie ist nicht allgemein anerkannt, aber einige der besten Künstler aller Zeiten wie George Bellows* glaubten daran, und Miss Hokinson kam sie ebenfalls entgegen.

»Von der dynamischen Symmetrie erfuhr ich in einer Abendklasse von Howard Giles an der Parsons School«, sagte sie. »Sie hat mein Leben verändert. Wenn ich jetzt etwas zeichne, sogar wenn ich nur nebenbei schnell einen Menschen skizziere, fange ich mit kleinen groben Dreiecksformen an und mache von dort aus weiter.

Damit kann man ganz wunderbar die Gestik von Menschen festhalten oder die Art, wie sie Hüte oder Mäntel tragen.

Mr. Giles trug uns auf, mit der Untergrundbahn zum Unterricht zu fahren und zu zeichnen, wie die Menschen dasaßen – nur in geraden Strichen, ganz ohne geschwungene Linien. Also zeichnete ich Frauen nur mit geraden Strichen, und als Mr. Giles sie sah, begann er zu lachen. Ich war verletzt. Er sagte, ich solle so weitermachen.

Eines Tages sah Garrett Price ein paar Zeichnungen, die ich an Deck eines Schiffs gemacht hatte, als ich eine Freundin verabschiedete. Es waren nur Bilder von dicken Frauen, die ihren Freundinnen mit flatternden Taschentüchern zuwinkten.

Er sagte, ich solle sie dem *New Yorker* zeigen, der damals noch eine ganz junge Zeitschrift war. Das tat ich und man nahm sie an und seither zeichne ich für ihn. Anfangs gab es zu meinen Zeichnungen keine Bildunterschriften. Nach einer Zeit setzte die Redaktion welche drunter und irgendwann hatte ich selbst den Dreh raus.

Bei den meisten Cartoons hätte ich lieber keine Bildunterschriften. Ich fände es ebenso gut, wenn die Zeichnung die ganze

Botschaft vermittelte. Aber Bildunterschriften wie ›Wenn das Kleid Madame einen Bauch macht, können wir ja was abnehmen‹ sind mir natürlich lieber.«

William Steig — Der noch nicht dreißigjährige William Steig, der 1930 seine erste Karikatur verkauft und sich in den folgenden sechs Jahren zu einem der angesehensten Humoristen des Landes entwickelt hat, wird ebenso für seine zeichnerischen Fähigkeiten geschätzt wie für den Witz und die Gesellschaftskritik in seinen Bildern vom Eheleben der Mittelklasse, von Essern und Trinkern und von Großstadtkindern. Am bekanntesten ist er vermutlich für seine Zeichnungen von Kindern, die er in der Serie »Small Fry«* versammelt.

Zu seinem Erfolg als Karikaturist gelangte er ohne größere Umwege. Nach zwei Jahren am College of the City of New York, wo er ein Wasserball-Ass war, beschloss er, Künstler zu werden. Er sprach die Sache mit seinem Vater Joseph Steig durch, der damals Anstreicher war und heute Maler von Massenszenen ist, und sie kamen zu dem Schluss, dass es das Vernünftigste wäre, wenn William an der National Academy of Design studierte.

Nach dem Abschluss an der Akademie stellte er fest, dass er am liebsten Karikaturen zeichnete und hat sich ganz darauf verlegt, obwohl er auch ein guter Aquarellist ist und sein Aquarell »The Protest« – das Porträt eines Ehepaars – mittlerweile im Brooklyn Museum hängt.

»Ich musste mich davon frei machen, was ich an der Akademie gelernt hatte«, sagte er. »An so einem Ort entwickelt man nur schlechte Angewohnheiten. Ich hatte dort viel Spaß. In der Mittagspause haben wir im Hof Football gespielt oder saßen in einer

Eisdiele in der Nähe der Akademie herum und haben uns über Kunst unterhalten.

Die Leute da waren nett, aber ich musste mich von meiner akademischen Ausbildung frei machen. Vermutlich geht es den meisten Karikaturisten, die an richtigen Kunstschulen studiert haben, genauso. Mir genügt es, witzige Dinge zu zeichnen. Meiner Meinung nach sind Cartoons auch Kunst.«

Viele von Mr. Steigs Cartoons und Buchillustrationen, insbesondere die von pfiffigen Großstadtkindern, beruhen auf den Erinnerungen an seine eigenen Erlebnisse auf der Straße und in den unbebauten, als Baseball- und Football-Plätze genutzten Grundstücken in Upper Manhattan, wo er geboren wurde, und in der Bronx, wohin er als Kind zog. Viele von den Kindern aus den Small-Fry-Cartoons gingen wahrscheinlich mit ihm in die Schule, die Public School 53.

Seine Small-Fry-Cartoons sind realistischer und zeugen von mehr Verständnis für Kinder als die hübschen, gelackten Bilder, die von Frauen für Frauenzeitschriften gemacht werden.

Da gibt es das kleine Mädchen mit winzigen, ängstlich gefalteten Händen, das durch das Fenster einen zuckenden Blitz sieht; es gibt den Jungen, der einen Wurm in seinem Apfel findet; und den völlig ratlosen Jungen vor seinem mit viel Mühe in alle Einzelteile zerlegten Wecker.

Vielleicht erinnert sich der Leser auch an die Zeichnung eines zufriedenen kleinen Jungen, der vier Kissen auf einem Sofa aufgehäuft hat und nun darauf herumlümmelt und dabei ein großes Stielbonbon verspeist. Ihr Titel ist »Genussmensch«.

Mr. Steig ist ein Karikaturist der Stadt. Seine Menschen leben alle in Apartmenthäusern oder Wohnungen in großen Blocks.

Wenn er eine ländliche Szene zeichnet, dann eine von Stadtmenschen, die auf einer Farm in Connecticut in der Sommerfrische sind. Er lebt wenigstens sechs Monate im Jahr in Connecticut. Sein im Kolonialstil erbautes Haus liegt in der Nähe des Städtchens Sherman, aber sein Postfach hat er in Gaylordsville, seine Telefonvermittlungsstelle befindet sich in New Milford, und der Zug, mit dem er manchmal nach seinem wöchentlichen Besuch in Manhattan wieder heimfährt, hält in Brewster im Staat New York. Deswegen weiß er nicht recht, was er auf die Frage nach seinem Wohnort antworten soll.

Er stammt aus einer ungewöhnlichen Familie. Vor zehn Jahren gab es in der Familie keinen einzigen Künstler und jetzt sind es acht. Sein Vater, der vor dreißig Jahren aus Lemberg, einer damals zu Österreich, heute aber zu Polen gehörenden Stadt, nach Amerika kam, war Anstreicher, bis er 1932 wegen einer Erkrankung zu arbeiten aufhören musste. Seither malt er. Er hatte bereits eine Ausstellung.

»Er malt Menschenmengen«, sagte sein Sohn. »Dinge wie Jahrmärkte und Orchesterkonzerte. Ich glaube, er hat noch kein Bild gemalt, auf dem weniger als hundert Menschen zu sehen sind.

Meine Mutter, Laura Steig, hat letzten Februar zu malen begonnen und sie ist sehr gut. Ich denke, man könnte sie eine naive Malerin nennen. Meine Frau, Elizabeth Mead, ist Künstlerin. Sie entwirft barocke Interieurs. Mein Bruder Henry ist Künstler und er schreibt. Zurzeit schreibt er unter dem Pseudonym Henry Anton über Swing-Musiker. Seine Frau, Mimi Steig, ist Genremalerin. Mein anderer Bruder Arthur schreibt Reklametexte für eine Werbeagentur, aber er malt auch. Er ist der beste Künstler in der Familie. Seine Frau, Phyllis Steig, ist

Porträtmalerin. In naher Zukunft werden wir alle zusammen ausstellen.«

Seit seiner Heirat im vergangenen Januar zeichnet Mr. Steig keine häuslichen Szenen mehr. Damit hat er aber nicht aufgehört, weil er nach ein paar Monaten Eheleben zu der Überzeugung gelangte, dass seine Zeichnungen gelangweilter Ehemänner auf dicken Polstersesseln nicht wahr oder nicht lustig wären, sondern aus demselben Grund, warum Peter Arno aufgehört hat, die Whoops Sisters zu zeichnen – er wollte aufhören, ehe die Leser ihrer überdrüssig werden.

Am liebsten zeichnet er Bilder von Menschen, die gerade Dinge tun, die etwas über ihren Charakter verraten – zum Beispiel einen Maiskolben abknabbern oder nach dem Abendessen Zeitung lesend zu Hause sitzen. Zu seinen besten Arbeiten zählen zwei Folgen von Charakterstudien von Essenden und Trinkenden für *Vanity Fair*. Da ist einmal der Buttermilchtrinker, ein Mann mit schlaffen Gesichtszügen und sorgfältig gescheiteltem Haar; und dann ist da der Biertrinker, ein korpulenter Herr mit struppigem Schnurrbart und zufriedener Miene.

Vor allem aus seinen Zeichnungen von Essern spricht echtes Vergnügen. Da kann man die von ihm »pseudokorrekte Esserin« genannte Doppelkinndame sehen, die ihre beiden kleinen Finger abspreizt, während sie geziert Tee trinkt und einen Keks isst; und »Das Vieh«, einen vornehmen Herren, der in einer Hand ein riesiges Mohnbrötchen hält und in der anderen einen Löffel mit dampfender Suppe.

Mr. Steig ist neugierig und wollte aus eigenem Interesse herausfinden, warum Menschen über Karikaturen lachen. Er glaubt nicht, dass das Lachen, selbst wenn es nur durch eine Karikatur hervorgerufen wurde, immer fein ist, sondern meint, dass »oft eine gehörige Portion Boshaftigkeit darin steckt«.

»Ich glaube, dass die Gründe, warum man über einen Cartoon oder einen Comicstrip lacht, von einem Mann namens A. M. Ludovici* in seinem Buch *The Secret of Laughter* ziemlich gut erklärt wurden«, sagte er. »Viele Cartoon-Zeichner glauben, dass er recht hat. Er nennt seine Idee ›die Theorie der überlegenen Anpassung‹. Dahinter steckt die Vorstellung, dass man eine Sache lustig findet, wenn sie im Betrachter ein Gefühl der überlegenen Anpassung erzeugt, also dass er in diesem Moment überlegen ist, jedenfalls demjenigen gegenüber, dem mit einem Nudelholz eins übergezogen wird.

Nehmen wir zum Beispiel jemanden, der eine Fremdsprache spricht. Er hört, wie ein anderer etwas in dieser Sprache zu sagen versucht und findet dessen falsche Aussprache außerordentlich lustig. Er fühlt sich überlegen.

Über Cartoons mit Kindern kann man gut lachen, weil wir selbstverständlich besser angepasst sind als sie. Zugleich freuen sich Kinder über jede Gelegenheit, wenn sie über Erwachsene lachen können. Je lächerlicher ein Erwachsener in einem Comicstrip ist, desto mehr lachen sie. Gleichzeitig lieben Kinder Bilder von anderen Kindern. Ich hab erlebt, wie Kinder über meine Small-Fry-Cartoons gelacht haben und sich zweifellos überlegen gefühlt haben.

Ich glaube, man kann es mit dem Humor auch zu weit treiben. Manche Redner meinen zum Beispiel, nur dann etwas mitteilen zu können, wenn sie pausenlos Anekdoten erzählen. Das Publikum meint, ein Redner taugt nichts, wenn er nicht witzig ist, und das ist schlecht.

Zum Vergnügen an einem Cartoon gehört auch, was Freud einen Abbau psychischer Spannung nennt. Wir sind alle gehemmt und ein Witz baut diese Hemmungen ab. Eine Witzzeichnung enthebt einen für einen Moment von der Mühe vernünftigen Denkens.«

Mr. Steig ist überzeugt, dass Karikaturisten in Krisenzeiten und bei den Wachstumsschmerzen im Zuge gesellschaftlicher Veränderungen eine wichtige soziale Funktion haben. In solchen Zeiten sind die Menschen verunsichert und wenden sich der Karikatur ebenso zu wie dem Kino oder dem Jazz, um Atem zu schöpfen, um einen Augenblick lang zu lachen und sich überlegen zu fühlen.

Er ist froh, dass sich die Zeichner nicht mehr auf das Er-sagt-sie-sagt-Witzschema verlassen, aber er vermutet, dass die witzigen Einzeiler auch einmal langweilig werden. Er meint, dass eine Zeichnung, zu der sechs Bildunterschriften passen, wahrscheinlich keine gute Witzzeichnung ist, und hofft, dass irgendwann unter Zeichnungen weder Titel noch Witze stehen. Anders als die meisten Zeichner, verfasst er seine Bildunterschiften selbst.

Er ist ein fleißiger Zeichner und die Arbeit geht ihm leicht von der Hand. Er arbeitet mit Feder, Pinsel und Tusche, zeichnet mit Kohle und aquarelliert. Zum Kolorieren seiner Zeichnungen greift er zur Gouache, deckendere Farben als herkömmliche Wasserfarben. In seiner Freizeit arbeitet er auf seinen zwölf Hektar Farmland und beschneidet Apfelbäume oder pflegt den Blumengarten. Ebenfalls zum Vergnügen schnitzt er Holzfiguren aus dem Holz gefällter Obstbäume.

»Die Holzschnitzerei mache ich seit etwa einem Jahr und sie bereitet mir außerordentlich viel Freude«, sagte er. »Hier draußen fällen wir manchmal Obstbäume und deren Holz verwende ich. Obstbaumholz ist nicht weich, lässt sich aber gut schnitzen.

Nächstes Jahr legen wir einen Gemüsegarten an, und ich glaube, ich werd' mir ein paar Ziegen anschaffen. Die meisten meiner Figuren sind eindeutig New Yorker, aber zeichnen kann ich sie genauso gut hier draußen in Connecticut wie in Manhattan. Wir überlegen sogar, ob wir nicht das ganze Jahr über hier draußen leben, nicht nur für sechs Monate.«

Jeden Dienstag fährt er mit einem Stapel Zeichnungen in die Stadt. Seine Arbeiten erscheinen regelmäßig im *New Yorker*, obwohl er auch Artikel und Geschichten für *Collier's* und andere Zeitschriften illustriert. Ferner hat er ein Buch veröffentlicht, *Man About Town*. Er hat keine festen Arbeitszeiten, sondern fängt an und hört auf, wenn ihm danach ist.

Neben seiner üblichen Arbeit zeichnet er derzeit für ein Ölunternehmen und auf seiner wöchentlichen Fahrt in die Stadt sieht er in Connecticut häufig Zeichnungen von sich auf Plakatwänden.

Sein liebster Comicstrip ist Barney Google, und auf die Frage nach seinen liebsten Künstlern nannte er Pieter Breughel und Giotto, von dem es heißt, er habe ohne Absetzen einen vollkommenen Kreis gezeichnet, als er vor einem Papst eine Kostprobe seines Könnens ablegen sollte.

Auf die Bitte, Zeichner zu nennen, deren Arbeiten er schätzt, nannte er zunächst James Thurber und dann ungefähr zwanzig weitere.

BÜHNENLEBEN

GEORGE BERNARD SHAW

George Bernard Shaw spielt Verstecken, zeigt sich dann aber doch der Presse. — Heute fiel George Bernard Shaw auf einen der ältesten Tricks der hiesigen Bildreporter herein. Seit sie um acht Uhr morgens in der Lower Bay an Bord der *Empress of Britain* durften und bis das Schiff um zehn Uhr dreißig anlegte, rannten Fotografen von Zeitungen und Illustrierten und Wochenschaumänner hektisch durch die Gänge und suchten nach einer Gelegenheit, Shaw vor die Linse zu bekommen.

Um elf Uhr lief ein kecker Lichtbildner zu Shaws Kabine Nummer 161 auf dem A-Deck und hämmerte an die Tür. Daraufhin erschien das erstaunte Gesicht von Archibald Henderson*.

»Ich appelliere an Ihren Sinn für Fairness«, rief der Mann. »Vorhin konnten drei Männer Shaw ablichten, als er zum Frühstücken ging. Wenn er uns anderen jetzt nicht auch eine Chance gibt, können wir einpacken. Bitten Sie ihn doch, sich kurz an der Tür zu zeigen. Appellieren Sie an seinen Sinn für Fairness. Sagen Sie ihm, dass wir an seinen Sinn für Fairness appellieren.«

Mr. Hendersons erstauntes Gesicht verschwand. Einen Augenblick später erschien Mr. Shaw. Er hatte einen Sonnenbrand auf der Nase. Mit einem Taschentuch verrieb er etwas Salbe darauf. Er trug eine grüne Krawatte.

»Was ist da draußen los?«, wollte er wissen.

Sofort schrien dreißig Fotografen wild durcheinander.

»Ach, du meine Güte«, sagte Shaw. Er trat in den Gang hinaus.

»Einen Augenblick, bitte«, sagte er angesichts von dreißig auf ihn gerichteten Kameras. »Ich gehe gleich aufs Sonnendeck.«

Männer mit Kameras drängten sich in die Aufzüge und verstopften die Treppen. Auf dem Sonnendeck hangelten sie sich an den Gestängen der Sonnensegel entlang und kletterten die Lufteinlasse empor.

An Deck stand Mr. Shaw gegen die Reling gelehnt und verschränkte die Arme vor der Brust. Der Pressevertreter eines Filmunternehmens lief zu ihm und bat ihn zu winken und »Hallo, Narren«* zu sagen.

»Wir dachten, dass Ihnen so ein Bild gefallen würde«, sagte er.

»Woher wollen Sie wissen, was mir gefällt?«, sagte Shaw. »Wirklich gefallen würde mir, wenn Sie alle Ihre Kameras über Bord werfen würden«, sagte er.

Ein Mann begann zu fotografieren. »Bitte drehen Sie sich hierher, Mr. Shaw. Hallo, Mr. Shaw! Hallo, Mr. Shaw! Zum Kuckuck, sag doch mal einer dem alten Esel, er soll sich zu mir drehen.«

Mr. Shaw ging zu ihm, packte ihn an den Schultern und schüttelte ihn. Mit hochrotem Kopf schüttelte er den Mann so lange, bis der seine Kamera und eine Handvoll Platten fallenließ. Die Menge brüllte, johlte, lachte. Emsig belichteten die anderen Fotografen ihre Platten.

Mr. Shaw hatte sehr genaue Vorstellungen, wie er sich vor eine Filmkamera stellen wollte. Der Kameramann wollte ein Bild vor der Reling. Mr. Shaw bestand auf den Lufteinlassen als Hintergrund. Er wollte hinter einem hervortreten und in Richtung Kamera spazieren.

Er setzte seine Vorstellung durch, doch bevor er sie in die Tat umsetzen konnte, musste er noch einige Anweisungen der Fotografen entgegennehmen. Schließlich trat er hinter den Lüftungsschacht. Er rückte Kragen und Krawatte zurecht und stopfte die Hände in die Taschen.

Ein Wochenschaumann rief: »Jetzt ist Mr. Shaw so weit!« Er irrte, denn Mr. Shaw sagte: »Nein, Mr. Shaw ist noch nicht so weit.« »Nein, Mr. Shaw ist noch nicht so weit«, rief der Wochenschaumann.

Wieder irrte er. »Jetzt bin ich so weit!«, sagte Mr. Shaw, trat hinter dem Schacht hervor und ging geradewegs und mit grimmiger Miene auf die Kameras zu.

»Ich heiße Sie in Amerika willkommen«, sagte Archibald Henderson zum dritten Mal und schüttelte zum Gefallen der Wochenschaumänner Mr. Shaws Hand.

»Ich hab allmählich genug davon, in Amerika willkommen geheißen zu werden«, sagte Mr. Shaw. Brüsk kehrte er der versammelten Mannschaft den Rücken zu und eilte zur Treppe. Die Menge, die sich noch gut an sein Gerangel mit dem Fotografen erinnerte, trat zur Seite.

»Nein, bis morgen Vormittag spreche ich kein Wort mehr mit Zeitungsreportern«, sagte Mr. Shaw. »Versteht man hier eigentlich kein Englisch?«

Richtig, Shaw stellt sich doch noch der Pressemeute – wenngleich leicht gereizt. — George Bernard Shaw saß heute im Rauchersalon der im Hafen vertäuten *Empress of Britain* und hielt, nachdem er sich gestern alle Mühe gegeben hatte, ihnen stundenlang aus dem Weg zu gehen, sein Versprechen, ausgiebig mit den Reportern zu sprechen.

»Schießen Sie los, meine Herren«, sagte er. »Gelegentlich schreiben Sie ja böswillige Artikel über Dinge, die ich gar nicht gesagt habe. Aber schießen Sie los.«

Zunächst wurde er nach der Beleidigung gefragt, mit der er Miss Helen Keller* bedacht haben soll.

SHAW: Man sollte den Reporter erschießen, der diesen Artikel verfasst hat. Ich habe ihr nur gesagt, dass sie besser hören und sprechen und sehen kann als ihre Landsleute.

Miss Keller selbst hatte diesen Artikel für die *New York Times* verfasst.

REPORTER: Würden Sie sich an einem Kongress großer Schriftsteller beteiligen, um den Krieg abzuschaffen?

SHAW: Warum sollte man den Krieg abschaffen? Krieg ist nur eine Möglichkeit, Leute umzubringen. Es gibt ziemlich viele Leute, die man umbringen sollte.

REPORTER: Glauben Sie, dass man die Engländer umbringen sollte?

Mr. Shaw gab keine Antwort und bedeutete mit einer Geste, dass er diese Frage für albern hielt.

REPORTER: Und wie sieht es mit den Iren aus?

SHAW: Ja, die meisten Iren sollte man umbringen.

In seiner Rede* gestern Abend in der Metropolitan Opera sagte Mr. Shaw, der eigentliche Sinn und Zweck amerikanischer Zeitungen sei, die Wahrheit zu verschleiern. Er wurde gebeten, das zu erläutern.

SHAW: Es ist genau so, wie ich's sage. Zeitungen gelangen in die Hände des Großkapitals, und sobald man etwas Schlechtes über Reiche schreibt, zögern sie keine Sekunde, es einen wissen zu lassen.

REPORTER: Mit Verlaub, meiner Meinung nach stimmt das nicht.

SHAW: Ich bin sehr erstaunt, wie wenig Ahnung Sie haben.

REPORTER: Was halten Sie von Henry Louis Mencken*?

SHAW: Für einen Amerikaner scheint Mr. Mencken von außerordentlicher Intelligenz.

REPORTER: Was halten Sie von Hitler?

SHAW: Wenn jemand schon zu Beginn seiner politischen Laufbahn auf die Judenverfolgung setzt, dann gleicht er einem Offizier, der schon zu Beginn seiner militärischen Laufbahn beim Kartenspielen betrügt. Ich habe übrigens gehört, dass Ihr Volk die Katholiken verfolgt. Sagen Sie, gibt es den Ku-Klux-Klan eigentlich noch?

Niemand gab Antwort.

SHAW: Ab und zu stehe ich staunend vor dem amerikanischen Volk und frage mich, was wohl aus ihm wird.

REPORTER: Glauben Sie denn, es besteht Hoffnung, dass wir uns bessern?

SHAW: Das sollten Sie lieber den Allmächtigen fragen.

REPORTER: Ich wusste nicht, dass Sie mit dem Allmächtigen in Verbindung stehen, Mr. Shaw.

SHAW: Ich nicht, aber das amerikanische Volk.

REPORTER: Können Sie uns eine nützliche Sache nennen, die Ihre dreißig Theaterstücke bewirkt haben?

SHAW: Alle müssen für irgendwen nützlich gewesen sein.

REPORTER: Was glauben Sie, geschieht mit Ihnen, wenn Sie sterben, Mr. Shaw?

SHAW: Ich hoffe aufrichtig, dass es mit meinem Tod auch mit mir endgültig vorbei ist. Glauben Sie etwa, ich möchte in alle Ewigkeit George Bernard Shaw sein? Gefällt Ihnen denn diese Vorstellung?

Dazu äußerte sich niemand.

REPORTER: Was würden Sie gerne tun oder sehen, wenn Sie länger in New York wären?

SHAW: Sehen, dass ich wegkomme.

REPORTER: Macht es Ihnen Spaß, andere zu beleidigen?

SHAW: Ach, wissen Sie, wenn ich zu einem Amerikaner sage, »Sie haben einen Hut auf«, dann kommt er an und sagt, »He, Sie, was soll das heißen, ich hab einen Hut auf?«

REPORTER: Glauben Sie, dass eines Ihrer Stücke noch in hundert Jahren gespielt wird?

SHAW: Das kann man nie wissen. Ich habe immer gesagt, je eher der Ruf dahin ist, desto besser. So lange die Tantiemen reichen, soll's mir recht sein.

REPORTERIN: Würden Sie gerne den Zoo besuchen, Mr. Shaw?

SHAW: Zoos sind mir ein Gräuel. Wenn ich in einen Zoo ginge, würde ich alle Tiere freilassen.

REPORTER: Wie sieht Ihrer Ansicht nach die Zivilisation der Zukunft aus?

SHAW: Soweit es sich absehen lässt, könnte die nächste eine Zivilisation der Neger sein.

REPORTER: Finden Sie die Menschheit noch so dumm wie zur Zeit Ihrer Jugend?

SHAW: Wenn ich mir die Kinder ansehe, die heute aus der Schule kommen, erscheinen sie mir völlig unverändert. Das ist schon etwas enttäuschend.

Thomas W. Lamont[*], der gehört hatte, wie Mr. Shaw in seiner Rede in der Metropolitan Opera Bankiers als zu fünfundneunzig Prozent irrsinnig bezeichnet hatte, begleitete Mr. Shaw in seinem Automobil zum Schiff.

SHAW: Er schien sich nicht beleidigt zu fühlen.

REPORTER: Was halten Sie von Eugene O'Neill?

SHAW: Ich bin nicht hier, um über Kollegen zu sprechen.

Während die Reporter weiter Fragen stellten, griff Mr. Shaw in seine Westentasche, zog eine Uhr heraus und sagte:

»Meine Zeit ist zu Ende. Ich habe noch eine Verabredung mit meinem Anwalt und meinem Verleger.«

Er wurde von diesem Vorhaben abgelenkt. Ehe er wusste, wie ihm geschah, war er im großen Salon und sah sich einer Armada von Filmkameras und Fotoapparaten gegenüber. Ein Blitzlichtgewitter ging auf ihn nieder. Er stampfte mit dem Fuß auf den Boden. »Sie dürfen diese Blitzlichter nicht einfach so zünden«, rief er mit lauter Stimme. »Und diese Mikrofone müssen hier weg.«

Er sah einen Wochenschaureporter mit Archibald Henderson* sprechen. Er ging hin und unterbrach die beiden.

»Jetzt hören Sie mir mal zu«, sagte er. »Sie wollen bestimmt, dass Mr. Henderson mich wieder in Amerika willkommen heißt oder irgendeinen anderen Unsinn, doch daraus wird nichts. Schaffen Sie diese Mikrofone fort!«

Unvermittelt fuhr Mr. Shaw herum und stellte sich direkt vor die Mikrofone. Er packte zwei davon und stieß sie zur Seite. Eines fiel zu Boden und brachte eine lange Kabelreihe in Unordnung. In einer anderen Ecke des Raumes fing ein Apparat zu klicken an.

»Würden Sie bitte endlich dieses Mikrofon abstellen!«, schrie er. »Und was ist das überhaupt für ein Geräusch da drüben?«

»Das ist eine Tonfilmkamera, Chef«, sagte der Kameramann. »Ist schon in Ordnung.«

Mr. Shaw brachte seinen Unmut über die Sessel zum Ausdruck, auf die er und Professor Henderson sich setzen sollten. Der Professor begann, sie über den Boden zu schieben.

»Er will, dass Sie zu mir gehen und ich von meinem Stuhl aufstehe und Ihnen die Hand schüttele«, sagte Mr. Shaw. »Was für ein Unsinn! Das werde ich nicht tun. Wofür sind denn diese Dinger da drüben da? Sind das Mikrofone? Also, jetzt reicht's, ich gehe.«

Rasch verließ er den Salon. Professor Henderson eilte ihm nach und wollte ihn zum Umkehren bewegen.

»Zum Teufel«, sagte ein Kameramann, »ich hab schon Queen Marie* gesagt, sie soll ihr Kleid ein Stück hochziehen. Da kümmert mich der Kerl doch gar nicht. Wenn er zurückkommt, okay. Wenn nicht, soll er eben schmollen.«

Ehe Shaw in seine Kabine gehen konnte, trat ihm eine Reporterin in den Weg und befragte ihn zum Scottsboro-Fall*.

»Zur Hölle mit den Kerlen von Scottsboro«, brüllte er und schlug die Tür zu. »Ich bin doch nicht hergekommen, um mich über Ihre dämlichen Gesetze auszulassen.«

In seiner Rede gestern Abend hatte Mr. Shaw die Verfassung der Vereinigten Staaten als anarchistisches Manifest bezeichnet.

»Das habe ich auch so gemeint«, sagte er heute. »Man sollte sie abschaffen. Sie ist nichts als die gesammelten Versuche eines Volkes, das nicht regiert werden will. Es ist mir klar, dass es auf dieser Welt sehr schwer ist, frei zu sein. Ich möchte frei sein, aber ich kann es nicht die ganze Zeit über sein. Wenn wir schon nicht völlige Freiheit haben können, so können wir doch innerhalb gewisser Grenzen frei sein und uns von der heutigen Tyrannei der Gesetze, die kein Mensch will, befreien.«

Mit Bezug auf eine andere Stelle der gestrigen Rede sagte Mr. Shaw dann: »Ich habe gestern als bestes Beispiel für einen hundertprozentigen Amerikaner nicht William Jennings Bryan* erwähnt. Er war ein großartiger Mann, ein außerordentlicher Mann, der sich sein ganzes Leben mit dem Thema Silber beschäftigt hat, von dem er glaubte, dass es die Welt verändern und zum Fortschritt der Menschheit insgesamt beitragen würde. Ich habe ihn nicht erwähnt, aber ich hätte es tun können.«

Mr. Shaw gab vor, das amerikanische Interesse an seiner Person nicht zu verstehen.

»Warum sind Sie überhaupt hier um mich versammelt?«, fragte er. »Dahinter steckt eine gewisse Bewunderung, aber aus welchem Grund? Hätten Sie meine Bücher gelesen, dann könnte ich das ja verstehen, aber von denen, die behaupten, mich zu bewundern, haben nur wenige meine Bücher gelesen oder wissen etwas anderes über mich als das, was in der Zeitung steht.

Ich finde dieses abstrakte Verlangen, dieses Gefühl der Bewunderung, faszinierend und würde mir wünschen, es ließe sich in eine vernünftige Richtung lenken. Vielleicht haben Sie alle überschüssige Gefühle und wissen nicht, wohin damit.«

Es kam der Einwand, dass viele Menschen seine Bücher läsen.

»Wie bitte?«, erwiderte Mr. Shaw. »Haben Sie wirklich noch keine Nichtleser von Shaw-Büchern getroffen, die Shaw bewundern? Dann verkehren Sie aber nicht in den richtigen Kreisen. Es gibt zuhauf Menschen, denen allein die Erwähnung des Namens Bernard Shaw Tränen in die Augen treibt.«

Mr. Shaw erklärte Lawrence Langner, einem Direktoriumsmitglied der Theatre Guild*, die viele Shaw-Stücke aufgeführt hat, dass er über weitere Stücke nachdenke. Mr. Langner, seine Frau

Armina Marshall, Robert Lorraine und die Prinzessin Kropotkin waren Shaws Frühstücksgäste an Bord.

Als Shaw gestern Abend hinter einem großen Blumenbukett auf der Opernbühne stand und vor 16.000 Menschen eineinhalb Stunden lang seine Kritik vortrug, wurden nur sechs Personen ihrer überdrüssig und verließen den Saal. Er erntete tosenden Applaus dafür, dass er beinahe jede amerikanische Institution verdammte. Seine Bemerkung, Amerika könne womöglich die Welt retten, rief im Publikum mehr Gelächter als Applaus hervor.

Mr. Shaw erklärte, dass die vier Amtsjahre von Präsident Roosevelt, »wenn er sich an die Verfassung halten muss und es mit dem üblichen unfähigen Kongress und dem ganzen Rest zu tun hat«, unweigerlich in derselben Enttäuschung enden würde wie die Regierungszeit von Mr. Hoover.

Er sagte, wenn man nur einen Hauch von politischer Wissenschaft verstünde, käme man sofort zu dem Schluss, dass einzig die Verstaatlichung der Banken einen Ausweg aus dem heutigen Schlamassel böte.

Shaw, 80 und »im Sterben liegend«, verweigert Studienausgaben seiner Werke — George Bernard Shaw, der Geburtstage beinahe ebenso sehr verabscheut wie Rindfleisch, Bier, Tabak und Amerikaner, wird morgen achtzig Jahre alt. Dass er seinen Geburtstag feiert, darf jedoch bezweifelt werden, nachdem er einem Reporter einmal erzählt hat, dass »das öffentliche Interesse an meiner Person von etwas abhängt, was nur ich zu tun vermag, und Geburtstag haben kann jeder«.

Bis auf gelegentliche Erkältungen, informiert Howard C. Lewis von seinem amerikanischen Verlag Dodd, Mead & Company, erfreut sich der gefeierte Vegetarier, Dramatiker und Schalk bester Gesundheit. Und nach einem Brief Shaws zu urteilen, der so explosiven Inhalts war, dass sich Mr. Lewis entschloss, ihn heute zu veröffentlichen, hat Mr. Shaw nichts von seinem beißenden Humor verloren, der ihn zu einem der scharfzüngigsten Vertreter der englischsprachigen Literatur macht.

Der Brief handelt von jenen Abschnitten des Vertrags zwischen Mr. Shaw und dem Verlag, die Studienausgaben, Nachdrucke in Lesebüchern und die Gebühren für die Aufführungen seiner Stücke betreffen.

»Um kein Geld der Welt möchte ich etwas mit Schulen oder Universitäten zu tun haben; nie werde ich mein Einverständnis geben, dass aus einem meiner Bücher etwas so Abscheuliches wie eine Studienausgabe wird«, schrieb Mr. Shaw. »Wenn sie jemand haben will, dann soll er sich eben die Volksausgaben anschaffen. Eine Studienausgabe ist ja nichts anderes als eine Ausgabe mit Anmerkungen und Vorworten voller Material, um hinterher fragen zu können ›Wie alt war Bernard Shaws Großtante, als er *Man kann nie wissen* schrieb?‹ und ›Begründen Sie, warum die Inschrift auf ihrem Grabstein in Ballyhood nicht zutreffend ist‹. Jeder vernünftige Student liest nur die Anmerkungen und das Vorwort und nicht die Stücke, und mich wird er in alle Ewigkeit verfluchen.«

Mr. Shaw schrieb, er pflege auf Anfragen, ob eines seiner Stücke in ein Lesebuch aufgenommen werden dürfe, »den Verleger zu einer Spende für die Society of Authors oder die Author's League of America zu verdonnern.«

Er sagte, für Laientheater seien die Gebühren zur Aufführung seiner Stücke so gering, dass sich der Einzug kaum lohne, und dass er kleinen Theatern die übliche Aufführungsgebühr (fünf Prozent der Bruttoumsätze, sofern sie 250 Dollar nicht übersteigen) erlasse, »vorausgesetzt, es sind dauerhafte Einrichtungen und sie verwenden alle Einkünfte für ihren Unterhalt, statt sie für wohltätige Zwecke zu spenden oder sich damit regelmäßig besinnungslos zu trinken.«

Mr. Shaw flocht auch einige persönliche Bemerkungen in seine Auslassungen über die Dauer seines Verlagsvertrags ein.

»Die Beschränkung der Vertragsdauer auf fünf Jahre werden wir wohl vergessen, da sich der Vertrag selbstständig verlängert, wenn wir alle zufrieden sind«, schrieb er. »Doch wenn Frank [Frank Dodd, der Generaldirektor von Dodd, Mead] verrückt wird und Edward [Edward Dodd, der Vorsitzende des Direktoriums] und Chase [Arthur Chase, Finanzdirektor] gehenkt werden und Lewis sich auf pornographische Literatur verlegt und daraufhin von Moralaposteln in den Selbstmord getrieben* wird, wie soll ich ohne halbjährige Kündigungsfrist aus dem Vertrag herauskommen? Außerdem wollen Sie mich vielleicht loswerden, falls ich für einen anständigen Verlag zu infam werde.«

Mr. Lewis sagte, dass er am Vorabend des achtzigsten Geburtstags des Dramatikers gerne dem in den Vereinigten Staaten weit verbreiteten Eindruck entgegentreten wolle, Mr. Shaw sei ein »geldgieriger, geiziger Pfennigfuchser«.

»Ich wünsche ihm einen wirklich angenehmen Geburtstag«, sagte Mr. Lewis, »denn ich bewundere ihn. 1933 bin ich nach London gereist und wollte ihn bitten, seinen Verlag zu wechseln und von Brentano's zu Dodd, Mead zu gehen. Ich habe ihn zu Hause in Whitehall Court Nr. 4 besucht und er ist ins Plaudern gekommen. Stundenlang sprachen wir über Russland, über die

Fremdenviertel von New York, über die Comstock-Gesetze und noch weitere, ganz unterschiedliche Dinge. Schließlich platzte sein Sekretär ins Zimmer und sagte, ich müsse gehen. Shaw sagte mir, ich solle morgen wiederkommen.

Am nächsten Tag passierte genau dasselbe. Shaw redete und redete und wir kamen nie auf den Verlagswechsel und einen neuen Vertrag zu sprechen. Kurz bevor ich Shaw verließ, sagte er: ›Na, jetzt haben wir gar keine Zeit gehabt, über den Vertrag zu sprechen, aber ich sage Ihnen, was ich tun werde. Ich werde noch heute Abend einen aufsetzen und Ihnen zusenden.‹ Am nächsten Morgen kam ein Bote in mein Hotel, das Savoy, und brachte ihn.

Er war von ihm selbst handschriftlich verfasst und umriss ein vollkommen faires und zufriedenstellendes Arrangement. Es war der fairste Vertrag, der mir je untergekommen ist, und er war juristisch hieb- und stichfest, so dass ihn kein Anwalt hätte besser machen können. Aufgrund der Sachlage war es ein komplizierter Vertrag, aber er war glasklar formuliert. Ich hatte gehört, dass Shaw auf Geld aus war, und war daher erstaunt über die vollkommene Fairness des Schriftstücks. Mit ihm zusammen kam ein kurzer Brief, in dem er mich bat, ihm gleich nach meiner Rückkunft in die Vereinigten Staaten eine Kopie des Vertrags zu schicken. Wenn ein Schriftsteller, noch dazu einer von der fast sprichwörtlichen Gewitztheit Shaws, einem Verlag so sehr vertraut, dann ist das eine Mitteilung wert.«

Seit seinem neunundsiebzigsten Geburtstag hat Mr. Shaw einige seiner gewohnt unmissverständlichen Äußerungen gemacht. Nachdem er die Nachricht vom Tod Robert Lorraines[*], des berühmten britischen Schauspielers, erhalten hatte, sagte er: »Da ich selbst bald sterben werde, kann ich dem Tod nichts Tröstliches abgewinnen.« Den größten Aufruhr erregte er in diesem Jahr mit einer Postkarte an die Children's Aid Society of London, die ihn um Unterstützung für eine ihrer Wohltätigkeitsveranstaltungen gebeten hatte. (Mr. Shaws Meinung zu Wohltätigkeitsveranstaltungen steht unwiderruflich fest; er nennt sie »eine schändliche Vernachlässigung öffentlicher Aufgaben«.)

»Da die heutige Welt für Kinder ungeeignet ist«, kritzelte Mr. Shaw auf die Rückseite der Postkarte, »könnten wir für die kleinen Invaliden doch eine großartige Feier veranstalten, und wenn sie sich müde getanzt und gegessen haben, dann drehen wir das Gas auf und lassen sie alle im Himmel aufwachen«.

Dieses höfliche Sendschreiben lässt nicht darauf schließen, dass der kauzige Vegetarier altersmilde wird.

GENE KRUPA MÖCHTE AFRIKANISCH SWINGEN

In einem stickigen schalldichten Raum im Brunswick Building klopft Gene Krupa* Tag und Nacht ein neues Swing-Orchester für eine Tour zurecht. Gene Krupa, ein hagerer junger Mann mit langen Fingern, schlurfendem Gang und dem Grinsen eines glücklichen Verrückten, trommelte als Limonadenverkäufer in einer Arme-Leute-Sommerfrische an einem Fluss bei Madison, Wisconsin, erstmals auf einem Schlagzeug herum; heute, vierzehn Jahre danach, gilt er als bester Schlagzeuger der Welt. Vor einigen Wochen ist er bei Benny Goodman ausgestiegen und hat ein eigenes Orchester gegründet, für das er Musiker aus Orchestern von überallher ausgesucht hat.

»Ich hab meine eigenen musikalischen Vorstellungen, und die konnte ich bei Goodman nicht verwirklichen«, sagte Mr. Krupa. »Ich wollte mich weiterentwickeln. Es gab da eine Expedition nach Afrika, die hat mitten im Dschungel des Kongo Aufnahmen von Trommlern gemacht, und ich hab sie in die Finger bekommen, alle zwölf Platten, und mir genau angehört. Die Jungs dort können wirklich trommeln! Von denen kann ich noch was lernen, auch wenn ich wohl behaupten darf, dass ich schon was kann, aber diese Jungs können wirklich spielen. Von ihrem Spiel, von diesem echten afrikanischen Trommeln möchte ich auch was in mein Orchester bringen. Frisch aus dem Dschungel, sozusagen.«

Im Jazz statten die meisten Schlagzeugmänner ihre Schlagzeuge mit so viel geräuscherzeugendem Schnickschnack aus, dass sie aussehen wie die Autos junger Schnösel, doch das lehnt Mr. Krupa ab. »Ich brauch nur eine Trommel«, sagte er, »auf das Drumherum pfeif ich. Wenn's nach mir ging, würd ich einfach ein Fass nehmen, zwei Felle drüberziehen und sie in der Sonne trocknen lassen – und schon hätt ich meine Trommel. Ich hab eine ganze Menge Trommeln. Wenn ich die alle nehme und in einen leeren Laden stelle, könnt ich ein Geschäft aufmachen. Ich hab acht Snares, acht Bassdrums und fünfzehn Tomtoms. Ich hab auch fünf oder sechs Schlagzeugkoffer. Ich hau nämlich öfter mal ein Fell durch. Andere sind da vielleicht anderer Meinung, aber für mich ist das Schlagzeug das Fundament des Orchesters.«

Während Mr. Krupa sprach, spielten seine Musiker weiter. In seinem Orchester spielen drei Trompeten, vier Saxophone, eine Gitarre, ein Klavierspieler, ein Bass und er selbst. Nachdem Krupa bei Mr. Goodman ausgestiegen war, reiste er quer durchs Land und stöberte die Musiker auf, die er schon kannte und gut fand. Er hat bei mindestens acht Orchestern gespielt – »alles von mickrigen Kapellen, die kein Mensch kennt, bis zu den großen Orchestern« – und auf jeder Tour notierte er sich die Namen von Musikern, die ihm gefielen, in ein kleines Notizbuch, das er mit sich führt.

»Als ich mein eigenes Orchester gegründet hab«, sagte er, »wusste ich genau, wen ich dabeihaben wollte. Die Namen standen alle in meinem Büchlein. Ich musste nur noch rumfahren und sie unter Vertrag nehmen. Zwei sind von der West Coast, zwei aus Detroit und ein paar kommen aus Texas. Der Rest ist hier aus der Gegend. Wir haben schon jetzt achtundvierzig Stücke im Repertoire, aber ehe wir loslegen, hätte ich gerne sechzig. In Atlantic City geht's los und danach sind wir die nächsten zwei Monate gebucht, immer jeweils für einen Abend. Einmal in der Woche fahren wir nach New York und nehmen auf. Die Tour ist eine Art Probe. Ich möchte, dass wir richtig gut sind, ehe wir in New York spielen.«

Bis auf den Limonadenverkauf ist Schlagzeugspielen die einzige Arbeit, der Mr. Krupa je nachging. Er wurde in Chicago geboren. Er ist neunundzwanzig. Sein Vater, Bartley Krupa, war Alderman in der Chicagoer South Side* und starb, als Gene ungefähr acht war. Sein Name ist österreichisch – »ich würde sagen, er war österreichisch«, sagte er, »aber meine Mutter war Schwedin.« Er besuchte ein Priesterseminar in Indiana und arbeitete im Sommer als Limonadenverkäufer.

»Ich stand neben der Eistruhe und gab die kalten Getränke aus, die billigen«, sagte er. »Ich musste sie aber gar nicht selbst mischen, das waren meist Flaschen. Im Erfrischungspavillon gab's ein Orchester, und der Schlagzeuger ließ mich ab und zu an die Trommeln. Irgendwann konnte ich halbwegs spielen und ich durfte für ihn einspringen. Der war froh, wenn er mal Pause machen konnte. Na, Sie wissen ja, wie es so geht – dann wurde er krank und ich wurde engagiert. Als wir in Wisconsin Beach Gardens Schluss machten, bin ich nach Chicago, trat der Gewerkschaft bei und wurde Mitglied eines Orchesters. Seither spiele ich Schlagzeug.«

Er ist mit Ethel Fawcett verheiratet. Sie war Telefonistin im Dixie Hotel. Um sich zu amüsieren, besucht er Baseballspiele und liest Sportzeitungen. Er sagte jedoch, dass er sich eigentlich nur für das Schlagzeugspielen interessiere. Als er bei Goodman spielte, scharten sich die Swing-Fans um ihn und gebärdeten sich wie wahnsinnig, wenn er seine Trommelstöcke in die Luft warf und wieder auffing und vom scheppernden Becken über die

Snaredrum und die Kuhglocke bis zum Tomtom tanzen ließ. Er ist glücklich, wenn sich die Swing-Fans um ihn versammeln und auf und ab hüpfen.

»Ich mag's, wenn sie durchdrehen«, sagte er. »Das mag ich wirklich.«

GEORGE M. COHAN

»Ja, früher war ich gern in der Broadway-Gegend und hab mit den Jungs Bier getrunken«, sagte George M. Cohan* und blickte aus dem Fenster seiner Wohnung an der Fifth Avenue auf die fetten, laut gurrenden Tauben auf der anderen Straßenseite, die in den Regenrinnen des Metropolitan Museum brüteten.

»Heute bin ich kaum noch unterwegs. Na ja, manchmal komme ich auf dem Weg zu meinem Anwalt dort unten vorbei oder fahre für einen Auftritt nach Downtown, und manchmal geh ich auch ins Dinty Moore's, um Leber mit Speck zu essen und ein paar Highballs zu trinken, aber irgendwie finde ich, dass es nicht dieselbe Stadt ist wie früher.

Wenn mich der Durst packt, gehe ich runter ins Plaza, das alte Plaza, wo es die Pferdekutschen davor gibt, aber selbst das mach ich nicht mehr so oft. Das einzige, was ich noch mache, ist, mich durch den Central Park kutschieren zu lassen, meist um das Reservoir herum, und die meisten Baseballspiele schaue ich mir an, obwohl ich eigentlich keinen Lieblingsverein hab.

Durch die Stadt laufen ist auch nicht mehr das, was es mal war; mein alter Freund Steve Reardon, ein ehemaliger Polizist, ist tot, mit ihm bin ich früher gerne rumgelaufen. Lustiger Vogel. Der ging viel spazieren. Früher, wenn die schöne Zeit kam, schickte er sein Gepäck nach Albany rauf und ist zu Fuß hinterhergelaufen. Kaum war der Frühling da, hat er sich Geld in die Socken gestopft und ist losgelaufen.«

Mr. Cohans Laufbahn als Sänger und Tänzer, als Schauspieler, Stückeschreiber und Theaterproduzent, als Textdichter und glückloser Filmstar zeichnet sich durch Art und Ausmaß seiner Wutanfälle aus, doch der schlechte Zustand des Broadway, sagt er, macht ihn nicht wütend; er bleibt deswegen nur lieber zu Hause. Seine Streitsucht ist seit jenem Tag legendär, als die Four Cohans noch ausgewählt wurden, anstatt eines Trupps Akrobaten einen Vaudeville-Ball zu eröffnen und seine Mutter, sein Vater und seine Schwester alle Mühe hatten, ihn daran zu hindern, das Theater zu verlassen. Früher rannte er am Ende beinahe jeden Vaudeville-Engagements zum Intendanten des Theaters und rief: »Irgendwann komm ich zurück und kaufe dieses Theater, nur damit ich Sie rausschmeißen kann.«

Gerne tut er Reportern den Gefallen, eine Schimpfkanonade gegen Hollywood abzufeuern – »Wenn ich zwischen Hollywood und Atlanta wählen müsste, dann würde ich mich für Leavenworth* entscheiden« oder etwas in der Art –, aber im Hinblick auf den Broadway ist er eher traurig als empört. Ein wenig gleicht er einem Menschen, der das Geld für eine Reise in seine Heimat zusammenspart und dort dann feststellt, dass die Menschen, die er kannte, nicht mehr da sind.

»Die müssen ja auch Geld verdienen«, sagt er, wenn er über den Broadway geht und in jedem zweiten Laden Faustkämpfer und Kraftmenschen sieht und die Ausrufer mit Megafonen aus Leibeskräften um Kundschaft für billige Lichtspielhäuser werben. Doch auch wenn er durch die Teile des Theaterviertels spaziert, in denen es so laut und marktschreierisch zugeht, dass Coney Island dagegen wie eine elegante Sommerfrische an der Riviera wirkt, vergisst er nicht, dass es auch auf dem alten Broadway viel Tand und Flitter gab.

»Natürlich«, tönt es aus der rechten Hälfte seines schiefen Mundes, »alles muss sich weiterentwickeln und verändern und absterben. Es gibt haufenweise tolle Sachen im amerikanischen

Theater, sogar in Hollywood. W. C. Fields* zum Beispiel ist ein Künstler, wie er im Buche steht, und Groucho Marx* oder dieser Junge, Clifford Odets*, der ist auch in Ordnung. Er hat Theaterblut. Er macht ein bisschen viel Wirbel, aber er ist gut. Bei der Aufführung von ›Awake and Sing‹ konnte ich mich manchmal kaum auf dem Sitz halten.«

Um Thanksgiving herum, nach der Wahl des neuen Präsidenten, will er »eine kleine Komödie« herausbringen und auf Tournee gehen. Diesmal hat er keine Wahlkampflieder geschrieben und will es auch nicht tun. Er hat nicht vergessen, dass ihn viele Leute ausgelacht haben, als sie 1934 sein Lied für Roosevelt, »What a man, what a man, what a ma-a-an« hörten, das dieselbe Melodie hat wie sein berühmtestes Lied, »Over There«. (Zur Feier des fünfzigsten Jahrestags der Erfindung der Glühbirne, das Jubilee of Light, hatte er ein ähnliches Lied auf Thomas Alva Edison geschrieben, »What a man, what a plan«, ebenfalls mit dieser Melodie.) Er sagte auch, dass er bei dieser Wahl vermutlich keine Fahne schwenken wird. Sein Leben lang war er Demokrat, doch vor dieser Wahl scheint er etwas unschlüssig.

»Ich hab in beiden Lagern Freunde«, sagte er.

In zwei Jahren wird Mr. Cohan sechzig, doch er sagt, seine Beinmuskeln würden immer noch eine Vaudeville-Tournee mit drei Auftritten am Tag mitmachen. Sein Haar ist weiß, doch sein rosiges Gesicht wirkt erstaunlich jugendlich.

»Auch wenn ich jünger aussehe, manchmal spüre ich mein Alter doch«, sagte er. »Allerdings halte ich mich durch Spaziergehen in Form. Ich wiege achtundsechzig Kilo. Bis ich siebenundzwanzig war, wog ich keine fünfzig.

In der Saison 1927/28 hab ich siebenunddreißig Wochen lang getanzt. Dreizehn Jahre lang hatte ich überhaupt nicht mehr getanzt, doch plötzlich fiel der alte Schauspieler Arthur Deagon tot um und ich sprang ein und hab ganz mühelos seinen Part übernommen. Damals spielten wir *The Merry Malones*. Es ist gut zu wissen, dass man noch in Übung ist. Ich spiele weder Tennis noch Golf oder mach sonst was, das die meisten Männer so machen. Ich kann nicht mal schwimmen und Autofahren hab ich auch nicht gelernt. Ich bin wahrscheinlich der letzte Mensch auf der Welt, der nicht Autofahren kann.

Mich hält das Spazierengehen jung. Eine Menge Leute laufen täglich um das Reservoir. Je nun, ich sehe beim Spazierengehen im Central Park mehr vertraute Gesichter als auf dem Broadway – Leute, mit denen man reden kann und ›Guten Tag, wie geht's, wie steht's?‹ sagen.

Ich trink auch kaum noch was. In den vergangenen sechs Monaten hab ich bestimmt nicht mehr als zehn, zwölf Drinks gehabt. In diesem Sommer war ich zwölf Wochen in Europa und hab überhaupt nichts getrunken, kein Guinness in Irland, keinen Wein in Frankreich. Ich muss aber nicht trocken bleiben oder so. Zurückhalten muss ich mich nicht – wenn ich mir ein paar Drinks genehmigen will, geh ich einfach nach Downtown und gönn' sie mir.«

Die Irlandreise im vergangenen Sommer hatte er sich schon seit vielen Jahren vorgenommen. Er reiste entspannt durch die Provinzen Leinster und Munster, allerdings nicht nach Nordirland. Seine Großeltern stammten aus Cork und dort verlebte er angenehme Tage. Er besuchte die Seen von Killarney im Bezirk Kerry und sah, wie der Liffey in Dublin in die Irische See mündet. Es war eine beschauliche Reise, die er mit seiner Frau unternahm, und er besuchte die Orte, von denen er sein ganzes Leben hatte erzählen hören. Sein Sohn George Michael Harris Cohan arbeitet mittlerweile in einer Lithographieanstalt, obwohl Mr. Cohan früher immer sagte, er solle einmal Baseballspieler werden. An jedem Tag, an dem in der Stadt ein Baseballspiel stattfindet, ist Mr. Cohan in einem Stadion.

»In der Stadt erzählen die Leute ja«, sagte er, »dass ich schon mal jeden Verein beider Ligen kaufen wollte. Einmal aber habe ich mit meinem Partner Sam Harris* tatsächlich die New York Giants* gekauft. Wir hatten den Kauf mit einem Handschlag besiegelt und ich dachte, die Sache ist abgemacht, doch am nächsten Tag bekamen die Besitzer ein weiteres Angebot und vergaßen, dass sie Sam Harris und George Cohan ihr Wort gegeben hatten, und sie verkauften den Verein an den anderen Kerl.«

Mr. Cohan hat kein Büro mehr. Alles Geschäftliche hat er im Kopf, obwohl er im Büro seines alten Partners Sam Harris noch Buch führen lässt.

»Ich hab auch ein Lager in irgendeiner der Straßen unten in den Fifties«, sagte er. »Aber ich weiß nicht mehr in welcher. Da sind zwei Speicher voll mit meinen alten Bühnenbildern, Lampen und Kostümen. Ich war schon seit Jahren nicht mehr dort. Ich wette, es würde mich 5.000 Dollar kosten, den ganzen Krempel rüber nach Long Island City schaffen und verbrennen zu lassen.«

Mr. Cohan sagte, die Geschichte, er wolle dem Broadway für immer Lebwohl sagen und sich einer Truppe auf einem Theaterschiff auf dem Ohio und Mississippi* anschließen, sei gut, aber die habe sein Presseagent Charles Washburn erfunden.

»Wenn Sie einem Presseagenten einen Bleistift geben, wissen Sie nie, was rauskommt«, sagte Mr. Cohan. »Billy Bryant, der alte Theaterschiffimpresario, war zufällig ein Freund von Mr. Washburn und der überredete mich, ihn an Bryant einen Brief schreiben zu lassen und zu sagen, dass ich ein Engagement suche. Bryant hatte gerade ein Buch geschrieben und Charlie wollte dafür etwas Reklame machen.«

Der angebliche Brief von Mr. Cohan an den Theaterschiff-impresario enthielt folgenden herzzerreißenden Absatz. »Brauchen Sie für diesen Sommer vielleicht einen guten Sänger und Tänzer? Zu gern wäre ich wieder ein Kind und würde vor diesem Festlandtheater mit seinem verwöhnten Publikum ausbüchsen. Ich habe etwas verpasst in meinem Leben und jetzt habe ich die Nase voll vom mühseligen Schreiben und Schauspielern und Stückemachen für den Broadway von heute.«

»Der Brief war gut«, sagte Mr. Cohan und verdrückte ein paar Tränen. »Ich würde auch gern so schreiben können. Außerdem möchte ich nur zu gern mal ein paar alte Melodramen wieder aufführen. Ich weiß noch genau, wie ich mit dem Westernstück *Daniel Boone on the Trail*[*] auf Tournee war. Das war stellenweise so dramatisch, dass man oft das Blut aus dem Keller pumpen musste, ehe man den dritten Akt zu Ende spielen konnte.«

NACH-BEMERKUNG

Einen Tag nach dem Börsenkrach 1929 erreichte Joseph Mitchell, damals einundzwanzig Jahre alt, New York City. Bevor er 1938 zum *New Yorker* ging, bei dem er bis zu seinem Tod 1996 blieb, arbeitete er acht Jahre lang für verschiedene Tageszeitungen. Es waren dies die Jahre, in denen der Zeitungsjournalismus die Nachrichtenwelt noch beherrschte – Illustrierte und Fotojournalismus sowie das Radio fingen erst an, sich zur Konkurrenz für das geschriebene Wort zu entwickeln.

Im ersten der in diesem Band versammelten Texte, »Ich bin ganz Ohr«, beschreibt Mitchell diese Anfangszeit als Reporter, in der er sein journalistisches Rüstzeug erwarb – nicht zuletzt die Fähigkeit, gut zuzuhören, um an Informationen zu gelangen, und dann beim Schreiben das Wesentliche vom Unwichtigen zu trennen. Entsprechend wird schon in diesen frühen Texten ein bestimmter Stil sichtbar (u.a. die Klarheit der Sprache und das Überlassen des Wortes an andere, das bis zu stark umgangssprachlichen Dialogen oder der Nachbildung fremder Akzente reicht); ebenso scheint Mitchells Vorliebe für bestimmte Sujets auf (z.B. Kneipen, Essen und Trinken, die New Yorker »waterfront«); und wer sein berühmtestes Reportagen-Buch, *McSorley's Wonderful Saloon*, kennt, begegnet auch der wohltätigen Kinobesitzerin Mazie Gordon wieder, oder den Austernfischern, die auf sein Buch über die Hafenstadt New York, *Zwischen den Flüssen*, vorausweisen.

Dennoch unterscheiden sich diese frühen Texte vor allem in einem Punkt von den meist wesentlich längeren Reportagen für den *New Yorker.* Als Zeitungsartikel sind sie auf das Tagesgeschehen mit seinen Skandalen, so rund um das Thema Striptease, und

Ereignissen, wie der Hinrichtung dreier Mörder, ausgerichtet. Auch an vielen anderen Stellen beziehen sie sich auf die aktuelle politische und gesellschaftliche Situation, wobei Mitchell seine Sympathien hier mehr als einmal offen zutage treten lässt – sei es im Hinblick auf die (damalige) Bankenkrise oder den Kampf italienischer Emigranten gegen Mussolini. Um einige dieser Bezüge für den heutigen Leser deutlich zu machen und vielleicht auch erahnen zu lassen, wie hintergründig und anspielungsreich die oft so mühelos wirkende Prosa Mitchells ist, wurde dieser ersten deutschen Ausgabe von *My Ears Are Bent* ein Glossar beigegeben. Es ist ein Angebot zur Leseerleichterung und Verständnishilfe ohne jeglichen Anspruch auf Vollständigkeit oder gar Wissenschaftlichkeit. Vielmehr ist es ein Dokument der Annäherung an Mitchells New York der 30er Jahre, die im Laufe dieser Übersetzung erfolgt ist – und falls wir dabei weitere Anregungen und Ergänzungen erführen, wäre das sehr willkommen.

Editorische Notiz

Es ist bemerkenswert, dass der letzte Abschnitt »Bühnenleben« (engl. »Showmanship«) in der von Mitchell besorgten Ausgabe dieser frühen Artikel aus dem Jahr 1938 nicht enthalten war; die Berühmtheiten der »Showmanship« wurden erst 2001 in der erweiterten Ausgabe von *My Ears Are Bent* von Sheila McGrath und Dan Frank eingefügt. Für alle Artikel gilt jedoch, dass sie ursprünglich zwischen 1929 und 1938 in der *New York Herald Tribune* und *The World-Telegram* erschienen.

GLOSSAR

ICH BIN GANZ OHR

James Bryce ➛ 1838–1922; britischer Historiker, Jurist und liberaler Politiker (1907–1913 Botschafter in den USA); seine dreibändige Studie über das amerikanische Staatswesen *The American Commonwealth* (1888) erfuhr zahlreiche Auflagen und Übersetzungen.

Hog-Island-Frachter ➛ Während des Ersten Weltkriegs in großer Stückzahl gebauter Frachtschifftyp; die nach der Hog-Island-Werft in Philadelphia benannten Hog Islander galten als gute Arbeitsschiffe.

Prospekt des 25. Oktober ➛ Von 1918–1944 offizielle Bezeichnung des Newski-Prospekts.

Detskoie Selo ➛ Das heutige Puschkin südlich von St. Petersburg; seit Anfang des 18. Jh. als »Zarisches Dorf« zur Residenzstadt ausgebaut, hieß die Stadt 1918–1937 Detskoie Selo (»Kinderdorf«).

Body and Soul ➛ vermutlich der vielfach gecoverte Jazz-Standard, der 1930 entstand und noch im selben Jahr in mehreren Versionen ein Hit war.

Nicholas Murray Butler ➛ 1862–1947; Publizist, Aktivist für internationale Verständigung (1931 Friedensnobelpreis) sowie 1902–1943 Präsident des Columbia College bzw. der Columbia University; möglicherweise haben Mitchells wiederholte Seitenhiebe auf Butler nicht nur in dessen häufiger Medienpräsenz ihren Grund: Butler sympathisierte in den 1930er Jahren auch öffentlich mit Mussolini.

Philadelphia Jack O'Brien ➛ 1878–1942; eigentl. Joseph Francis Hagan; insbesondere zwischen 1890 und 1910 aktiver Profi-Boxer und Weltmeister im Halbschwergewicht.

John Dillinger ➛ 1903–1934 (erschossen); Bankräuber und erster »public enemy No. 1« der USA, der durch mehrfache Fluchten aus dem Gefängnis und spektakuläre Feuergefechte mit Polizei und FBI berühmt wurde.

Mrs. Jack (Legs) Diamond ➛ 1901?–1933 (erschossen); eigentl. Alice Diamond, geb. Schiffer; seit 1926 Ehefrau des in der Bevölkerung beliebten Gangsters Jack (Legs) Diamond (1897–1931, erschossen), der mehrere Mordanschläge überlebte.

W.C. Fields ➛ 1880–1946; eigentl. William Claude Dukenfield; amerikanischer Schauspieler, Komiker und Drehbuchautor; erlangte vor allem für die von ihm dargestellte komische Figur des missmutigen, Frauen und Kinder hassenden Trinkers große Popularität; er wirkte in Vaudevilles (u.a. bei George White's Scandals) und Musicals sowie in zahlreichen Film- und Radioproduktionen mit.

Stepin Fetchit ➛ 1902–1985; eigentl. Lincoln Theodore Monroe Perry. Der Schauspieler und Komiker wurde unter dem Künstlernamen Stepin Fetchit (der sich als Beschreibung der Figur oder des Stilmittels Comic Relief bzw. der befreienden Komik verstehen lässt: »Komm rein und hol's raus«) zum ersten afrikanisch-amerikanischen Filmstar, wobei er sich für die Komik meist negativer Stereotype wie der Figur des »Faulsten Manns der Welt« bediente; »stepinfetchit« wurde in den 30er Jahren zu einem feststehenden Begriff für eine unterwürfige Person. Die gleichzeitig einsetzende Kritik an diesen Rollenbildern als rassistisch schadeten Perrys Karriere wie seinem Namen erheblich; neuere Interpretationen sehen darin auch Anverwandlungen der Trickster-Figur.

Aimee Semple McPherson ➛ 1890–1944; Predigerin und Gründerin der Foursquare Church; sie war in den 20ern und 30ern eine weithin bekannte Persönlichkeit, die sich der Massenmedien bediente (eigener Radiosender), um ihre Botschaften zu verbreiten. Ihre von Anfang an skandalumwitterte Ehe mit dem Sänger David L. Hutton schadete ihrem Ruf und ihrer Bewegung zeitweise erheblich.

Ella A. Boole ➛ 1858–1952; 1931–1947 Vorsitzende der Woman's Christian Temperance Union, einer 1873 in den USA gegründeten und auf den Verzicht auf Alkohol und eine christlich-gute Lebensweise hin ausgerichteten sozialreformerischen Bewegung. Zeitgenössische Karikaturen von weiblichen Prohibitionisten trugen häufig ihre Züge.

Gertrude Stein ➛ Gertrude Stein

Emma Goldman ➛ 1869–1940; Anarchistin, Friedensaktivistin und Frauenrechtlerin, die seit Ende der 1880er Jahre in den USA politisch und publizistisch aktiv war. Sie galt als gefährlicher Staatsfeind, war mehrfach inhaftiert und wurde 1919 aus den USA ausgewiesen.

Gilda Gray ➛ 1901–1959; Schauspielerin und Tänzerin, die den Shimmy populär machte.

Eleanor Holm ➛ 1913–2004; Schwimmerin (Olympiasiegerin 1932) und Celebrity der 30er Jahre.

Peter J. McGuinness ➛ Gest. 1948; durchsetzungsstarker und schlagfertiger demokratischer Lokalpolitiker in Greenpoint, Brooklyn.

Black Bottom ➛ Der Tanz entwickelte sich Anfang des 19. Jh. in New Orleans aus dem Charleston und kam vor allem durch die Interpretation Ann Penningtons in einer Show der George White's Scandals im Harlemer Apollo Theater 1926/27 kurzzeitig in Mode. Der Name findet sich auch im Titel zahlreicher Jazz-Stücke und Filme.

Mary Louise Cecilia (Texas) Guinan ➛ 1884–1933; Schauspielerin und Tänzerin, deren Künstlername »Texas« von ihrem Geburtsort Waco, ihren Filmauftritten als erstes Cowgirl sowie einer auf den Wilden Westen anspielenden Bühnensprechweise herrührt; in New York betrieb sie beliebte Flüsterkneipen und erlangte als weiblicher Conferencier (u.a. in einem Nachtclub von Larry Fay) und Gestalterin von Revuen Bekanntheit.

Larry Fay ➛ 1888–1933; vor allem durch Alkoholschmuggel reich gewordener Geschäftsmann und Betreiber von Kneipen und Nachtclubs; er war für sein extravagantes Auftreten bekannt und die Autos seines Taxiunternehmens zeichneten sich durch aufwändige Ausstattung aus; er wurde von einem Türsteher erschossen, nachdem Fay dessen Gehalt gekürzt hatte.

Bürgermeister La Guardia ➛ Fiorello La Guardia, 1882–1947; Politiker und 1934–1945 Bürgermeister von New York; durch seine am New Deal orientierte Politik (sozialer Wohnungsbau, Schaffung öffentlicher Einrichtungen, Infrastrukturinvestitionen wie den nach ihm benannten Flughafen), die er mit Unterstützung von Präsident Roosevelt durchführte, war La Guardia maßgeblich am Aufschwung New Yorks in den 1930er und 1940er Jahren beteiligt; nicht zuletzt durch die Reorganisation von Polizei und Verwaltung zerschlug er die teilweise kriminellen Strukturen der demokratischen Parteigruppe Tammany Hall, die bis dahin die New Yorker Politik stark geprägt hatte.

Lottie Coll ➛ Keine Lebensdaten ermittelt; sie war die Frau des besonders brutalen Gangsters Vincent Coll (1908–1932, erschossen) und wurde wegen Waffenbesitz verhaftet.

Jack Dempsey ➛ 1895–1983; Boxer und langjähriger Weltmeister im Schwergewicht, der für seinen harten Schlag und seinen aggressiven Kampfstil bekannt war.

blinde Wut ➛ Im Original »black fury«; möglicherweise eine Anspielung auf den gleichnamigen sozialkritischen Film aus dem Jahr 1935, dessen Aufführung wegen einiger brutaler Szenen u.a. in Chicago verboten wurde.

Herbert Hoover ➛ 1874–1964; Ingenieur, republikanischer Politiker und 1929–33 Präsident der USA; seine Präsidentschaft war von der großen Wirtschaftskrise überschattet, die maßgeblich zu seiner Abwahl beitrug;

nach ihm benannt sind die Hoovervilles, illegale Slumsiedlungen der 30er Jahre in vielen amerikanischen Städten, sowie der Hoover-Dam am Colorado River.

Huey Long ➛ 1893–1935 (ermordet); demokratischer Politiker, 1928–1932 Gouverneur von Louisiana und seit 1933 Senator, der mit seinen linksgerichteten Positionen und populistischer Sprache vor allem bei der armen Bevölkerung Anklang fand.

Hyman Schorenstein ➛ Als Kind aus Osteuropa eingewanderter demokratischer Politiker und einflussreicher »District Leader« seiner Partei in Brownsville im Bezirk Brooklyn, dessen Analphabetentum wiederholt öffentlich debattiert wurde; er war ein politischer Gegner La Guardias.

Oom the Omnipotent ➛ 1875–1955; eigentl. Pierre Arnold Bernard; Gründer des Tantrik Order of America und des New York Sanskrit College, mit denen er Tantra und Yoga in den USA Anfang des 20. Jh. populär machte (nicht zuletzt durch die Betonung eines Zusammenhangs von Tantra und Sexualität); zeitweise war er wegen sexuellem Missbrauch angeklagt; später auch Bankdirektor.

J. P. Morgan ➛ 1867–1943; eigentl. John Pierpont Morgan, der Bankier war 1933 zu einer Anhörung des Senats zur Bankenkrise in den USA 1929/30 (Pecora Commission) geladen, als ihm von Journalisten eine kleinwüchsige Frau, Lya (oder Lia) Graf, auf den Schoß gesetzt wurde; das viel fotografierte Ereignis gelangte in die Schlagzeilen, und Morgans freundliche Reaktion auf die für ihn offenbar völlig überraschende Situation trug dazu bei, dass seine Person in der Öffentlichkeit wieder positiv wahrgenommen wurde. Zuvor waren er und das gesamte Bankenwesen wegen massiver Unregelmäßigkeiten sehr stark in die Kritik geraten.

John P. O'Brien ➛ 1873–1951; Verwaltungsjurist und Politiker, der nach der Absetzung und Flucht des demokratischen Bürgermeisters Jimmy Walker Anfang 1933 in einer Sonderwahl über die demokratische Liste ebenfalls Bürgermeister von New York wurde; in einer regulären Wahl im selben Jahr unterlag er Fiorello La Guardia.

Samuel Goldwyn ➛ 1879–1974; eigentl. Schmuel Gelbfisz; Filmproduzent und Gründer verschiedener Filmproduktionsfirmen.

Hauptmann ➛ Bruno Richard Hauptmann (geb. 1899 in Deutschland), der 1923 als Vorbestrafter illegal in die USA eingereist war, wurde 1935 der Entführung des Babys von Charles Lindbergh angeklagt; die Entführung war ein großes Medienereignis gewesen, entsprechend groß die Aufmerksamkeit für den Prozess. Trotz Unregelmäßigkeiten und widersprüchlicher Aussagen wurde Hauptmann schuldig gesprochen und 1936 als mutmaßlicher Täter hingerichtet.

Bank of United States ➛ 1913 gegründete Privatbank, die zur Zeit der Depression wegen der von ihr vergebenen Immobilienkrediten und Darlehen in Schwierigkeiten geriet; nach einer Pressemeldung 1930 zogen plötzlich viele Kunden ihre Einlagen ab, kurz darauf ging die Bank in Konkurs.

Irish Sweepstakes ➛ Siehe S. 314.

Philadelphia Scrapple ➛ Eine Art Fleischpastete und Spezialität der amerikanischen Nordwestküste, die meist aus Schweineinnereien, Mehl (Maismehl, Weizen, Buchweizen) und Gewürzen zubereitet wird; als Vorläufer gelten deutsche und niederländische Wurstsorten wie Panhas.

Thomas Benton ➛ 1889–1975; Maler und Zeichner, der dem amerikanischen Realismus (speziell dem Regionalismus) zugerechnet wird und vor allem für seine Darstellung des traditionellen ländlichen Amerika bekannt war; Benton trat auch durch zahlreiche öffentliche Äußerungen hervor und stand im Ruf, viel zu reden.

Applejack ➛ traditioneller amerikanischer, aus der Destillation von Cider gewonnener Apfelschnaps, der zu den meistverbreiteten Alkoholika im kolonialen Amerika zählte und zum Teil auch als Bezahlung von Arbeitern diente. Er wurde allmählich durch einfacher zu produzierende Brände wie Rum und Whiskey verdrängt und überlebte – auch als Jersey Lightning bezeichnet – vor allem als regionale Spezialität.

TRUNKENBOLDE

Ringling Brothers and Barnum & Bailey Circus ➛ Berühmter US-amerikanischer Zirkus, der 1919 aus der Vereinigung des Ringling Brothers Circus mit dem Barnum & Bailey entstand und bis heute existiert.

Moxie ➛ Limonadengetränk, 1876 von Augustin Thompson unter dem Namen »Moxie Nerve Food« erfunden und zunächst als Heilmittel gegen allerlei Nervenleiden vermarktet; die bittere Note stammte von Enzianwurzelextrakt; heute eines der bundesstaatlichen Wahrzeichen von Maine.

Mulligan ➛ Bezeichnet eine Flasche Schnaps, die in Kneipen auf den Tresen gestellt wurde und an der sich die Gäste bedienen konnten, ohne dafür zu bezahlen.

Elsa Maxwell ➛ 1883–1963; organisierte professionell Partys der High Society zunächst in Europa, später in New York und schrieb darüber in ihren bekannten Klatschkolumnen; Ende der 30er Jahre zog sie nach Hollywood, wo sie auch, nicht sehr erfolgreich, in einigen Filmen auftrat.

Chock Full o' Nuts Company ➛ Eine 1926 von William Black gegründete Ladenkette, in der zunächst Nüsse verkauft wurden; 1932 zu einer Imbisskette umgewandelt, die Kaffee und Sandwich für einen Nickel anbot, ab 1953 Verkauf des eigenen Kaffees. Den Namen kann man auch als ›gerammelt voll mit Irren lesen‹.

Bellevue ➛ 1736 vor den Toren Manhattans, auf der heutigen First Avenue, errichtetes ältestes Krankenhaus und Armenhaus in den USA; Synonym für die bekannte psychiatrische Abteilung.

London Broil ➛ Über Nacht mariniertes »Flank-Steak« oder anderes nicht sehr edles Rindfleisch, das in der Pfanne oder im Bräter medium gegart und in schmalen Scheiben geschnitten serviert wird; trotz seines Namens ein typisch nordamerikanisches Gericht.

G-men ➤ Kurz für Government Men; noch heute gebräuchliches Slang-Wort für FBI-Agenten und Vertreter anderer US-Strafverfolgungsbehörden.

Jeeter Lester ➤ Der Name der Hauptfigur von *Tobacco Road*, einem sehr erfolgreichen Roman von Erskine Caldwell von 1932. Der Roman, der in Georgia spielt und von kleinen Farmpächtern zur schlimmsten Zeit der Wirtschaftskrise handelt, wurde 1933 in einer Fassung von Jack Kirkland auf den Broadway gebracht und 1941 von John Ford verfilmt.

Wiley Post und Will Rogers ➤ Wiley Post (1898–1935) und Will Rogers (1879–1935) kamen bei einem missglückten Flugzeugstart in Alaska ums Leben. Post, der Pilot, war ein gefeierter Flieger, der als Erster allein die Welt umflogen hatte. Rogers war Komiker, Schauspieler und politischer Kolumnist und in den 20er und 30er Jahren in den USA ungeheuer beliebt.

Irish Sweepstakes ➤ Eigentlich Irish Hospitals' Sweepstakes; 1930 gegründete Lotterie zur Finanzierung irischer Krankenhäuser. Lose wurden auch in Großbritannien und den USA verkauft; da damals das Lotteriespiel in den USA verboten war, wurden sie auf dem Schwarzmarkt gehandelt (und die US-Zollbehörde zerstörte Ladungen mit den Losen auf dem Weg zurück).

Labor Day ➤ US-amerikanischer Feiertag, der seit 1882 jeden ersten Montag des Monats September begangen wird. (Er wurde nicht auf den 1. Mai gelegt, an dem international der Tag der Arbeit gefeiert wurde, um sich von den kommunistischen und anarchistischen Vereinigungen abzusetzen.)

Five-and-Dime ➤ Billiges Warenhaus, in dem die Waren zum Festpreis von fünf oder zehn Cent verkauft wurden; Erfinder der Kettenläden gleichen Namens ist Franklin Winfield Woolworth.

Pinball-Automat ➤ Ein Bagatellspiel, das in einigen US-Bundesstaaten in den 30er Jahren verboten wurde, weil Varianten davon Glücksspielelemente besaßen; um das Verbot zu umgehen, erfand die Chicagoer Firma Gottlieb 1947 die Flipperhebel (nach denen hierzulande in der Folge die Geräte genannt wurden).

David Balesco ➤ 1853–1931; Dramatiker, Regisseur und Theaterproduzent; Wegbereiter des naturalistischen Theaters in den USA und Hauptvertreter des Melodramas; seine Tragödie *Madame Butterfly* diente als Vorlage für das Libretto von Puccinis gleichnamiger Oper. Sein Theater an der 44th Street trägt noch heute seinen Namen.

Locoweed ➤ Zusammengesetzt aus *loco*, spanisch für wahnsinnig, und *weed*, engl. für Unkraut; Pflanzen der Gattung *Astragalus* und *Swainsong* mit dem Giftstoff Swainsonin. Der Verzehr führt bei Weidetieren zum Locoismus, einer neurologischen Erkrankung, die durch den Tod der Tiere zu beträchtlichen wirtschaftlichen Schäden in den USA führte.

»The Music Goes 'Round and 'Round« ➤ Populärer Song von Mike Riley und Eddie Farley aus dem Jahr 1935. Die genannte Liedzeile (»You push the middle valve down«) entstammt in abgewandelter Form aus dem Songtext.

Father Divine ➤ Siehe S. 320.

CHEESE-CAKE

Burlesque ➤ Die Burlesque war eine Unterhaltungsshow mit verschiedenen Einlagen (u.a. Komiker-Sketches, Tanz- und Gesangsnummern), die sich vom Vaudeville vor allem durch die Stripteasenummern unterschied und ihre Hochzeit in den USA vor dem Zweiten Weltkrieg hatte (heute erlebt sie unter dem Namen New Burlesque oder Neo-Burlesque ein Revival). Sie richtete sich an ein ärmeres Publikum. Die sehr viel teureren, bürgerlichen Revuen am Broadway waren nicht nur prächtiger ausgestattet, sie präsentierten auch ein anderes Rollenbild: Während in der anrüchigen Burlesque die Darstellerinnen oft über einigen Wortwitz verfügten und mit dem Publikum redeten, traten die Revuegirls statuarisch und stumm auf (wenn sie nicht gerade sangen). Das machte die Revuen auch harmloser, denn nach den amerikanischen Sittengesetzen war es lange verboten, sich nackt zu bewegen (wobei nackt relativ zu begreifen ist), das starre Stehen im nackten Zustand war dagegen erlaubt.

Apollo Theatre ➛ 1920 erbaut, 1996 abgerissen; Musiktheater, in dem unter anderem Gershwin-Musicals gespielt wurden, nicht zu verwechseln mit dem Apollo Theater in Harlem, dem Veranstaltungsort für Jazz- und später auch Motown-Konzerte.

Joe E. Brown ➛ 1891–1973; genoss als Komiker in den 30er und 40er Jahren große Popularität in den USA; bekannt u.a. für seine Rolle des Osgood Fielding in *Manche mögen's heiß* von Billy Wilder.

Minkys ➛ Die vier Brüder Abraham, Bennett, Michael William (Billy) und Herbert Kay Minsky gehörten von 1912 bis 1937 zu den wichtigsten Showgrößen in New York; zeitweise besaßen sie zwölf Burlesque-Theater (sechs davon allein in New York). Die älteren drei Brüder fingen 1908 mit Filmvorführungen an, die sie, um ein größeres Publikum anzulocken, mit Vaudeville-Einlagen ergänzten. Bald stiegen sie im großen Stil ins Burlesque-Geschäft ein. Aus dem Pariser Moulin Rouge und den Folies Bergère importierten sie den in den Zuschauerraum hineinreichenden Laufsteg in die USA. Berühmt – und berüchtigt – wurden sie für den Striptease in ihren Burlesque-Shows, derentwegen die Polizei immer wieder Razzien bei ihren Shows durchführten. Nach jahrelangem Kampf der Sittenwächter wurde Anfang der 40er Jahre die Burlesque in ganz New York unter Bürgermeister La Guardia verboten.

Ann Corio ➛ 1909–1999; Tochter italienischer Einwanderer; bekannte Stripteasetänzerin, die nach dem Verbot der Burlesque in New York nach Los Angeles ging und dort v.a. in B-Movies mitwirkte; 1965 entwarf sie die Broadway-Show *This Was Burlesque*, in der sie selbst eine Rolle übernahm.

Gypsy Rose Lee ➛ Bürgerlicher Name Ellen June Hovick, 1911–1970; Burlesque-Künstlerin, die für ihren Striptease, den sie mit großem Witz vortrug und der sie zu einem der größten Stars der Minskys und der Burlesque allgemein machte, berühmt war. Trat in mehreren Filmen auf und verfasste zwei Kriminalromane, von denen der erste, *The G-String Murders*, 1943 unter dem Titel *Lady of Burlesque* mit Barbara Stanwyck in der Hauptrolle verfilmt wurde.

Racquet and Tennis Club ➛ Gegründet 1890, bezog 1918 auf der Park Avenue 370 sein Clubhaus, in dem er bis heute residiert. Privater Herrenclub mit mehreren Sporthallen; nach wie vor ist Frauen die Mitgliedschaft verwehrt.

Dwight Fiske ➛ Amerikanischer Nachtclub-Entertainer, der für seine schlüpfrigen Geschichten bekannt war. Höhepunkt seiner Karriere lag in den 30er und 40er Jahren, als er, nach Auftritten in »exklusiven Flüsterkneipen« gegen Ende der Prohibitionszeit, vor allem eben in der Cafe Lounge der Savoy Plaza auftrat.

Shimmy ➛ Modetanz der 20er Jahre afroamerikanischer Herkunft, musikalisch aus dem Ragtime abgeleitet; ein sogenannter Platztanz, d.h., die Füße werden kaum bewegt und der Körper wird v.a. durch die Bauchmuskeln »geschüttelt«.

Georgia Sothern ➛ Bürgerlicher Name Hazel Anderson, 1909?–1981, wegen ihres rasend schnellen Hüftschwungs auch »The Human Dynamo« genannter Star der Burlesque-Szene. Auf Georgia Sotherns Aufforderung nach einer ehrenvolleren Bezeichnung für ihren Beruf zu suchen, schlug der bekannte Journalist H.L. Mencken (siehe S. 339) den Begriff »ecdysis« und für die Tänzerinnen »ecdysiast« (aus dem Griechischen für Häuten oder Mausern) vor, was Gypsy Rose Lee wiederum verärgert zurückwies.

Sally Rand ➛ 1867–1943; bürgerlicher Name Hattie Helen Gould Beck; Burlesque-Tänzerin und Schauspielerin, bekannt für ihren Fächertanz und Ballontanz; wurde berühmt durch ihre Auftritte auf der Chicagoer

Weltausstellung 1933, wo sie an einem Tag viermal wegen Erregung öffentlichen Ärgernisses verhaftet wurde; 1936 erwarb sie The Music Box in San Francisco (die spätere Great American Music Hall); trat bis in die siebziger Jahre mit ihrem Fächertanz auf. Siehe »Sally Rand und ein Spanferkel«.

Grover A. Whalen ➛ 1886–1962; Geschäftsmann und Politiker. 1928 wurde er Polizeichef in New York; berüchtigt für seine strikte Durchsetzung der Prohibitions-Gesetze, 1930 musste er von seinem Amt wegen gewalttätiger Übergriffe der Polizei während einer Großdemonstration zurücktreten; aus dieser Zeit ist sein Spruch in Erinnerung: »There is plenty of law at the end of a nightstick.« 1935 wurde er zum Leiter der Weltausstellung 1939/40 in New York ernannt.

Flushing Meadows ➛ Park in Queens, der für die New Yorker Weltausstellung 1939/40 angelegt wurde; hier fand auch die Weltausstellung 1964/65 statt.

Rufus C. Dawes ➛ 1867–1940; ein im Öl- und Bankengeschäft tätiger Geschäftsmann. Nach ihm wurde der Dawes-Plan benannt, der die Reparationszahlungen Deutschlands nach dem Ersten Weltkrieg regelte. 1934–1940 war er Leiter der Weltausstellung in Chicago und des dortigen Museum of Science and Industry.

Little Egypt ➛ Künstlername verschiedener Bauchtänzerinnen, deren Tanz so viele Nachahmerinnen fand, dass der Name in den USA synonym für Bauchtänzerin wurde. Siehe Frieda Spyropolous, S. 319.

Trylon und Perisphere ➛ Die Wahrzeichen der New Yorker Weltausstellung, ein 212 m hoher dreiseitiger Obelisk und eine Kugel mit 65 m Durchmesser, in der eine Ausstellung aufgebaut war.

Florenz Ziegfeld ➛ 1867–1932; Theater- und Filmproduzent; er produzierte u.a. 1925 den Stummfilm *Ben Hur*. Entwickelte 1907 die Ziegfeld Follies, eine Jahresrevue am Broadway, die prägend für die New Yorker Theaterszene in den 20er und 30er Jahren war und sich an den Pariser

Folies Bergère orientierte; das aus einzelnen Tanz-, Komiker- und Akrobatik-Einlagen bestehende Programm war weniger anzüglich als Vaudeville und Burlesque. Aus den Ziegfeld Follies hervorgegangene Stars sind u.a. Barbara Stanwyck und W.C. Fields.

Frieda Spyropolous ➛ Eigentlich Farida Mazar Spyropolous, 1871–1937; trat auf der Chicagoer Weltausstellung 1893 mit dem damals in den USA Hootchy-Cootchy oder »shimmy and shake« genannten Bauchtanz in einer Unterhaltungsshow namens »A Street in Cairo« auf und erhielt wegen ihrer Körpergröße den Beinamen Little Egypt (obwohl sie gebürtige Syrerin war); mit 62 Jahren trat sie noch auf der Chicagoer Weltausstellung 1933 auf.

Portia Mansfield Dancers ➛ Die beiden Pioniere des Modern Dance Portia Mansfield und Charlotte Perry gründeten 1913 die bis heute bestehende Theater- und Tanz-Schule in Colorado.

Faith Bacon ➛ 1910–1956; beginnt ihre Karriere als Tänzerin in der Revue von Maurice Chevalier in Paris. Laut eigener Aussage erfand sie den Fächertanz – mit dem sie das strenge Verbot, sich »nackt« auf der Bühne zu bewegen, umgehen konnte. Völlig verarmt begeht Bacon 1956 Selbstmord, indem sie aus dem Fenster eines Hotelzimmers springt.

Black Hand Gang ➛ Gangsterbande sizilianischer Einwanderer, die auf Erpressung spezialisiert war; geht zurück auf die Mitte des 18. Jh. in Neapel und auf Sizilien entstandene *Mano Nera*. Um 1900 hat sie sich in verschiedenen US-Großstädten fest etabliert, in den 20ern verschwindet sie.

P. T. Barnum ➛ 1810–1891; legendärer amerikanischer Showman, Zirkuspionier und Schausteller und vor allem Marketing-Genie; eröffnete 1841 das enorm erfolgreiche Barnum's American Museum in New York, eine Art spektakuläres Kuriositätenkabinett; nach ihm wurde der Barnum-Effekt in der Psychologie benannt, der u.a. erklärt, warum viele Menschen an Horoskope glauben.

KOMMT ZU JESUS

Father Divine ➛ Um 1880–1965; eigentl. wohl George Baker; unter Namen wie Father Divine – »göttlicher Vater« – schuf er eine Art christlichen Volkskult mit sich als charismatischem Führer; der außerordentliche Erfolg der Bewegung in den 20er und 30er Jahren ist auch auf eine ausgedehnte karitative Tätigkeit (vor allem Bereitstellung von Arbeit und Wohnung) und der sozialen Situation der Afroamerikaner zurückzuführen. »Peace« war der übliche Gruß der Anhänger untereinander.

Elder Lightfoot Solomon Michaux ➛ Um 1885–1968; Prediger und Gründer der evangelikalen Gospel Spreading Association of the Church of God, die sich seit den 20er Jahren in den USA ausbreitete, karitativ wirkte (u.a. sozialer Wohnungsbau, günstige Speisecafés) und in Massenveranstaltungen und später auch in Radio und Fernsehen missionierte; sein Happy Am I Choir wurde international bekannt und sang zahlreiche Schallplatten ein.

Camp Lee, Virgina ➛ Einer der größten Militärstützpunkte in den USA; 1917 als Camp Lee gegründet, 1950 in Fort Lee umbenannt.

Kohl ➛ Im Original *»cabbage«*, was neben der eigentlichen Bedeutung »Kohl« verschiedene umgangssprachliche Konnotationen haben kann; die ersten Assoziationen der Leser jener Zeit waren vermutlich »Banknoten« und »Zigarren«.

First Houses ➛ Die acht Wohnblocks der First Houses, die 1935 in Manhattan eingeweiht wurden, gelten als erstes Projekt des sozialen Wohnungsbaus in den USA; mit ihnen beginnt auch die Arbeit der New Yorker öffentlichen Baubehörde, der New York City Housing Authority, heute größter Vermieter der Stadt.

Grand Concourse ➛ Nord-Süd-Achse durch die Bronx und bis in die 60er Jahre eine bei der jüdischen Mittelklasse beliebte Wohngegend mit vielen Synagogen.

Flatbush ➛ Viertel in Brooklyn mit einem zu Anfang des 20. Jh. großen Anteil jüdischer Bevölkerung.

Ganoven ➛ Im Original »racketeering«, ein seit Ende der 20er Jahre auch offiziell verwendeter Terminus in den USA für illegale Geschäftemacherei als Teil organisierter Kriminalität (v.a. Schutzgelderpressung).

Stutz-Wagen ➛ Die Stutz Motor Car Co. war bis Ende der 30er Jahre ein Hersteller schneller luxuriöser Automobile.

Hurtig & Seamon ➛ Jules Hurtig und Harry Seamon betrieben Anfang des 20. Jh. verschiedene Spielstätten für Burlesque- und Vaudeville-Aufführungen; besonders bekannt wurde das 1914 eröffnete Hurtig and Seamon's New Burlesque Theatre, das spätere Apollo Theater in Harlem (125th Street West Nr. 253).

The White Sister ➛ Titel mehrerer Filme nach einem Roman von Francis Marion Crawford (1854–1909); in der Verfilmung von 1933 spielen Helen Hayes (1900–1993) und Clark Gable (1901–1960) die Hauptrollen in dem Melodram, bei dem eine Frau der Liebe entsagt und Nonne wird.

SPORTTEIL

Jack Pfefer ➛ 1894–1974; eigentl. Jacob Pfefer (auch Pfeffer); der 1924 in die USA eingewanderte Promoter löste um 1934 einen Skandal aus, indem er nach internen Auseinandersetzungen in der Wrestling-Szene gegenüber der Presse Interna aus den kommerziellen Ringverbänden enthüllte, von arrangierten Meisterschaften und Kämpfen sprach und das professionelle Ringen als Entertainment bezeichnete statt als Sport.

Times Building ➛ Hier handelt es sich um das Times Building direkt am Times Square (daher oft One Times Square genannt) an der Ecke 42. Straße und Ecke Broadway. Es war nicht nur als wegen der markanten

Keilform und als ehemals höchstes Gebäude der Stadt eine prominente Adresse, seit Ende der 1920er Jahre wurde es zunehmend auch als Träger für Leuchtwerbung genutzt (was neben dem berühmten *Ball Drop* zu Silvester heute sein Hauptzweck ist; die oberen Etagen stehen leer).

Athletic Commission ➛ Die New York State Athletic Commission bestimmt seit der Gründung als Box- und Ringverband im Jahr 1920 die Rahmenbedingungen für das professionelle Boxen und Ringen im Staat New York (einschließlich Lizenzvergabe); vor allem wegen der großen New Yorker Veranstaltungsorte wie Madison Square Garden oder Yankee Stadium war sie zeitweise sehr einflussreich.

Ringverbände ➛ Im Original *»wrestling trust«*. Als sich in den 20er Jahren das Wrestling zu einem überregionalen Geschäft mit organisatorischen Strukturen entwickelte, bildeten führende Promoter in Ringverbänden wechselnde Allianzen, die um die Kontrolle des Geschäfts und – den heutigen Profiboxverbänden ähnlich – um die Vergabe der Meistertitel konkurrierten. Einer war der Trust des u.g. Jack Curley.

Jack Curley ➛ 1876–1937; eigentl. Jacques Armand Schuel; ein wichtiger Promoter, der durch Massenveranstaltungen mit 20.000 und mehr Zuschauern sowie als Organisator mehrerer Trusts maßgeblich zur Verbreitung des Wrestling beitrug. Wie Mitchell darstellt, hatte Pfefer lange für Curley als eine Art Talentscout gearbeitet, bis es zum Zerwürfnis kam und Pfefer nach einem erneuten Trust Curleys weitgehend vom New Yorker Wrestling-Geschäft ausgeschlossen war. Es folgten gerichtliche Auseinandersetzungen, wie sie Pfefer anspricht, und Pfefers oben erwähnter Gang an die Öffentlichkeit.

Ringling Brothers ➛ Das größte Zirkusunternehmen der USA (siehe auch S. 313) war für seine aufwändigen Shows bekannt.

Morris Gest ➛ 1875–1942; Theaterregisseur, Intendant und Produzent außergewöhnlicher Shows mit gutem Gespür für Marketing und Öffentlichkeitsarbeit.

Jim Londos ➛ 1894(?)-1975; Ringer und von den 20er bis in die 40er Jahre einer der erfolgreichsten Ringer und Publikumsmagnet; nach einem Bruch mit Curley arbeitete er zeitweise mit Pfefer zusammen, kehrte später jedoch zu Curley zurück.

Gouverneur Lehman ➛ Herbert H. Lehmann 1878–1963; bis 1928 Bankier (Teilhaber von Lehman Brothers), danach Vizegouverneur unter Franklin D. Roosevelt und 1933–1942 selbst Gouverneur von New York, als der er Roosevelts Präsidentschaft unterstützte; der vermögende Lehman galt als liberal und war innerparteilicher Gegner der Tammany Hall.

Jack Dempsey ➛ Boxer und Promoter, siehe S. 310.

New York State Boxing Commission ➛ andere Bezeichnung für die New York State Athletic Commission – siehe oben.

W. L. Young Stribling ➛ William Lawrence Stribling, 1904–1933; Profiboxer (zuletzt im Schwergewicht), der bei einem Verkehrsunfall starb.

Mary Pickford ➛ 1892–1979; Schauspielerin und Filmproduzentin; schon als Kind auf der Bühne, wurde sie einer der ersten Filmstars, gründete eine Filmproduktionsgesellschaft, auch um ihre Filmrollen mitgestalten zu können, und war 1919 Mitgründerin von United Artists. Als Mitchell die Geschichte schrieb, hatte sie bereits seit Jahren in keinem Film mehr mitgewirkt.

Clara Bow ➛ 1905–1965; Schauspielerin; schon als Jugendliche zum Film gekommen, war sie in den 1920er Jahren einer der größten weiblichen Stummfilmstars, die oft selbstbewusste aktive Frauen verkörperte; durch ihre Rolle in dem Film *It* (1927; dt. *Das gewisse Etwas*) wurde sie als erstes »It-Girl« bekannt.

William Ashley (Billy) Sunday ➛ 1862–1935; nach seinem Karriereende als Baseball-Profi 1891 entwickelte er sich zum bekanntesten Wanderprediger und einem der eifrigsten Agitatoren für die Prohibition in den USA, dessen in einfacher, direkter Sprache gehaltene und dramatische

Predigten bis Anfang der 20er Jahre ein Massenpublikum erreichten und Sunday ein Vermögen einbrachten.

Arlie Latham ➛ 1860–1952; eigentl. Walter Arlington Latham; Baseball-Profi 1880–1909; der Wettlauf über 100 Yards zwischen ihm und Sunday fand 1884 oder 1885 statt; Mickey Welch, 1859–1941; 1880–1892 Baseball-Profi.

Pacific Garden Mission ➛ 1877 gegründete Obdachloseneinrichtung und Missionsstation.

Heywood Broun ➛ Siehe S. 336.

eine Ausweichbewegung gemacht habe ➛ Im Orig. »he used to put his off heel in the water bucket when he was up to beat«. »Foot in the bucket« (und ähnlich »step in the bucket«) ist eine auch heute noch gebräuchliche Baseball-Formulierung für eine Ausweichbewegung mit dem Fuß bzw. eine weit zurückgezogene Position eines Batters, wenn der Ball geworfen wird, und wird mit schlechtem Batting (und erweitert mit Ängstlichkeit) assoziiert. Der Wassereimer spielt vermutlich auf die hinter dem Batter liegende Spielerbank an, an der traditionell Wassereimer zur Erfrischung standen. Bei einem Befürworter der Prohibition ist »ein Fuß im Wassereimer« natürlich auch dahingehend zu verstehen.

Bunt ➛ Ein Schlag, der eigentlich ein Nicht-Schlag ist: Bei einem Bunt versucht der Schlagmann erst gar nicht, den Ball weit zu schlagen, sondern lässt ihn nur kurz abtropfen.

mit echter Sägespäne auf dem Weg zum Taufbecken ➛ Im Orig. »had a real sawdust trail«; der zeitgenössische Leser hat das vermutlich als Anspielung auf »Hitting the sawdust trail« verstanden, eine von Sunday oft verwendete Aufforderung, den auf dem üblicherweise mit Sägespäne ausgelegten Weg in den Zelten oder sog. Tabernakeln zum Prediger zu gehen; »sawdust trail« bezeichnet zudem die Route der Wanderprediger auf ihren Reisen durchs Land bzw. die Spur, die sie mit ihren temporären Veranstaltungshallen hinterließen.

John (Buddy) Hassett ➛ 1911–1997; eigentl. John Aloysisus Hassett, bis 1950 professioneller Baseball-Spieler; von einer Karriere als Sänger ist nichts bekannt.

Schnulzensänger ➛ Im Original »*crooner*«; mit diesem Begriff wurden in den USA ab den 1920er Jahren Sänger bezeichnet (u.a. Bing Crosby, Frank Sinatra, Dean Martin), die sich – bedingt durch die Entwicklung des Mikrophons – einer stimmlich zurückhaltenden bzw. beiläufigen Singweise (crooning) bedienten; Schnulze oder Schlager als Bezeichnung ihrer Lieder ist nicht immer ganz zutreffend.

Ebbets Field ➛ Baseball- und Football-Stadium und Heimstadium der Brooklyn Dodgers im Brooklyner Stadtteil Flatbush, benannt nach dem Besitzer der Dodgers, Charlie Ebbets (1859–1925).

Holy Name Society ➛ Katholische Laienbruderschaft, die sich der Namen-Jesu-Verehrung widmet und gegen Blasphemie und Fluchen richtet.

Joe ist, wie er ist, aber mit Louis hatte er Recht ➛ Der Titel dieses neben »Ich bin ganz Ohr« wohl persönlichsten Textes im Band dürfte auf die Vornamensgleichheit von Joseph Mitchell, der von Bekannten offenbar Joe genannt wurde (siehe etwa das Kapitel »On Writing, Not Writing and Lunching with Joe« in den Erinnerungen der ehemaligen *New-Yorker*-Rezeptionistin Janet Groth [*The Receptionist*, 2012]) und Joe Louis zunutze machen.

Arthur Donovan ➛ 1890?–1980; zunächst Boxer, wurde Arthur Donovan nach dem Ende seiner aktiven Karriere als Ringrichter bekannt und stand in mehreren Titelkämpfen von Joe Louis im Ring.

Bessie-Smith-Schallplatten ➛ Bessie Smith (1897–1937) war in den 20er und 30er Jahren eine berühmte Blues- und Jazz-Sängerin. Sie starb an den Folgen eines Verkehrsunfalls in den Südstaaten, was damals auch auf ihre Einlieferung in ein afroamerikanisches statt ein nur für Weiße zugängliches Krankenhaus zurückgeführt wurde.

Max Baer ➛ 1909–1959; Boxer, der für seine Schlagkraft bekannt war; der erwähnte Kampf zwischen Baer und Louis fand am 24.9.1934 im Yankee Stadium in der Bronx statt; Baer verlor in der 4. Runde durch K.O. und dieser Sieg machte Joe Louis endgültig zum Star.

Lenox Avenue ➛ Hauptverkehrsader in Harlem, die das Viertel zentral, beginnend am Nordende des Central Park und endend am Harlem River, in Nord-Süd-Richtung durchquert; zugleich Synonym für die moderne multiethnische Kultur Harlems in den 30er Jahren.

drei Gummibänder um seine Brieftasche geschlungen hatte ➛ Das Umwickeln einer Brieftasche mit einem Gummi macht es Taschendieben schwerer, sie unbemerkt aus der Hosentasche zu ziehen.

Chitterlings ➛ Gericht der Südstaaten-Küche, meist aus Schweinebauch, -darm und -innereien, das aus der Zeit der Sklavenhaltung stammt.

Detroit Boosters' Club ➛ Boosters oder Boosters' Clubs waren in den USA seit Ende des 19. Jh. häufige Zusammenschlüsse führender Geschäftsleute einer Gegend oder einer Stadt mit dem erklärten Ziel, das Gemeinwesen zu fördern, und damit eine Art Vorläufer der Rotary Clubs; Joe Louis wuchs seit dem 12. Lebensjahr in Detroit auf und begann dort seine Boxkarriere.

Jack Johnson ➛ 1878–1946; erster afroamerikanischer Boxweltmeister, dessen Sieg in einem Weltmeisterschaftskampf über einen Weißen 1910 Rassenunruhen auslöste, dessen aufwändiger Lebensstil vielfach angefeindet wurde und dessen Flucht nach Europa wegen eines Verstoßes gegen die Rassengesetze den meisten Lesern Mitchells noch in Erinnerung gewesen sein dürfte; das blaue Barett ist vermutlich eine Anspielung auf Johnsons Sideshow-Auftritte in Hubert's Museum and Flea Circus in den 30er Jahren in New York.

Primo Carnera ➛ 1907–1967; italienischer Boxer, bei dem mehrfach Nähe zum organisierten Verbrechen vermutet wurde, etwa bei seinen Kämpfen gegen Young Stribling (siehe S. 323); den erwähnten Kampf gegen Louis 1937 verlor er.

DIE GRÖSSTE STADT DER WELT

Municipal Lodging House ➛ Städtisches Wohnheim; solche Lodging Houses wurden vor allem während der Wirtschaftskrise für Arme und Obdachlose errichtet.

Welfare Island ➛ Insel im East River, auf der in der ersten Hälfte des 19. Jh. verschiedene Strafanstalten und Hospitäler errichtet wurden, u.a. das berüchtigte New York City Lunatic Asylum, eine Irrenanstalt, die 1895 auf die Ward's Island umzog. 1971 wurde die Insel umbenannt in Roosevelt Island.

Potter's Field ➛ Allg. bezeichnet Potter's Field (Töpferacker) Armenfriedhöfe; hier ist das riesige Potter's Field auf Hart Island gemeint, einer zur New Yorker Bronx gehörenden Insel.

Rent Party ➛ Partys, die um 1920 in Harlem ins Leben gerufen wurden. Man heuerte einen Pianisten oder eine Band an und lud Leute ein, um Geld für die oftmals überteuerte Miete zu sammeln. Rent Partys spielten eine wichtige Rolle in der Jazzmusikszene der Städte, auch weil sie den Musikern eine Möglichkeit boten, Geld zu verdienen.

The Sixth and Seventh Books of Moses ➛ Unter diesem Titel, der sich auf die fünf Bücher des Propheten Moses bezieht, erschienen seit dem 18. Jh. verschiedene okkulte Texte, deren Inhalte sich von volkstümlichem Zauber und Aberglauben herleiten.

The Ancient's Book of Magic ➛ Okkultes Buch eines amerikanischen Autors, der unter dem Pseudonym Lewis de Claremont schrieb, und das in den 30er Jahren große Verbreitung in den USA fand.

Craps ➛ Würfelspiel, das sich aus dem englischen Hazard entwickelte und über Frankreich in die USA kam (daher auch der Name, der sich von franz. »crapaud« für Kröte ableitet, was von der gekauerten Haltung der Spieler bei der Straßenversion des Spiels herkommt). Statt mit einem Würfelbecher werden die Würfel mit der Hand gegen eine Wand o.Ä. geworfen. Heute wird mit »craps« vor allem die in den Casinos gespielte Version bezeichnet; das Straßenspiel wird »shooting dice« genannt.

Goofer Dust ➛ Magisches Pulver (das hier beispielhaft aufgeführt werden soll), das für Schad-, Liebes- und Schutzzauber eingesetzt wird; es besteht aus verschiedenen Ingredienzen wie Erde von einem Grab, Schlangenhaut, Salz, Knochen, Sulfur und Kräutern. Das Wort Goofer leitet sich von dem Kikongo-Begriff *kufwa* für sterben her.

Gris-Gris ➛ Vermutlich von Sklaven aus Westafrika um 1700 nach New Orleans gebracht; Gris-Gris bezeichnet den Zauber, der vor allem in Amulettbeutelchen, aber auch in Puppen oder Gebete eingeht oder diese Dinge selbst. Die Beutelchen werden mit verschiedenen magisch aufgeladenen Pulvern o. Ä. gefüllt und am Körper getragen.

Marie Leveau ➛ 1794–1881; frei geborene Kreolin und bekannteste Voodoo-Priesterin aus New Orleans, die nach dem Tod ihres Mannes u.a. als Friseurin wohlhabender Weißer arbeitet; es heißt, ein Teil ihrer Weissagungen ging aus Gesprächen hervor, die sie in den Häusern ihrer Kunden aufschnappte.

Mother Hubbard ➛ Langes, weites hochgeschlossenes Kleid, das Missionare in Polynesien einführten; damit sollten die Inselbewohnerinnen ihre unzüchtige Nacktheit verbergen.

Florence Crittenton Home ➛ Die Nationale Florence Crittenton Mission wurde 1883 gegründet, sie führte mehrere Heime, das größte in New York, wo »verlorene und gefallene Frauen«, Prostituierte und unverheiratete Schwangere, Schutz finden und eine Ausbildung absolvieren konnten.

Amerikanische Legion ➛ Die American Legion ist eine 1919 gegründete Veteranenorganisation der US Army, die sich für die Interessen der Veteranen einsetzt und gesellschaftliche Veranstaltungen organisiert. Um 1920 beteiligte sie sich an Aktionen gegen sozialistische Vereinigungen in den USA; in den 30er Jahren verfolgten führende Mitglieder der American Legion angeblich den Plan für einen faschistischen Staatsstreich. Die hier Abteilung genannten Posts sind die niedrigste Einheit der Organisation.

»Soll sie es gestehen?« ➛ Im Original »Should a woman tell« – Vermutlich Anspielung auf den gleichnamigen Film von 1919 von John Ince; die Geschichte einer jungen Frau, die sich nach einigem Hin und Her dazu entscheidet, ihrem Liebhaber von einem vorangegangenen Fehltritt zu erzählen (daher der Titel), was tragisch endet.

B.-M.-T.-Züge ➛ Die Brooklyn-Manhattan Transit Corporation wurde 1923 gegründet und ging 1940 in städtischen Besitz über.

Coney Island ➛ Zu Brooklyn gehörende Halbinsel mit einer langen Küste am Atlantik; entwickelte sich von einer Sommerfrische fürs Bürgertum Anfang und Mitte des 19. Jh. dank der (preis)günstigen Erreichbarkeit mit der Bahn immer mehr zu einem Badeort mit Vergnügungsparks für ärmere Schichten. Hier gingen besonders Anfang des 20. Jh. technischer Fortschritt und Unterhaltung eine innige Verbindung ein (mit der ersten Rolltreppe, Hochhäusern, Vorführungen des Erfinders des Schwimmanzugs, die zu besichtigende Frühchenstation mit Säuglingsinkubatoren etc.).

»Ein ganz Schlimmer« ➛ Im Original »Oh, you nasty man«; so hieß auch der von Alice Faye gesungene Song aus dem Film »George White's Scandals« von 1934 (der wiederum auf die gleichnamigen Boras-Way-Revuen zurückgeht); kann als Beispiel für die Durchdringung von Populärkultur und Alltagssprache gelten.

Dicke Frau ➛ Die »fat woman« war eine typische Attraktion im Vaudeville.

World Circus Sideshow ➛ Im Besitz von Samuel Wagner, dem »Godfather« der Freak-Shows auf Coney Island, zu deren Attraktionen Zwerge, siamesische Zwillinge und eine Frau mit vier Beinen gehörten.

Apachentanz ➛ Ein um 1900 in Paris entstandener Varieté-Tanz, der das Verhältnis von Zuhälter und Hure tänzerisch darstellt.

Stoß, Binokel und Russian Bank ➛ Stoß oder Stuss auf Englisch ist ein Glücksspiel aus dem Rotlichtmilieu; Binokel oder auch Pinochle ist ein Stichspiel, das in den USA besonders bei jüdischen und irischen Einwanderern beliebt war, und Russian Bank eine Streit-Patience.

Palisades Park ➛ Der Palisades Amusement Park existierte von 1898–1971 und lag in Bergen County, New Jersey, vom oberen Ende Manhattans nur durch den Hudson getrennt.

Knisches ➛ Oft mit Kartoffeln gefüllte Teigtaschen; eine Spezialität aus der aschkenasischen Küche, die von jüdischen Immigranten aus Osteuropa nach New York gebracht und dort viel auf der Straße verkauft wurde.

Edgar Guest ➛ 1881–1959; in England gebürtiger amerikanischer Dichter, der mit seinen sentimental-heiteren Gedichten eine ungeheure Popularität erlangte; von 1931–42 hatte der »Volksdichter« eine eigene Radio-Show, ab 1952 eine eigene Fernsehsendung. Dorothy Parker sagte über ihn: »I'd rather flunk my Wasserman-Test/Than read the poetry of Edgar Guest.« (Lieber fall ich beim Syphilistest durch, als dass ich die Gedichte von Edgar Guest lese.)

New York Central ➛ Eisenbahngesellschaft, die New York mit den größten Städten im Nordosten der USA verband, 1867 übernahm die Familie Vanderbilt, Besitzer der Hudson River Railroad, die Kontrolle über die Gesellschaft durch einen geschickten Schachzug (oder schlichte Erpressung), die die Verbindung zwischen New York City und Albany betraf. Die New York Central verfügte über eine Flotte moderner, schneller

Züge; berühmt wurden die in den 30er und 40er von Henry Dreyfuss entworfenen Züge im Stil der »Streamline-Moderne«.

Robert Elliott ➛ 1874–1939; Scharfrichter des Staates New York. Fing als einfacher Elektriker in einem Gefängnis in Upstate New York an und wurde 1926 zum »State Electrician« (ein Euphemismus für Scharfrichter) ernannt. In dieser Funktion begriff er sich immer als Werkzeug des Staates und behauptete, persönlich sei er gegen die Todesstrafe gewesen.

Michael Malloy ➛ 1873–1933, obdachloser irischer Einwanderer, der in New York City lebte; seine Geschichte wurde in zahlreichen Rocksongs, in einem Theaterstück, einem Roman und in Fernsehsendungen verarbeitet.

EXISTENZEN

gelber Zettel ➛ Im Orig. »yellow slip«; die auch als »yellow sheet« bezeichnete Polizeiakte einer Person, die alle Festnahmen und Verurteilungen aufführt.

Verwahrlosung ➛ Im Orig. »incorrigible child«; dieser Terminus verweist auf die Geschichte des amerikanischen Jugendstrafrechts, das im Staat New York mit dem Disorderly Child Act (1865) erstmals die Verhaftung Minderjähriger wegen »disorderly conduct« erlaubte; 1902 wurde in New York auch ein eigenes Jugendgericht geschaffen.

Die Tretmühle ➛ Im Originaltitel »The Pickle Works« schwingt der abwertende Slang-Ausdruck »pickle« für eine spröde, nicht attraktive Frau mit.

Bloomers ➛ seit Mitte des 19. Jh. gebräuchliche Bezeichnung für weite Frauenhosen; ihre Einführung und der Begriff werden auf Amalia Bloomer zurückgeführt aus Seneca Falls (New York), die damit den männlichen Kleidungsstil adaptierte; zunächst von der Presse negativ verwendet, wurden die Bloomers vor allem in den USA zur Mode und waren ein wichtiges Symbol der Frauenemanzipation (Bloomervereine); dieser Hintergrund dürfte in jener Zeit noch einigermaßen präsent gewesen sein, auch wenn die »Bloomers« hier wohl als Sporthosen für die Theaterarbeit zu verstehen sind.

Ethel Merman ➛ 1908–1984; eigentl. Ethel Zimmerman; Sängerin, Schauspielerin und seit den 30er Jahren Broadway-Star. Sie spielte im u.g. Musical *Red, Hot and Blue!*, das 1936 auch im Alvin Theatre uraufgeführt wurde, die weibliche Hauptrolle.

Jimmy Durante ➛ 1893–1980; Sänger, Pianist und Komiker, dessen Spitzname »Schnozzola« auf seine große Nase anspielte; charakteristisch war auch seine raue, etwas heiser wirkende Stimme.

Guinea Red ➛ Ende des 19., Anfang des 20. Jh. Bezeichnung für billigen Rotwein überwiegend italienischer Herkunft (italienische Einwanderer wurden in den USA oft abwertend »guinea« oder »ghinny« genannt). Durante war italienischer Herkunft.

Knickerbocker Village ➛ 1934 fertiggestellter, an die Catherine Street grenzender Wohnkomplex, der zur Verbesserung der vielfach slumartigen Wohnsituation in der Lower East Side errichtet wurde und an die erwähnte Catherine Street grenzt; auch Durante wuchs in einem der »lung blocks« mit hoher Tuberkulosesterblichkeit auf.

Polo Coat ➛ Eine um 1910 bekannt gewordene amerikanische Herrenmantelform, meist aus Kamelhaar.

Max Steuer ➛ 1870?–1940; Anwalt, der als Verteidiger in mehreren schlagzeilenträchtigen Gerichtsverfahren auftrat; politisch in der Tammany Hall der New Yorker Demokraten engagiert.

Fusionist ➛ Der ehemalige republikanische Kongressabgeordnete Fiorello La Guardia (siehe auch S. 310) trat bei der New Yorker Bürgermeisterwahl 1933 auf einer Gemeinschaftsliste der Republikaner und der neugegründeten Fusion Party gegen den Demokraten John P. O'Brien (siehe S. 311) und den Vertreter der Recovery Party Joseph V. McKee an; die Fusion Party entstand als eine Art Bürgerbewegung, um die traditionell antirepublikanischen New Yorker Wähler für eine Abwahl der in vergangenen Jahren der korrupten Tammany Hall nahestehenden demokratischen Bürgermeister zu gewinnen.

Carlo Tresca ➛ 1879–1943; der Journalist war als anarchistischer Agitator an vielen Arbeitskämpfen in den USA zu Beginn des 20 Jh. führend beteiligt; seit den 20er Jahren richtete sich seine Tätigkeit vor allem gegen Mussolini und dessen Versuche, die italienischen Einwanderer in den USA für den Faschismus zu gewinnen, später aber auch gegen Stalin. Er wurde vermutlich Mussolini zu Gefallen von der Mafia ermordet.

Bombenanschlag in der Wall Street 1920 ➛ Die Explosion einer Bombe am 16. September 1910 mittags vor dem Hauptsitz von J. P. Morgan in der Wall Street mit mehr als dreißig Toten war der bis dahin größte Terroranschlag in den USA; die im anarchistischen Milieu vermuteten Täter wurden nie ermittelt.

People's House ➛ Der Name lässt vermuten, dass dieses große viktorianische Gebäude kein unbekannter Treff für linksorientierte Aktivisten und Politiker war; seit dem Auszug des YWCA 1917 hatte dort die sozialistischen Rand School of Social Science ihren Sitz.

Industrial Workers of the World ➛ International ausgerichtete, vor allem im englischsprachigen Bereich vertretene Gewerkschaft, die verschiedene linke Strömungen zu vereinigen sucht und vor allem Anfang des 20. Jahrhunderts einflussreich war.

Elizabeth Gurley Flynn ➛ 1890–1964; Bürger-, Frauenrechtlerin und kommunistische Politikerin, als Mitglied der International Workers of the World trat sie 1916 mit einer Broschüre über Sabotage hervor.

Emma Goldman ➛ Siehe S. 309.

Anschlag auf Rockefeller ➛ Damit ist womöglich das geplante Attentat auf Rockefeller gemeint, bei dem die Attentäter aus anarchistischen Kreisen und der International Workers of the World bei einer vorzeitigen Explosion am 4. Juli 1914 ums Leben kamen.

Athos Terzani ➛ 1902–1965; er wurde 1933 angeklagt, bei einer Versammlung der faschistischen Khaki Shirts of America, die von ihm, Tresca und anderen gesprengt worden war, einen Menschen erschossen zu haben. Im folgenden Prozess, der von einer maßgeblich von Tresca organisierten sozialistischen Solidaritätswelle begleitet wurde, wurde Terzani freigesprochen.

Art J. Smiths Khaki Shirts of America ➛ Kurzlebige, von Arthur J. Smith (1898–1940?) geführte faschistische Bewegung, die vor allem durch den Athos Terzani angelasteten Mord bei einer Versammlung im New Yorker Stadtteil Astoria (Queens) 1933 bekannt wurde; als Täter wurde jedoch ein Smith-Anhänger identifiziert und verurteilt. Smith wurde ebenfalls zu einer Gefängnisstrafe verurteilt, auch weil die Polizei hinter der Organisation eine betrügerische Absicht vermutete (»a racket… with uniforms to sell the members«). Danach lösten sich die Khaki Shirts auf.

Gaetano Salvemini ➛ 1873–1957; Historiker und als demokratisch gesinnter Politiker entschiedener Gegner des Faschismus.

Vincenzo Vacirca ➛ 1886–1956; Sozialistischer Journalist, Publizist und zeitweise Abgeordneter der Camera dei deputati.

Virgilia D'Andrea ➛ 1888–1933; Dichterin, Anarchistin.

Ettor und Giovannitti ➛ Joseph Ettor (Gewerkschafter der Industrial Workers of the World, 1886–1948) und Arturo Giovannitti (Mitglied der Socialist Party of America, Redakteur, Dichter, 1884–1959) traten 1912 als Führer eines großen gewaltsamen Textilarbeiterstreiks in Lawrence hervor; unter eine (offensichtlich falsche) Mordanklage gestellt, kam es im Vorfeld des Prozesses zu einer umfangreichen Solidaritätsbewegung für die beiden, die schließlich freigesprochen wurden.

State Liquor Authority ➛ Nach Aufhebung der Prohibition im Dezember 1933 wurde die New York State Liquor Authority gegründet, die Herstellung, Handel und Ausschank von Alkoholika im Staat New York reguliert und überwacht; ähnliche Behörden gibt es auch in den anderen Bundesstaaten.

Jacobus Kwaak ➛ Nach Mitchell widmete auch die *New York Times* Kwaak einen Nachruf: Am 18. Mai 1944 rühmte sie den tags zuvor gestorbenen 81-jährigen als illustre Figur der Austernfischerei Long Islands, für die er mehr als 50 Jahre als Kapitän zur See gefahren sei und dessen Wettervorhersagen auf der Grundlage von Muschelverhalten viel Beachtung hätten.

Bluepoint ➛ Kleine Gemeinde auf Long Island, nach der die in der Great South Bay geernteten Bluepoint-Austern benannt wurden; biologisch sind diese Bluepoints (oder Blue Points) Amerikanische Austern.

»The New Yorkers« ➛ 1930/31 gespieltes Musical nach einer Geschichte von Arno und mit der Musik von Cole Porter; als – offenbar recht klamaukige – Gesellschaftssatire zur Zeit der Prohibition ging es darin nicht zuletzt um die Beschaffung von Alkohol.

»Clayton, Jackson and Durante« ➛ Ein Vaudeville-Trio, das für seine gewalttätigen, Mobiliar zerstörenden Auftritte bekannt war; Lew Clayton (geb. Louis Finkelstein, 1890–1950), Vaudeville-Künstler, Nachtclubbesitzer und späterer Manager Durantes; Eddie Jackson (geb. Edward Jacobs, 1896–1980), Tänzer, Sänger, Vaudeville-Entertainer; ein Porträt von Jimmy Durante (1893–1980) findet sich in »Die Tretmühle«.

Frances Williams ➛ 1901–1959; geb. Frances Jellinek; die Sängerin und Tänzerin trat vor allem in den 20er und 30er Jahren am Broadway auf und sang 1931 erstmals den später berühmten Song »As Time Goes By«.

Ann Pennington ➛ 1893–1971; Sängerin und Tänzerin, die in den 10er und 20er Jahren am Broadway auftrat (u.a. bei Shows der Ziegfeld Follies und der George White's Scandals); bekannt wurde sie vor allem für ihre Interpretation des Black Bottom; bis Anfang der 40er Jahre spielte sie auch in Filmen mit und verkörperte darin oft Tänzerinnen oder sich selbst; der Verweis auf Ann Penningtons Beine im Text könnte eine Anspielung auf den Tanzfilm *Tanned Legs* (1929) sein, in dem sie mitwirkte.

Nathan Bedford Forrest ➛ 1821–1877; der Südstaatengeneral aus ärmlichen Verhältnissen wurde vor dem Bürgerkrieg zu einem der reichsten Männer der Zeit; im Krieg war er für seine schnelle, bewegliche Taktik bekannt, die den Gegner möglichst wenig zur Ruhe kommen lassen sollte.

Landon ➛ Alf Landon, 1887–1987; Politiker, 1933–1937 Gouverneur von Kansas und bei der Präsidentschaftswahl 1936 republikanischer Gegenkandidat zu Franklin D. Roosevelt.

Heywood Broun ➛ 1888–1939; linksgerichteter amerikanischer Journalist, Sportreporter und Kritiker; bei *The World-Telegram* war er Mitchells Kollege. Broun war politisch engagiert und Mitgründer der Journalistengewerkschaft American Newspaper Guild (heute The Newspaper Guild), als deren Mitglied Mitchell sich im ersten Text, »Ich bin ganz Ohr«, zu erkennen gibt.

George Luks ➛ 1867–1933; amerikanischer Maler und Zeichner; als Vertreter der »Ashcan School« schuf Luks viele New Yorker Porträts und Straßenszenen, die das Leben der unteren Schichten reflektieren; eines seiner bekanntesten Gemälde ist *Wrestlers* (1905).

Moline Plow Company ➛ Bis in die 20er Jahre erfolgreicher Hersteller von Landmaschinen und Autos (Stephens Automobile).

Oranges ➛ Die vier Ortschaften Orange, West Orange, South Orange und East Orange, die zu den reichsten Gemeinden New Jerseys gehörten.

Gramercy Square ➛ Oder wie unten Gramercy Park: umzäunter Privatpark in Manhattan, der nur von Anwohnern (Schlüssel gegen eine jährliche Gebühr erhältlich) genutzt werden darf.

Edna St. Vincent Millay ➛ 1892–1950; amerikanische Lyrikerin und Dramatikerin, die vor allem in den 20er und 30er Jahren erfolgreich war. Sie war für einen freizügigen Lebensstil bekannt, den sie auch in Gedichten thematisierte.

Marshall Field's ➛ 1852 gegründetes Handelshaus, das sich zum bedeutendsten Großhändler für den Mittelwesten und einem der ersten Kaufhäuser bzw. zur Kaufhauskette in und um Chicago entwickelte und ein Wegbereiter der Kaufhausarchitektur war.

Dynamische Symmetrie ➛ Vor allem in *Dynamic Symmetry: the Greek Vase* (1920) entwickelte der kanadisch-amerikanische Künstler Jay Hambidge (1867–1924) eine aus der antiken griechischen Kunst und Architektur abgeleitete, auf mathematisch-geometrischen Prinzipien beruhende künstlerische Proportionslehre, die zeitweise viel Aufmerksamkeit erfuhr und kontrovers diskutiert wurde. Als Lehrer an der (später in Parsons School of Design umbenannten) New York School of Fine Art beeinflusste er eine Reihe amerikanischer Künstler.

George Bellows ➛ 1882–1925; Maler und Zeichner, wie George Luks ein Vertreter der »Ashcan School« und des amerikanischen Realismus, schuf Bellows vorwiegend Szenen aus dem Großstadtleben; sehr bekannt wurden seine Darstellungen von Boxkämpfen.

Small Fry ➛ Im Englischen geläufige Bezeichnung für a) Kinder, b) für unbedeutend befundene Personen oder c) kleine Fische (auch im übertragenen dt. Sinn). 1944 veröffentlichte Steig unter diesem Titel eine Sammlung Cartoons über New Yorker Kinder. Zu Steigs Werk gehören auch mehrere Kinderbücher, darunter *Shrek!* (1990), das als Vorlage zu dem gleichnamigen Film (2001) diente.

A. M. Ludovici ➛ Anthony Mario Ludovici, 1880–1971; britischer Kulturkritiker und Nietzsche-Übersetzer, der zu Beginn des 20. Jh. mit konservativ-aristokratischen und biologistischen Positionen Anklang fand; *The Secret of Laughter* erschien 1932.

BÜHNENLEBEN

Archibald Henderson ➛ Sehr wahrscheinlich der mit Shaw befreundete Mathematikprofessor an der University of North Carolina und Autor der ersten autorisierten Shaw-Biographie und weiterer Werke über den Dramatiker (*Tischgespräche mit Bernard Shaw*, 1926) sowie über das moderne Drama. Er lebte 1877–1963.

»Hallo, Narren« ➛ Im Original »Hello boobs!«, was im damaligen Amerikanisch mehr die Bedeutung »Dummköpfe«, »Narren« oder »Hinterwäldler« trug als heute; der unten erwähnte H. L. Mencken bezeichnete mit »booboisie« das amerikanische Spießbürgertum. Mit »Hello, you boobs, you dear old boobs« hatte Shaw 1933 eine Rede in der Londoner Academy of Political Science begonnen, in der er sich mit der politischen und gesellschaftlichen Situation in den USA befasste und die dort live über Radio ausgestrahlt und tags darauf in der *New York Times* abgedruckt worden war (später veröffentlicht unter den Titeln *The Political Madhouse in America and Nearer Home* in Großbritannien und *The Future of Political Science in America* in den USA; nicht autorisiert erschienen als *American Boobs*).

Helen Keller ➛ 1880–1968; blind und taub geborene Aktivistin und Journalistin.

Rede in der Metropolitan Opera ➛ Shaw hielt diese Rede am 14. November 1933.

Henry L. Mencken ➛ 1880–1956; vor allem in der ersten Hälfte des 20. Jh. berühmter Journalist, Essayist, Gesellschaftskritiker und wie Shaw Urheber zahlreicher Bonmots; außerdem veröffentlichte er 1905 ein Werk über Shaw sowie 1919 eine Streitschrift für das amerikanische Englisch (*The American Language*), dem er unter anderem größere Flexibilität und Nähe zur tatsächlich gesprochenen Alltagssprache als dem britischen Englisch zuschrieb.

Thomas W. Lamont ➛ 1870–1948; Bankier, Partner von J. P. Morgan und in den 20er und 30er Jahren Wirtschaftsberater mehrerer amerikanischer Regierungen.

Archibald Henderson ➛ siehe S. 338.

Queen Marie ➛ Möglicherweise Königin Marie von Rumänien (1875–1938), die vom 18. Oktober bis 23. November 1926 eine von reger Presseaufmerksamkeit begleitete USA-Reise unternommen hatte.

Scottsboro-Fall ➛ Ein sensationeller, von offenem Rassismus begleiteter Gerichtsprozess in Scottsboro, Alabama, bei dem neun junge Afroamerikaner 1931 angeklagt worden waren, zwei weiße Frauen vergewaltigt zu haben. Nachdem das Oberste Gericht der USA 1933 das Todesurteil gegen acht der neun aufgehoben hatte, wurde der Fall im selben Jahr in mehreren, von regem Medieninteresse begleiteten Prozessen wieder aufgerollt, in deren Verlauf sich die Zeugen der Anklage widersprachen, zum Teil auch falsche Angaben gestanden und die Prozessführung vielfach als rassistisch kritisiert wurde; der Fall kam über Jahre zu keinem endgültigen Abschluss.

William Jennings Bryan ➛ 1860–1925; demokratischer Politiker, der als Populist und Gegner des Großkapitals vor allem bei der ländlichen Bevölkerung des Südens und Mittelwestens Anklang fand; er kämpfte Ende des 19. Jahrhunderts für die Einführung einer silbergedeckten Währung, um die Wirtschaft anzukurbeln und trat später als Befürworter der Prohibition und Gegner der Evolutionslehre (und des rassistischen Sozialdarwinismus) hervor; der »hundertprozentige Amerikaner«, den Shaw einmal als »ninety-nine percent idiot« bezeichnete, referiert vermutlich auf Bryans Wählerschaft.

Theatre Guild ➛ 1918 gegründete Theatergesellschaft in New York; von den anschließend erwähnten waren der Dramatiker, Regisseur und Rechtsanwalt Lawrence Langer (1890–1962) und die Dramatikerin, Regisseurin und Schauspielerin Armina Marshal (1895–1991) führende Mitglieder. Robert Lorraine ist der mit Shaw bekannte, seinerzeit sehr berühmte britische Flieger und Schauspieler (1876–1935), die Prinzessin Kropotkin wohl Sophia (geb. Ananiev, 1856–1938), Witwe des mit Shaw befreundeten Pjotr Kropotkin.

daraufhin von Moralaposteln in den Selbstmord getrieben ➛ Im Orig. »Comstocked«; der Begriff geht auf den Beamten der US-Postpolizei und Politiker Anthony Comstock (1844–1915) zurück, der mit den sog. Comstock-Gesetzen von 1873 ein Verbot des Versands von obszöner Literatur und Verhütungsmitteln erwirkte. Shaw verwendete den – offenbar von ihm geprägten – Begriff Comstockery (im Sinne von moralische Zensur) als Synonym für die von ihm empfundene Provinzialität der USA. Die Frauenrechtlerin und Theosophin Ida Craddock (1857–1902), die auch als Verteidigerin von Bauchtänzerinnen (u.a. Frieda Spyropolous) bekannt wurde, beging nach der Verfolgung durch Comstock aufgrund ihrer Schriften Selbstmord.

Robert Lorraine ➛ Siehe oben, unter Theatre Guild.

Gene Krupa ➛ 1909–1973; Krupa wurde als Schlagzeuger bei Benny Goodman US-weit bekannt und war einer der ersten, die das Schlagzeug auch als Solo-Instrument behandelten.

Alderman in der Chicagoer South Side ➛ Gemeinderat bzw. Beigeordneter in der South Side, einem ärmeren Stadtteil Chicagos, der bereits damals für Rassenkonflikte bekannt war.

George M. Cohan ➛ 1878–1942; Entertainer, Songschreiber, Komponist und Produzent, er trat schon als Kind mit seiner Schwester und den Eltern als »Four Cohans« in Vaudevilles auf und wurde mit zahlreichen Revuen und Songs zu einem Begründer der amerikanischen Musikkomödie bzw. des Musicals; zu Beginn des 20. Jh. galt er als »the man who owned Broadway«. 1914 zählte er zu den Gründern der Verwertungsgesellschaft American Society of Composers, Authors and Publishers ASCAP.

Leavenworth ➛ In Leavenworth, Kansas, gibt es ein bekanntes Bundesgefängnis und eines der ältesten Militärgefängnisse der USA.

W.C. Fields ➤ Siehe S. 308.

Groucho Marx ➤ 1890–1977; Komiker und einer der Marx Brothers.

Clifford Odets ➤ 1906–1963; Schauspieler und Schriftsteller, Odets wurde in den 1930er Jahren als Bühnenautor bekannt.

Sam Harris ➤ 1872–1941; Theaterproduzent und -besitzer, der oft mit Cohan zusammenarbeitete und zeitweise mit ihm das *Cohan and Harris Theatre* betrieb.

New York Giants ➤ Hierbei handelt es sich um das 1883 gegründete Baseball-Team, das 1957 nach San Francisco verkauft wurde, nicht um das heute bestehende gleichnamige American-Football-Team.

Theaterschiff auf dem Ohio und Mississippi ➤ Zu Beginn des 19. Jh. entwickelte sich mit den Theaterschiffen (vor allem auf dem Ohio und Mississippi) eine besondere amerikanische Tradition des Wandertheaters. Sie war zu Beginn des 20. Jh. bereits am Verschwinden, als sie in dem Roman *Show Boat* (1926) von Edna Ferber (1885–1968), der Vorlage für das gleichnamige erste Musical (1927), nostalgisch verklärend wieder aufgegriffen wurde; das im Text erwähnte Buch Bryants erschien 1936 unter dem – den berühmtesten Song des Musicals aufgreifenden – Titel *Children of Ol' Man River. The life and times of a show-boat trouper.*

Daniel Boone on the Trail ➤ Daniel Boone, 1734–1820, war einer der bekanntesten Pioniere seiner Zeit (u.a. maßgeblich an der europäischen Besiedelung des heutigen Kentucky beteiligt, Gründung von Boonesborough) und einer der ersten Volkshelden der USA. Bereits zu Lebzeiten erschien ein Buch über *The Adventures of Colonel Daniel Boon* (1784), dem viele weitere Werke folgten, die seine Erlebnisse zum Teil ins Legendenhafte überhöhten und Boone zu einer Art archetypischem Pionier stilisierten. Bei *Daniel Boone on the Trail* dürfte es sich um ein Boone-Stück von Anfang des 20. Jh. handeln.

INHALT